?

100

100の思考実験

あなたはどこまで考えられるか

はじめに

理性を伴わない想像力はただの空想だが、想像力を伴わない理性は無味乾燥である。だからこそ、科学者も哲学者も、想像力を駆使したたとえ話を数多く用いることで、自分たちの考えを練り上げ、限界まで強化してきた。そうした「思考実験」の目的は、実生活を複雑にしているさまざまな要因を取り除き、問題の本質をはっきり見定めることにある。

たとえば、実生活で生じる倫理的ジレンマは、そのときどきの状況に応じて要因が変わるため、複雑なものになってしまうのがつねだ。肉食が道徳的に誤りかどうかという一般的な問題を取り上げてみよう。目の前に出された肉を食べるのがよいか悪いかを考えようとすると、そこにはさまざまな要素が関わっているのがわかるはずだ。動物の中には、畜産場で大きくなるものもあり、手をかけて飼育されるものもあり、野生の状態で捕えられるものもある。かつて熱帯雨林だった土地で育つ動物もいれば、広々とした牧草地で草をはんで育つ動物もいる。その肉は、有機肥料で育った動物のものかもしれないし、遺伝子組み換えされた動物のものかもしれないし、地球の裏側から輸入されたものかもしれない。倫理的に正しいか誤りかを判断するには、そうしたさまざまにもつれ合った要素すべてを解きほぐし、そのときどきで変わる状況を考慮しなければならない。

思考実験が役に立つのは、科学実験と同じように、重要な変数や吟味すべき特定の要因を切りとってきて、その要因が、その要因だけでどんな違いを生みだすかを検討することができるからだ。したがって、動物の肉を食べることの倫理性を考えるには、ふたとおりの状況を想定し、ある特定のことがらだけが、そのふたつに違いをもたらすようにすればいい。もし殺されかたが異なれば、それだけでどんな違いが出てくるかを想像してみるのだ。たとえばこんな具合だ。あなたの目の前に事故で死んだニワトリの肉で作ったチキンカツレツと、頸《くび》を絞めて殺されたニワトリのチキンカツレツが並んでいる。二羽とも死の直前までは、まったく同じ環境で育てられてきた。さてあなたはどちらの皿に手を伸ばすだろうか。ほかのことはすべて同じ、と単純に決めておけるから、解決すべき問題を、肝心の道徳的な側面だけに絞ることができるのだ。

思考実験がよいのは、実生活より整然としているからだけではない。思考実験を利用すれば実生活では試せないことや試そうともしないことでも、考えてみることができる。ただし、そのためには、ときに現実的でないことまでも想像してみる必要がある。それは、わたしたちにとって今すぐは起こりえないことだったり、誰にとっても生涯起きる可能性のないことだったりする。こうした思考実験で考えるよう求められることがらは、荒唐無稽に思えるかもしれない。しかし、あらゆる思考実験がそうであるように、その目的は、核心となるひとつの概念や問題に焦点を当てておくことにあるのだ。ありえないようなたとえ話を使ってそれができるのなら、その非現実性を気にする必要はない。思考実験は、思考を助けるための単なる道具であり、実生活を忠実に写すことを目的とはしていない。

本書に挙げた一〇〇の思考実験は、すべてではないがそのほとんどが、哲学者の議論からヒントを得たものだ。なかには、わたしたちがめったに疑問に思わない問題を想定して、それをひっくり返しているものもある。あるいは、手に負えないように見える問題の解決法を示しているものもある。あるいは、まったく問題ではなさそうに見えるものが、意味をたどっていって初めて問題だとわかるものもある。

本書は哲学者を紹介する参考書ではないし、昔ながらの難問への答えを集めた本でもない。むしろ、読んだ人がさらに考えを深められるよう、挑発したり刺激したりすることを目的としている。思考実験のあとに続く文章では、難局から抜けだす道をわたしが示すかもしれないし、わざと反対の立場をとるかもしれない。そのどちらであるかを判断するのは、読者だ。

同じように、他章［参照］の指示も系統だったものではなく、考えを掘り下げてもらうことを意図している。章同士の関連があきらかなものもある。また、ほかの章とのつながりを示すこと自体が、問題に新たな光を当ててくれる場合もある。

本書からさまざまな思考が生まれるだろう。しかし、そのどれも、本書の中で完結することはない。

出典についての注意

本書に取り上げた思考実験の中で、出典のはっきりしているものは、詳細を含め、各思考実験の末尾に記しておいた。ただし、わたしの創作したものは、出典の内容によく似ているものもあれば、かなり違うものもあることに注意していただきたい。したがって、本書の思考実験は出典からヒントを得たにすぎないと考えてもらえばいい。出典の記されていないものは、さまざまな情報源からヒントを得たため、ひとつかふたつを出典として取り上げることができないものだ。そういう場合は、必ずしもわたしのほうで出典を示すべきではないと考えている。

思考実験の中には、出典がありながら、わたし自身が気づかなかったせいで、記されていないものがあるかもしれない。そうしたものに関しては、今後の版で追加していきたい［訳注　なお、各思考実験のあとの出典について、邦訳のあるものはその情報を記した。ただし思考実験はいずれも、著者が出典に基づきアレンジしたものであるため、訳は新たに作成した］。

1　邪悪な魔物

理性で理性を疑えるだろうか？

疑いを差しはさむことができないほど自明なものは存在するだろうか？　わたしたちの人生が夢にすぎないとか、この世界がただの想像の産物だとかいうことはありえないだろうか？　そんな考えは途方もないとはいえ、それを想像できるという事実だけでも、この自然界の現実性が疑いうることを示している。

しかし、あまりに当然で自明なので、どう考えても正しいとしか思えないものもある。たとえば、目覚めていようと眠っていようと、二足す二は四だ。三角形には三つの辺がなければならず、それは世界が現実であれ想像の産物であれ、そこに三角形が存在してもしなくても同じだ。

けれども、もし神が、あるいは能力にたけた邪悪な魔物が、わたしたちを欺いているとしたらどうだろう？　そうした悪霊がわたしたちを騙して、間違いを正しいと信じさせていることはないだろうか？　催眠術師が観客に一から一〇まで数えさせ、数えるほうは七を抜かしたことに気づかない。そういう場面を目にしたことがあるだろ

う。あるいは、夢の中で時計塔の鐘が四つ鳴るのを聞いた人がこう考える。「おかしいな。一時を告げる鐘が四回も鳴ったぞ！」

もし、邪悪な魔物がいるとしたら、疑いえないものなど存在するのだろうか？

ルネ・デカルト「第一省察」『省察』所収／山田弘明訳・注解／ちくま学芸文庫／二〇〇六年ほか

哲学者というのは、誰もがよく知っているはずのことがらに目をつけ、ほんとうに知っているのかどうかを疑ってかかる。自然法則、物質界、神、善、他者の心、正義、時間――このようなことすべてを、これまで哲学者は疑ってきた。

そうした疑いについて考えを深めていくために、哲学者が頼らなければならないのは、ただひとつ疑いえないもの、つまり、哲学者自身が合理的に考える能力だ。たとえば時間の実在性を疑うことができるのは、既存の時間概念にいくつかの矛盾［今という瞬間には幅がないのに時間には幅がある、というような］があるからだ。つまり、存在することと存在しないことは同時にはありえない、といった基本的論理法則に違反するのである。それを論理矛盾だと認識する能力があってこそ、哲学者はみずからの疑いを根拠づけ正当化することができる。

しかし、一七世紀のフランス人哲学者ルネ・デカルトが初めて提示したように、もしわたしたちが、能力にたけた悪霊に欺かれているとしたら、そうした基本的論理法則を正しいとみなすこと自体が間違っているのかもしれない。わたしたちにはその法則が確実で自明に思えるだろう。だが、催眠術にかかっている人にとっては、六の次に八がくるのが確実で自明に思えるかもしれない。時計が実際には四時を告げたことを道行く人の誰もが知っているとしても、夢の中で思いちがいをした人にとっては、一時を告げる鐘が四回鳴ったことが確実で自明に思えるかもしれない。

「欺く悪霊」という考えかたは、少しばかり突飛に聞こえるかもしれないが、同じような例はほかにもある。わたしたちは何かに熱狂すると、頭に血がのぼって、ほかの人たちと自分とでは世界の見かたが違うという事実が見えなくなってしまう。あるいは、もしかしたら、人類の進化によって、根本的に欠陥のある論理法則が、すべての人の知能に与えられたとも考えられる。わたしたちがよりよく順応して、たとえ嘘を「あきらかな真実」と受けとめてしまっても生きのびられるように。悪霊は、わたしたちのDNAに組みこまれているのかもしれない。

この思考実験の要点をいえば、実験の妥当性を判断するためには、それ自体が疑いを生みだしてしまうもの、つまり論理的に考える能力に頼らなければならない、ということだ。わたしたちが、よく考えられるかどうか判断できるのは、可能なかぎりよく考えることによってでしかない。だから、思考能力を中立的な視点から判断しようとするなら、それを評価する思考能力をつねに持っていなければならない。いうなれば、疑いという計器を使って疑い自体の重さを量り、それが正確かどうかを試すようなものだ。
おそらく、これが思考実験の結論なのだろう。つまり、論理的に考える能力は、どんなことであれ何かを真剣に考えるときには、根本になければならない。ある特定の理論が完全かどうかは、それについてじっくり考えれば疑うことができる。しかし、わたしたちの理性的能力一般に欠陥があるかどうかは、疑うことができない。せいぜいいえるのは、その能力がまずまずわたしたちに役立ってくれているらしいことくらいだ。合理性を証明するにはそれで十分なのか、あるいは、合理性は損なわれたままなのだろうか？

［参照］20…幻想を破る　51…水槽の中の脳　82…悪夢のシナリオ　98…経験機械

2 自動政府

コンピュータに政治ができるだろうか？

かつて、あんなひどい時代があったとは驚きだ。経済についてほとんど無知だったであろう閣僚たちが、財政支出や課税に関する重要な決定を任されていたのだから。金利の決定権が中央銀行に委譲されたときには、景気に多少の改善がみられた。しかし、それがめざましく回復したのは、コンピュータが人間より効率的に経済を操れるようになったときだ。たとえば、アメリカでは、この二〇年間、〝グリーンスパン2〟と命名されたスーパーコンピュータが経済を運営しており、その間の経済成長は着実で、これまでの長期的な平均値を上回っている。物価の高騰も暴落もなく、失業率も低いままだ。

したがって、これは驚くには当たらないのだが、次期大統領に選ばれるのは、どの世論調査(コンピュータで処理されるため、きわめて正確)の結果も、あるコンピュータの名を挙げていた。さもなければ、少なくとも、すべての決断をそのコンピュータにゆだねる、と約束した人物が選ばれるはずだ。〝ベンサム〟と名づけられたそのコンピュータは、国民の総体的幸福に効果があるかないかにもとづいて、あらゆる政策を決定することができる。これを支持する人たちは、事実上、政治の場に人間はいっさい必要なくなるうえ、コンピュータには性格上の欠陥も利害関係もないので、ベンサムが政治を行なえば政治家の質も大幅に向上するはずだ、と主張している。これまでのところ、民主党も共和党も説得力のある反論をしていない。

わたしたちの暮らしをコンピュータにゆだねるなどというと、いまだに大半の人がちょっとたじろぐ。しかし、実際のところ、わたしたちはつねづねコンピュータに頼っている。預貯金はほぼ完全にコンピュータが管理しているし、今では多くの人が、人間である銀行員よりATMのほうが、取引業務を正確に記録すると信じている。電車はコンピュータが走らせており、また、飛行機に乗れば、乗客は気づいていないかもしれないが、長時間にわたってパイロットはまったく何もしていない。実際、コンピュータは離着陸をたやすく操作できる。ただ乗客がそうした事実をいまだに受け容れられないだけなのだ。

だから、コンピュータが経済を運営するという考えも、それほど奇抜なものではない。なにしろ、ほとんどのエコノミストはすでにかなりの程度、コンピュータ・モデルやコンピュータ予測に頼っているのだ。機械がはじきだした情報に従って働くのと、わたしたちのために機械に働いてもらうのとでは、わずかの違いしかない。

それなら、政治家をまるまるコンピュータと取り替えたらどうだろう？　これが、ベンサムの大統領選キャンペーンでなされた過激な提案だ。もし、コンピュータが、国民の幸福のためにどんな政策が効果的かをはじきだせるのなら、わたしたちのいちばん喜ぶことが実現されないはずはないだろう。

とはいえ、まったく人間なしですませるのは容易ではない。問題は、最終目標をコンピュータに指示しなければならないことだ。政治の最終目標は、単純に、できるだけ多くの人を幸せにすればいいというものではない。たとえば、わたしたちは、どれくらいの不平等にならば耐える用意があるか、決めなければならない。ある政策に従えば、人々は総体的に幸福になるかもしれないが、国民の五パーセントは惨めな状態のままでいなければならない。それよりは、社会全体の幸福度がわずかに下がっても、惨めな生活を強いられる人が誰もいないほうがいいかもしれない。

どちらの結果がいいか、コンピュータには決めることができず、できるのはわたしたち人間だけだ。さらに、わたしたちの望む結果は、状況に応じて変わることもありえる。たとえば、社会が豊かになれば、必要最低限のものを持たずにいることは、誰にとっても耐えがたくなるかもしれない。また、わたしたちが豊かになれば、恵まれない国の人たちを助ける義務がある、という思いが強まるかもしれない。

たとえ、わたしたちの望むことをコンピュータが知っていたとしても、それで話が終わるわけではない。というのも、民主主義社会では、単純に多数派の意志に従うべきなのか、それとも、少数派の意見も考慮すべきなのか、という問題があるからだ。もし、どちらかなら、なぜそうなのか？

コンピュータが経済を管理できるようになって、公共サービスも人間よりうまく扱えるようになる日は、わたしたちが考えるより、もしかしたら早くくるかもしれない。しかし、わたしたちにとって何が最善かをコンピュータが決められるようになり、政治家全員をお払い箱にしてしまうのは、それよりはるかに難しいことだ。

【参照】6…公平な不平等　10…自由意志　36…予防的正義　59…無知のヴェール

3 好都合な銀行のエラー

誰も損をしなければ何をしてもよいか？

ATMでお金をおろしたとき、リチャードはとても嬉しい驚きを味わった。一〇〇ポンドを引きだして領収書を受け取るつもりだった。ところが、出てきたのは一万ポンド紙幣と一〇〇ポンドの領収書だったのだ。

家に帰り、オンラインで自分の銀行口座を確認してみると、たしかに口座上で引き落とされていたのは一〇〇ポンドだけだった。リチャードは現金を安全な場所にしま

った。銀行がすぐさま間違いを見つけて返すよう言ってくるにちがいないと思ったからだ。しかし、数週間たっても、電話はかかってこなかった。

二ヶ月後、もはや金を返せと言ってくることはあるまいと考えた。そこで、高額の頭金をポケットに入れ、ＢＭＷのディーラーへと向かった。

けれども、その途中でリチャードは激しい罪悪感におそわれた。これは窃盗ではないのか？　いや、そんなものではない、とすぐに自分を納得させた。この金はわざと盗ったのではなく、転がりこんできただけだ。それに、ほかの人から盗ったのではないから、盗まれた人は誰もいない。銀行にしてみれば、こんなのはほんのはした金だし、どちらにせよ、銀行はこうした不測の事態に備えて保険に入っているはずだ。損害を出したのは向こうの責任であって、もっと安全なシステムを備えているべきだったのだ。そう、これは窃盗ではない。これまでの人生で最大の幸運というだけだ。

モノポリー［不動産売買のボード・ゲーム］で「銀行のミスにより二〇〇ポンド獲得」というカードを引き当てたのに、ほんとうは自分のものではないから、という理由で現金を返す人はどこにもいない。それなのに、現実となると、現金を返す正直者を期待してしまうようだ。しかし、いったい何人が返すだろう？　きっと、そう多くはあるまい。

それはなにも、単に皆が不道徳だというのではない。実のところ、わたしたちは状況に応じて、きわめて微妙な線引きをしている。たとえば、たまたま釣り銭を多く受け取りすぎたのが小さい自営業の店であれば、間違いを指摘して返すが、大きな商店であれば、そうはしないかもしれない。どうやら、仲間の人間の過失につけこむのはよくないが、大きな会社ならカモにしてもいい、と決めているようなのだ。これはおそらく、わたしたちがこんなふうに感じることからもきているかもしれない。大企業の過失によって現実に損害を被る人はいないし、企業側の損失などは、わたしたちが得る利益に比べれば取るに足りないものだ、と。そうすると、奇妙なことに、お金を自分のものにしようとするのは、独特の正義感に駆られたせいでもあるといえる。

とはいえ、たとえそれが正当化できる窃盗の一種だということになっても、窃盗であることに変わりはない。偶然のなりゆきであって盗む意図はない、という事実も通用しない。たとえば、空港の手荷物引き渡し所で、間違って誰かほかの人の鞄《かばん》を取ってしまい、その中には、自分の鞄より高価な物がたくさん入っているとあとでわかった場合を想像してみる。それでも、返す努力をしないとしたら、最初に手にしたときの偶然性は、まったく故意に何もしないという決断を正当化することはない。同じように、自分がたまたま目を離したすきに、大事なものを誰かに持っていかれ、注意を怠るほうが悪いのだと思われているとしたら、当然、憤りを感じるはずだ。

銀行にとってはたいした損害ではないと考えたリチャードも、同じように間違っている。なぜなら、それで彼の行為を正当化できるのなら、万引きも正当化できるからだ。商店も保険に入っているし、一回くらい盗んでも店の利益にはほとんど影響しないだろう。

リチャードが自分自身の論理にたやすく流されてしまった理由は、誰もがそうだが、自分に都合のよい考えに傾いてしまうからなのだ。自分の利益を正当化する考えかたのほうが、そうでないほうより説得力があるように見える。このバイアスを断ち切って偏りなく考えることは、きわめて難しい。結局、そうはしたくないのだから。

【参照】 7…勝者なしの場合　29…ただ乗り　83…黄金律　91…誰も傷つかない

4 仮想浮気サービス

不倫はなぜいけないのか？

結婚して四、五年もたてばたいがいの人がそうであるように、ディックも、妻との関係に倦怠感を抱いていた。近ごろは燃え上がることもない。実際、妻とベッドをともにすることはめったになかった。それでも、別れるつもりは毛頭ない。妻を愛していたし、子どもたちにとって、彼女は申し分のない母親だった。

この問題をふつうはどう解決するか、わかりすぎるほどわかっていた。浮気するのだ。妻は夫の欲望をある部分満たし、愛人はその他の部分を満たしてくれる。しかし、ディックは隠れてこそこそするのはどうしても嫌だったし、かといって、公然と浮気するのは、自分はいいとしても、妻が耐えられないこともわかっていた。

だから、仮想浮気サービスの宣伝を耳にしたとき（「人間相手よりずっといい！」）、本気で考えざるをえなかった。その業者が提供してくれるのは、バーチャルな情事を行なう機会だ。つながったコンピュータの向こう側にいる本物の人間と、片手でするサイバーセックスとは違って、現実そっくりの仮想環境で、人間そっくりの相手と寝、

るのだ。まるで本物のセックスのように感じるのだが、実際のところ、その経験はすべて、コンピュータが脳を刺激することで生みだされている。浮気のスリルを満喫しながら、第三者は介入しないから、ほんとうの不倫ではない。それがなぜいけないのだろう？

不倫はなぜ問題なのだろう？　なんら問題ではないという人もいる。なぜなら、それが問題になるのは、浮気を過ちとする一夫一婦制への現実ばなれした期待が、文化的背景としてあるからにすぎない、と。セックスと愛はまったく別なのだから、性交という動物的衝動に駆られた行為によって、愛情の絆を断ってしまうのは愚かなことだ。

しかし、仮に、一夫一婦制を支持することが人為的に作られた文化だとしても、やはりそれは、きわめて深いところに根ざしている。フリーセックスを提唱するコミューンに入ったり、乱交してみたりした人でも、たいがいは自分の好きな人が誰かと寝ていたら、嫉妬せずにいられないだろう。そんなこだわりは捨てろ、と軽く言われても、それは克服すべきただの神経過敏として片づけられないものに思える。

大多数の人にとって不倫が依然として問題だとすれば、その何が問題なのだろう？　もし、自分のパートナーが仮想浮気サービスを利用したらどう感じるかを想像してみれば、その質問に答えやすくなるかもしれない。サイバーセックスに反感を持たないのなら、問題の最大要因は別の人間を巻きこむことだといえるだろう。いちばん親密な関係は一対一であるべきで、他人を入れてはいけない。伝統的な一夫一婦制は、わたしたちが維持したがっている制度なのだ。

　しかし、もし仮想の浮気に反感を持つとしたら、結局のところ、肝心なのは第三者が果たす役割ではないのかもしれない。相手を傷つけるのは、誰かほかの人に目を向けることではなく、相手との関係から目をそむけることなのだ。この観点からすれば、ディックはコンピュータの電源を入れて興奮を得ようとするとき、性的関心を向けるべき相手として妻を見るのをやめた、という合図を送っていることになる。

　浮気というのは、たいがい、ふたりの関係が隠し持つ問題が兆候としてあらわれたものであって、そのそもそもの原因ではない。このことは、ディックの仮想の浮気に引っかかりを感じる原因としても当てはまる。ディックは、コンピュータで初めて刺激的な疑似体験をする以前からすでに、妻をかつてのような性的対象として見ることをやめていたのだから。したがって、仮想の浮気は、肝心の問題を解決する手段ではなく、そこから目をそらす手段なのだ。

　現実の世界では、不倫が問題となる理由は複雑であり、仮想の浮気に反対する人は、肉体を伴う関係には、もっと強く反対するかもしれない。ディックのケースを考えることで、わたしたちは不貞のひとつの側面に着目することができる。つまり、ある程度まで、それはもっとも大切な関係に背を向けることなのだ。

【参照】28…義務を果たす　44…死がふたりを分かつまで　68…家族が第一　91…誰も傷つかない

5　わたしを食べてとブタに言われたら

動物の尊厳とはなんだろう？

四〇年間もベジタリアンを貫いてきたというのに、マックス・バーガーは今まさに祝宴の席に着こうとしていた。テーブルには、豚肉のソーセージやカリカリに焼いたベーコンや、炒めた鶏の胸肉が並んでいる。マックスは、これまでもつねに肉の風味を恋しく思ってはいたが、肉料理への渇望よりも、みずからの信念のほうが強かった。しかし、もはやなんのやましさもなく肉を食べることができる。

そのソーセージとベーコンは、マックスが先週会ったプリシラという名前のブタの肉だった。プリシラは、遺伝子操作によって話すことができ、そして何より、食べられるのを望んでいた。命を終えて人間たちの食卓にのぼることが、生まれてこのかたプリシラの強い望みだったので、自分が屠《ほふ》られる日は、ぞくぞくする期待とともに目覚めた。そんな事情をすべてマックスに話したあとすぐ、プリシラは快適で苦痛のない食肉処理場へ出発したのだった。プリシラの話を聞いていたマックスは、その肉を食べないのは失礼に当たると思った。

鶏肉のほうは、遺伝子操作によって形態を変えられ、除脳されたニワトリの肉だった。いってみれば、そのニワトリは植物の生を生きているのであって、自分や周囲への意識もなく、痛みや喜びもない。だから、それを殺すのは、ニンジンを引っこ抜くほども残酷ではないのだ。

それでも、いざ料理が目の前に置かれると、マックスは強烈な吐き気におそわれた。ずっとベジタリアンとして生きてきたせいで、拒絶反応を起こしただけなのか？　あるいは、当然ともいえる精神的苦痛が身体にあらわれたのだろうか？　なんとか気を落ち着かせ、マックスはナイフとフォークを手にしたが……。

ダグラス・アダムス『宇宙の果てのレストラン』安原和見訳／河出文庫／二〇〇五年ほか

ベジタリアンの中には、動物の生育状況を気にかける人が少なくない。それが驚くに当たらないのは、仮に殺生だけが問題だとしたら、ベジタリアンはハエを叩いたりネズミを駆除したりもしないだろうが、全員ではないにしろ、多くがなんの仮借もなくそうしているからだ。

特定の動物を育てて殺すのが間違いだと主張する理由には、大きくふたつある。ひとつ目は、動物の飼育環境の悪さだ。動物が殺される事実よりも、むしろ生きているあいだ、過酷な状況に置かれていることが問題とされる。ふたつ目は、殺す行為そのもので、殺されなければそれなりの未来があったはずの生き物の命を終わらせることだ。

ひとつ目の問題は、飼育環境をよくするよう手を打つだけで解決できる。動物の幸福を気にかける人でも、たとえば放し飼いのニワトリや子羊の肉なら食べるだろうし、放し飼いというのは、定義からして狭い場所に閉じこめることはありえない。

それでも、ベジタリアンにとって、まだふたつ目の理論的根拠が残っている。殺すという行為への反感だ。では、もし、ニンジンほどの意識しか持たず、生きのびることになんの関心もない動物を作りだせたとしたらどうだろう？　自分の存在さえ知らない動物の命を奪うのは、いけないことだろうか？　あるいは、その動物が実際に食べられることを望んでいるとしたらどうだろう？　SF作家ダグラス・アダムスの『宇宙の果てのレストラン』に登場する、牛もどきの生き物のように。

この小説の主人公アーサー・デントは、自分の肉を食べろという申し出にぞっとしてひるみ、

「こんなおぞましい話は聞いたことがない」と言っている。多くの人が、その嫌悪感に同意するだろう。しかし、仲間のゼイフォード・ビーブルブロックスがデントに答えたように、「食べないでくれと言っている動物を食べるよりまし」なのはたしかだろう。デントの反応は、いうなれば思わずひいてしまったにすぎず、それは、自然に反する何かに直面したとき、たとえそこに道徳的問題がなくても、人が感じる本能的なたじろぎのようなものだ。臓器移植や輸血も、それが採り入れられた当初は異常に思えたはずだが、両方とも慣れるにしたがい、いくつかの宗教団体は別として、道徳的に間違っているという考えはなくなっていった。

人は、動物の尊厳について、あるいは自然の秩序への畏敬については口にするかもしれないが、ニワトリという種の尊厳が、除脳された変種の創造によって蝕《むしば》まれることを、まじめに語れるだろうか？　はたして、プリシラの死は完全に尊厳ある死だったのか？　そして、有機栽培農家といえども、小品種を大量生産するのは、自然の秩序に手を加えているといえないだろうか？　つまるところ、マックスのメニューが現実のものになったとき、現代のベジタリアンが宴席をともにしてはいけない、まっとうな理由はあるのだろうか？

【参照】27…痛みの痕跡　56…ピリ辛のミートシチュー　72…パーシーに自由を　91…誰も傷つかない

6 公平な不平等

不平等が許される場合とは？

ジョンとマーガレットは息子たちへのクリスマスプレゼントを買いに出かけた。息子は三人で、マシューは一四歳、マークは一二歳、ルークは一〇歳だ。愛情深い両親は、三人をつねに平等に扱うよう心がけていた。今年のプレゼント用予算はひとりにつき一〇〇ポンド、とすでに決まっている。

今回の買い物には、なんの問題もなさそうにみえた。目当ての品物はすぐに見つかった。携帯式の〝プレイボーイ〟ゲーム機で、ひとつ一〇〇ポンドだ。ゲーム機三つをふたりでレジに持っていこうとしたとき、ジョンが店内に貼られたお知らせに気づいた。ひとつ一五〇ポンドの最新機能型〝プレイボーイ・プラス・マックス〟をふたつ買えば、オリジナルのプレイボーイ機が無料でもらえるという。払う金額は同じで、もっと上等の品が手に入るのだ。

「それはできないわ」マーガレットが言った。「不公平だもの。誰かひとりが、ほかのふたりより劣った物をもらうことになるのよ」

「でも、マーガレット」ジョンは息子たちから最新型のゲーム機を借りることを考えて、わくわくしていた。「どうして不公平なんだい？　もともともらえるはずだった物より劣る物は誰ももらわないし、三人のうちふたりはもっといい物をもらえるんだ。もしこれを利用しないと、ふたりはもらえるはずの上等な物をもらえなくなる」

「わたしは三人を平等に扱いたいわ」マーガレットが答えた。

「その結果、損をすることになってもかい？」

ジョン・ロールズ『正義論』川本隆史ほか訳／紀伊國屋書店／二〇一〇年

平等が望ましいことは多くの人が認めるが、何がなんでも平等を追求すべきだと思う人は、今ではほとんどいない。レベルを落としてまで平等を実現することには、何かしら偏屈なものを感じるからだ。みなを平等にするのは簡単で、社会の最下層の人と同程度に、全員を貧しくすればいい。しかし、そんなことをしても誰の助けにもならないのだから、これはあきらかにばかげているように思える。貧しい人は依然として貧しいままであり、ほかの人たちは損害を被る。

ただし、どんな場合でも平等を押しつけるのが有益とは限らないからといって、なんの疑問もなく、あらゆる不平等を受け容れるべきだということにはならない。問うべきは、どんな場合に不平等が認められるのか、ということだ。ジョンがマーガレットに、息子たちを平等に扱わない理由を説明していたが、それはひとつの答えだ。不平等が許されるのは、結果として誰も損をせず、何人かは得をする場合だ。

これは、アメリカの政治哲学者ジョン・ロールズが「格差原理」と呼んだものに、とても似ている。格差原理とは、要するに、もっとも恵まれない人の利益になる場合にのみ不平等を認めるというものだ。とはいえ、これがマシューとマークとルークに当てはまるのかどうか、はっきりしない。もともとのプレゼント計画に沿っていれば、三人の状況はそれぞれが損も得もしない、階級なき社会の縮図だった。ところが、プレイボーイ・プラス・マックスを手に入れることにすると、たしかにふたりは得をするが、そのことは、残りのひとりにとってはなんの慰めにもならない。とすればこの計画は、全体的に見て、もっとも恵まれない人の利益になっているとほんとうにいえるのだろうか？

当然ながら、政治の場合と家族の場合とでは、原則を当てはめる際に重要な違いが出てくる。社会全体でなら、ジョンの意見が直観的な説得力を持つように思える。しかし、家族となると、平等のほうに重きを置くべきかもしれない。なぜなら、ごく小さな集団においては、不平等はいっそう鋭く察知され、緊張を生みだしやすいからだ。

けれども、同じことは政治の世界でもたしかにいえる。不平等に反対する理由のひとつは、それがまさしく社会の団結力を損ねたり、貧しい人たちの自尊心を傷つけたりするからだ。社会心理学者たちが指摘しているように、人は、たとえ自分が物理的にはなんの損害も被らないとしても、もし隣人が経済的負担もなしに金持ちになったとしたら、心理的には貧富の差に対する意識が強くなって、苦しむ可能性がある。したがって、平等と不平等をただ物質的な側面からしか考えないと、政治の場合も家族の場合も、ひどい間違いを犯すことになりかねない。

【参照】 7…勝者なしの場合　15…持続可能な開発　16…救命ボート　59…無知のヴェール

7 勝者なしの場合

結果がよければ何をしてもいいのか？

サックス二等兵は、ひどいことをしようとしていた。捕虜をまず強姦し、それから殺せと命令されたのだが、その捕虜は罪のない民間人で、ただ民族的出自が間違っているだけなのだ。心の中では、これがとんでもない不正義であり、事実、戦争犯罪だ

とはっきりわかっていた。

それでも、素早く考えをめぐらせたサックスは、やるしかないと感じた。もし命令に従えば、自分は捕虜の苦痛をできるだけ耐えやすいものにし、必要最低限の苦しみですませることができる。もし従わないと、自分自身が撃たれ、捕虜はやはり暴行を受けて殺されるが、おそらく、そのやりかたはもっと残虐なものになるだろう。自分が手を下すほうが、誰にとってもいいのだ。

サックスの論理は明白であるように思えるが、もちろん、手を下せば心は穏やかでいられなくなる。現状で自分にできる最良のことをしようとしているのに、それがひどく間違ったことでもあるのはなぜなのだろう?

「もしわたしがしなければ、誰かほかの人がするだろう」というのは、たいがいの場合、悪い行ないへの言い訳だ。悪い行ないは自分に責任があるのだから、ほかの人がどのみちそれをしてしまうかどうかは関係がない。たとえば、オープンカーにキーが差しこまれたままになっているのを見つけたとき、もし、それに乗りこんで走り去ったとしたら、その行為は、遅かれ早かれ誰かが同じことをするにせよ、窃盗であることに変わりはない。

サックスの場合、正当化のしかたは微妙に、そして重要な意味で異なっている。つまり、サックスは「もし自分がしなければ、誰かがはるかに悪い結果をもたらすだろう」と考えている。サックスはただなりゆきにまかせて悪事をなすわけではない。できるだけよいことを、あるいはできるだけ悪くないことを、しようとしているのだ。

ふつうなら、できるだけ害のないことをするのは、申し分なく道徳的に思えるだろう。サックスにできる最良の行為は、自分自身の命を救い、そして、できるだけ苦しませず捕虜を死なせることだ。とはいえ、この理屈によって、サックスは強姦と殺人に加担する結果となり、それは道徳的に正しい行ないとは決していえない。

ここで第三の可能性を考えたい誘惑にかられる。たとえば、捕虜を撃ち殺して自分も死ぬ、というような。しかし、その誘惑には抗《あらが》わなければならない。なぜなら、思考実験においては選択肢は制限されるものだし、今回問うているのは、命令を実行するか拒否するか、というふたつの可能性しかないときサックスがどうすべきか、なのだ。こんなふうに二者択一に限定するのは、道徳問題と正面から向き合うのが目的であって、その問題をめぐって考えるのが目的ではないからだ。

正しいことをするのが不可能な場合もある、という人がいるかもしれない。やってもだめ、やらなくてもだめ、どちらに転んでも不道徳。そういう状況では、なるべく悪くないほうを追い求めるべきだ。とすると、サックスはできるかぎりよいことと、間違ったことを両方しているといってよいだろう。しかし、この答えは別の問題を生むだけだ。もし、サックスができるかぎりよいことをしたのなら、わたしたちは、その行為を責めたり罰したりできるだろうか？　もしできないとしたら、サックスは何も間違ったことをしていないということなのか？

　こうなると、答えはたぶん、行為は間違いだがその行為をする人物は責められない、というものだろう。その人のしたことは間違いだが、それをした人は間違っていない。論理は保っている。はたして、これは世界の複雑さを映しだしているのか、あるいは正当化できないことを正当化するための詭弁《きべん》なのか？

　もうひとつの答えは、結果は手段を正当化しない、というものだ。サックスは命令を拒否すべきである。本人は死に、捕虜はいっそう苦しむだろうが、それが彼にできる唯一の道徳的選択だ。この方法なら、サックスは整合性を保てるかもしれないが、はたして、それは命を救い、苦痛をやわらげるよりも立派な結果なのだろうか？

【参照】15…持続可能な開発　29…ただ乗り　44…死がふたりを分かつまで　91…誰も傷つかない

8 海辺のピカソ

芸術は永遠だろうか？

ロイは、その男が海岸の砂に何か描いているのを崖の上から眺めていた。少しずつ輪郭《りんかく》をあらわしてきたその絵に、ロイは驚いた。そこに描かれた突飛な顔は写実的なものではなく、いろいろな角度から同時に観察したように見える。その絵は、実のところピカソの作品にそっくりなのだ。

そう思ったとたん、ロイは心臓が止まりそうになった。双眼鏡越しに、思わず目をこすろうとしたほどだ。海岸にいるのは、なんとピカソ本人ではないか。

胸の鼓動が早まった。この散歩ルートは毎日通っているので、まもなく潮が押し寄せてくることは知っており、そうなれば、まぎれもないピカソのオリジナル作品が流されてしまう。なんとかして守らなければ。でも、どうやって？

潮を押し戻そうとしても無駄だ。かといって、砂をすくい取る方法もないし、たとえ時間があったとしても、実際、短すぎる。おそらく、家までカメラを取りに走ることはできるだろう。しかし、写真はせいぜい作品を写し取ったものであって、作品そ

のものではない。仮にそうしようとしても、カメラを持って戻ってくるまでに、絵は波に消されているかもしれない。それならば、消えるまでのあいだ、絵を独り占めしてただ楽しむべきなのかもしれない。立ちつくして絵を眺めながら、ロイは笑ってよいのか泣いてよいのかわからなくなった。

レイ・ブラッドベリ「穏やかな一日」『メランコリイの妙薬』所収／吉田誠一訳／早川書房／二〇〇六年

時を経ると色あせてしまう芸術作品の悲しさを、一概に語ることはできない。その芸術がどんな形態かによって、まったく違ってくるからだ。何かを演ずる形の芸術が、彫刻と同じように永遠に残るべきだと思うのはばかげている。もちろん、演技を映画に撮ったり、文字に残したりすることはできる。しかし、どちらの方法であれ、作品そのものを時間の中に封じこめることはできないし、そのことは、心に残る芝居や音楽を味わったあとで、それを映像で観たことのある人ならわかるだろう。

彫刻や絵画となれば、保存にはうってつけのように思える。しかし、演技による舞台芸術と、彫刻や絵画などの造形芸術とをはっきり区別できるのだろうか？　思考実験の中でピカソが砂に描いたスケッチは、その境界線を見事に吹き飛ばす。ふつうなら長くもつ作品が、ふつうでない媒体を選んだせいで、はかない演技に形を変えてしまうのだ。

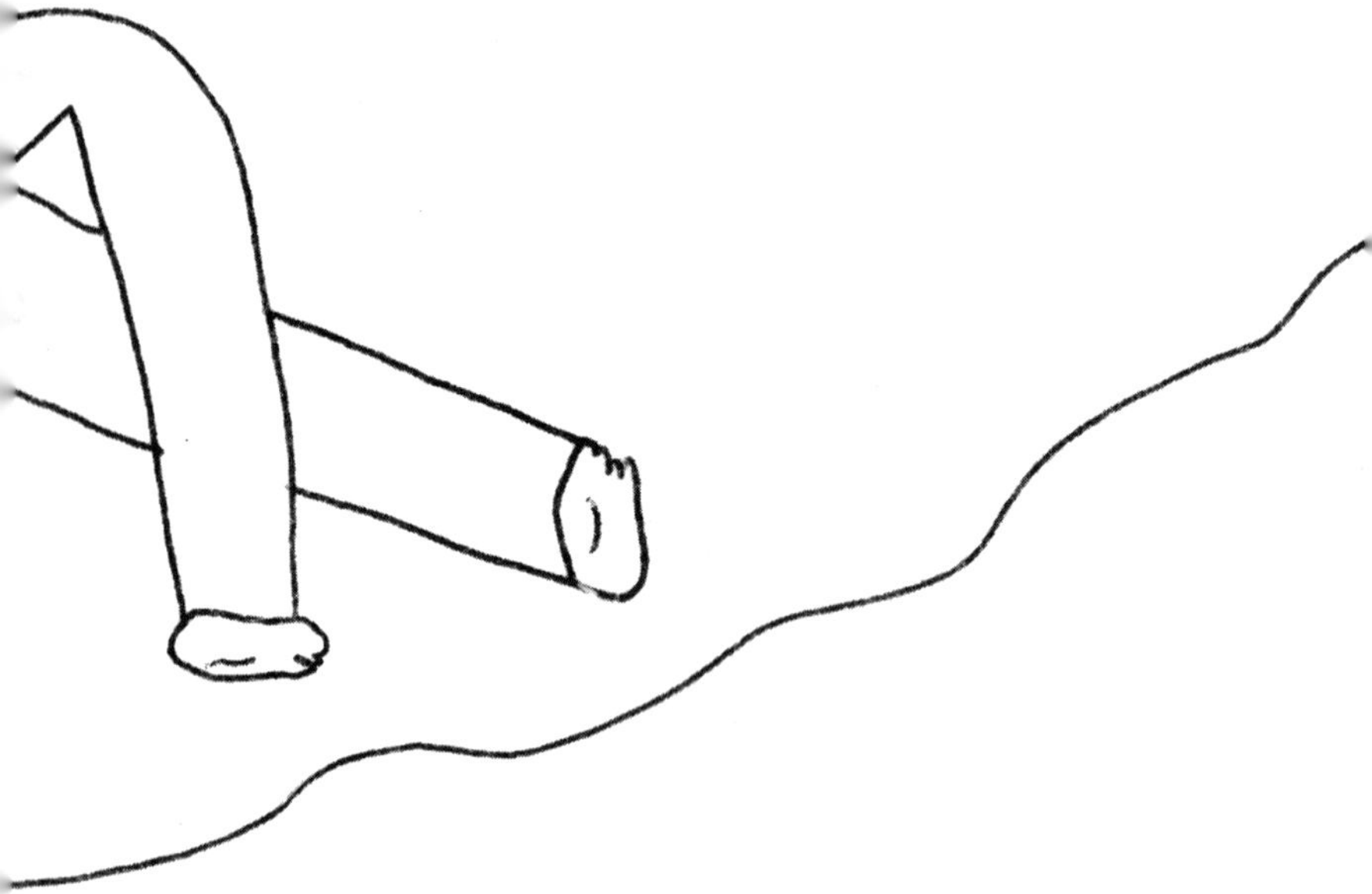

ART

舞台芸術と造形芸術とのあいだにはっきり区別がつけられないとわかれば、保存や修復に対するわたしたちの態度も変わってくるかもしれない。わたしたちは、絵画が描かれた当時になるべく近い状態になるよう、保存したり修復したりするのが望ましいと思いがちだ。けれども、芸術作品が徐々に劣化していくこともまた、その作品の演技的側面の本質と捉えるべきなのかもしれない。

芸術家の多くが、作品を生みだす時点で、それがどう古びていくかを考慮に入れている。たとえば、建築家のフランク・ゲーリーは、スペインのビルバオにある名建築グッゲンハイム美術館を建てたとき、外装に使ったチタンが、空気や水にさらされることでどう影響を受けるか知っていた。同じように、昔の巨匠たちも、使用する絵の具が古びていくのはわかっていた。

さらにいえば、もしかしたら芸術作品を保存したいという欲求は、わたしたち自身の有限性を拒絶するひとつのあらわれかもしれない。芸術は人間より永く残るからこそ、ある人たちは芸術を通して、永遠性の形を追求してきたのだ（ただし、ウディ・アレンが、永遠は芸術を通してではなく、死なないことで手に入れたいと言ったのは有名）。芸術にもまた限りがあり、真に永遠のものなどないことを受け容れるならば、わたしたちが芸術や人生の価値をどこに見出すべきか、もっとはっきりわかるだろう。それは、芸術や人生を味わう過程にこそあるのではないだろうか。

【参照】40…自然という芸術家　48…邪悪な天才　66…模造画家　86…芸術のための芸術

9　善なる神

宗教なしの道徳は成立するのだろうか？

そして、主は哲学者に言われた。「わたしは主なる神であり、善なるものすべての源である。宗教に拠らない道徳哲学はなぜわたしをないがしろにするのか？」

哲学者は主に言った。「それに答えるには、まずあなたに尋ねなければなりません。あなたは、善い行ないをせよと命じられる。しかし、それはあなたが命じるから善いのか、それとも、善いことだからあなたが命じるのですか？」

「それは」主はお答えになった。「わたしが命じるから善いのだろうな」

「実におかしな答えです、主よ！　もし、あなたが善いとするものだけが善いのなら、仮にあなたが望めば、子どもを苦しめるのを善いことにもできる。でも、そんなのはばかげているでしょう？」

「もちろんだ！」主がお答えになった。「お前を試してみたのだが、よい回答を得て嬉しく思う。もうひとつの選択肢はなんだったかな？」
「それ自体が善いことだから、あなたが善いとなさる、というものです。しかし、そうなると、善なるものは、あなたにまったく依存していないことがはっきりする。われわれは、善を学ぶためにあなたを学ぶ必要がなくなります」
「そうだとしても」主は言われた。「これを主題に、わたしがなかなかよくできた本を書いたことは、お前も認めるはずだが……」

「エウテュプロン」田之頭安彦訳『プラトン著作集４』所収／勁草書房／一九七九年ほか

学生のころよく賛美歌を歌ったものだが、そこでは、神は肯定的な特質のほぼすべてと同等だった。神は愛、神は善、神は真、神は美。合唱の最後が「神を讃えよ！」で終わるのも無理はない。

しかし、神は善であるという考えは、意味が曖昧だ。「神は善だ」というのは、「ケーキはおいしい」とか「ジョーは親切だ」というのと同じ意味の使いかたができる。この場合の「ＡはＢだ」は、たとえば善さとか青さとかいった資質や特性Ｂが、Ａに属するということだ。けれども、同時に、「神は善だ」というのは、「水はＨ２Ｏだ」や「プラトンは『国家』の著者だ」

のような文でもありうる。この場合の「AはBだ」は、ふたつのことがらが等しいことをあらわす（A＝B）。つまり、ひとつがもうひとつと同等なのだ。

賛美歌における「AはBだ」は、属性ではなく同等の一例だったと思われる。神は慈愛深いのではなく愛であり、美しいのではなく美なのだ。神は、単にそういう優れた資質を持っているのではなく、神こそが愛であり、美である。だから、「神は善だ」は、神という概念と善なるものという概念が分かちがたく結びついており、善の本質は神だということを示唆している。そうだとしたら、道徳性は神なしにありえないと信じる人が多いのもうなずける。もし、善なるものと神なるものが分けられないのなら、宗教に拠らない道徳性は、言葉の矛盾だ。

けれども、冒頭の会話では、そうでないことがはっきり示されているように思える。もし神が善なら、それは、すでに善である何かを、神が選んで行なうからだ。神は、それを選ぶことでなんらかの善を創りだしているわけではなく、それが善だから選んでいるのだ。

この議論がうまくいくのは、分けられないものを分けているからにすぎない、と反対意見を言う人もいるだろう。もし神がほんとうに善なら、神と善とを切り離すような二者択一を持ちだしても意味がない。それでも、善は神が命じるから善なのか、あるいはそれが善だから神が命じるのかを問うことは、完全に意味があると思えるのだから、この反対意見は、論点を避けているにすぎない。

たとえ、神と善がほんとうにひとつだとしても、なぜそういえるのかを問うことには、依然として意味がある。その答えはきっと、わたしたちは何が善かを知っていて、だからこそ、神は善だと正しく言うことができる、というものだろう。もし、神が無意味な苦しみを与えたなら、神は善ではないとわたしたちにはわかるはずだ。そうなると、わたしたちは、善なるものの本質を神に依存せず理解できることになる。それなら、神なしの道徳性も矛盾語法とはいえない。

【参照】32…テロ予告　56…ピリ辛のミートシチュー　57…神の命令　95…悪の問題

10 自由意志

すべてはあらかじめ決定されているのか？

テレビ番組「ビッグ・ブラザー」［イギリスの人気番組。オーディションで選ばれた男女十数人が、外部から隔離された家で、監視カメラのもと共同生活を送る。視聴者投票で嫌われた人がひとりずつ脱落していき、最後まで残った人が優勝者となる」の七三シリーズ目は宇宙ステーションを舞台にしたものに決まり、それに向けて、プロデューサーは手の込んだ新しい玩具、ピエールを用意していた。番組のコンサルタントである心理学者が、その仕組みを説明した。

「ご存じのとおり、脳は思考と行動のエンジンであり、完全に物質的なものです。物理法則への理解が進み、今では、さまざまな状況で生じる出来事に対して、わたしたちは人の脳がどう反応するか、つまり人がどう考えるか、正確に予測できるのです。

〝ビッグ・ブラザー〟と名づけられた宇宙ステーションに入るとすぐ、スキャナーが番組参加者全員の脳の状態を読みとります。われらがスーパーコンピュータ・ピエールは、参加者たちが受けるさまざまな刺激をモニターし、それによって今後の行動がどうなるか言い当てるのです。

もちろん、この仕組みは非常に複雑なので、使用範囲が厳しく限定されます。だからこそ、この技術はビッグ・ブラザーのような、管理された閉鎖空間でもっともうまく働くのですが、予測はほんの少し先までしかできません。予測のわずかなエラーは、じきにもっと大きなエラーに回収されるのですから。それでも、視聴者は、参加者たちが次にどう反応するか、コンピュータの予測を見ながら楽しんでくれるでしょう。

ある意味、われわれは参加者たちの心の中を、参加者自身よりもよく知ることになるのです」

ピエール＝シモン・ラプラス『確率論――確率の解析的理論』伊藤清ほか訳／共立出版／一九八六年

フランスの科学者ピエール・ラプラスは、もし、わたしたちが物理法則と宇宙の粒子すべての位置を知ることができれば、今後起こるであろうすべてのことを予測できる、と言った。量子論がこれを間違いだと示したのは、あらゆる因果過程が、先立つ状況によって細かく決められているわけではないからだ。宇宙には、ラプラスが想定していたより多くの不確定性が存在する。

　とはいえ、量子が影響を及ぼすのは極小レベルにおいてだけだし、この世界の物体はたいがい、ラプラスが考えたように、先立つ原因によって細かく決められているかのように動く。となると、すべてを見通すラプラスの観察者ほど完璧ではないにせよ、ある程度の予測ができる何かを採り入れることは可能に思える。つまり、ビッグ・ブラザーのコンピュータはなお、理論上は可能なのだ。

　ピエールが教えてくれる予測を追いながら番組を観ていると、どこか気持ちが落ち着かないかもしれない。そこでは、脳の物理的状態と周囲の状況しか知らないコンピュータの予測どおりに、再三再四、みなが行動する。参加者たちは、コンピュータがそうするだろうと計算したように決断する。つまり、彼らは自主的な選択をする自由行為者ではなく、自動人形のように思えるのだ。

こうした可能性に対して、わたしたちはどう反応すべきだろう？　ひとつ目の方法は、ありえないと否定することだ。人間は確実に自由意志を持っているのだから、ピエールのような予測は、どんなコンピュータにもできるはずがない、と。けれども、これでは気に入らないことを受け容れられずに、ただ拒絶しているだけだ。ピエールがなぜ可能でないのか、単にそう教えられたからではなく、その理由を知る必要がある。

量子の不確定性に訴えても無駄だ。たしかに、この思考実験で取り上げられる以上に、量子論は予測不可能性を導入しているが、それは、完全に予測可能な因果過程を、予測不可能でランダムな要素を含む過程に置き替えているだけなのだ。けれども、わたしたちの行動は、ランダムな因果過程の結果であれ、あるいは、細かく決められた過程の結果であれ、いずれにせよ自由ではない。自由意志が可能であるためには、物理的な因果の連鎖をすべて断ち切らなければならないようだ。そして、それはできないように思える。

ふたつ目の方法は、ピエールが可能であることを受け容れるが、自由意志は、ある重要な意味において、脅かされることがないと主張するのだ。考えうるやりかたは、予測可能性という概念と、自由という概念のあいだに楔《くさび》を打ちこむことだ。たとえば、わたしたちは友人がどんな食べ物や飲み物を注文するか、予測できることがよくあるが、だからといって、友人の選択が自由なものでないとは思わない。それなら、ある人物の行動すべてを予測できる場合には、なぜその選択が自由なものでないと思ってしまうのか？

ともあれ、それでほんとうに自由意志は救えるだろうか？　直前までに何が起ころうと、自分の好きに選択できないとしたら、自由とはいったいなんなのだろう？

［参照］ 2…自動政府　36…予防的正義　63…つぼみを摘む　70…中国語の部屋

11 わたしがするようにでなく、言うようにせよ

ひとりの行為は全体に影響しないのか？

イレーナ・ヤヌスは、飛行機が地球温暖化に与える影響について、発表する準備を

していた。商業飛行によって、一年間に、おもな温室効果ガスである二酸化炭素が大気中に排出される量は、アフリカ大陸全体が排出する量よりも多い。ヤヌスはそのことを聴衆に訴えようとしていた。そして、一回の長距離飛行は、車で一二ヶ月旅行してまわるより空気を汚染することも話すつもりだった。地球を救いたいのなら、自分自身が飛行機に乗る回数を減らす努力をし、ほかの人たちにも、旅行を減らすか別の移動手段を使うよう促すべきだ、と結論づけるつもりだ。

自分の発表が満場の喝采を浴びる場面を想像していたとき、客室乗務員からワインを差しだされて、ヤヌスはわれに返った。これは偽善だろうか？　いや、そんなことはない。何回か飛行機に乗ったくらいでは、環境に与える影響など微々たるものだということも、よくわかっていたからだ。飛行機に乗るのを一回やめたとしても、地球温暖化は一秒ほども遅れはしないだろう。必要なのは、全体が変わることであり、政策が変わることなのだ。世界中を飛び回ってそのことを訴える自分の仕事は、だから、問題解決につながるものだ。飛行機に乗るのをやめるなんて、うわべだけのジェスチャーにすぎない。

そう考えて、ヤヌスは機内映画のスイッチを入れた。そこに映しだされたのは『デイ・アフター・トゥモロー』［地球温暖化によって氷河期が到来し、混乱する人々を描い

た二〇〇四年のアメリカ映画」だった。

「小さなことが役に立つ」と考えるのは心地いいものだが、はたしてそれは真実なのだろうか？　その答えは、解釈次第だ。たとえば、イギリス国民が一ポンドずつ寄付すれば、総額は五六〇〇万ポンドになる。ひとりひとりの額はわずかだが、全部集めれば莫大な額になる。しかし、その一方で、たったひとりだけ寄付しない人がいても、総額は五五九九万九九九九ポンドになり、ひとり分を除いても、その総額でできることはほとんど変わらない。

この事実を考えれば、ふたつの結論が導きだされるのは、まったく無理のないことだ。つまり、自分ひとりが果たす役割は取るに足りないのだから、寄付しようがしまいがたいして違いはない、という結論と、それでも、もしみんなが同じように考えたら大変な違いが生じる、という結論だ。これはパラドックスなのか、それとも、そのふたつは折り合えるのだろうか？

ヤヌスは折り合えると考えている。なすべきは、大勢の人たちを説得して、ひとりひとりの貢献が大事だとわからせることだ。彼らの相当数がそれを正しいと信じてくれれば、望みどおりの好ましい効果を得られる。要するに体《てい》のいいごまかしだ。個人の努力ではなく、努力の寄せ集めが功を奏するのだから。とはいえ、ひとりひとりの努力が大事だとみんなが思わないと、その努力を寄せ集めることもできない。

この論理にはどこかしら根本的に納得しがたいところがあるが、その欠陥を探すのは難しい。それなら、なぜおかしいと感じるのだろう？

考えられる理由のひとつはこうだ。ヤヌス自身の良心の呵責《かしゃく》はやわらいだとしても、わたしたちが偽善と感じてしまうのは、ほかの人への要求と違うことを彼女がしているからだ。しかし、だからといって、個人の努力は全体に影響を与えないというヤヌスの推論が間違っているわけではない。地球を救うことだけを考慮しているのなら、飛行機の利用を正当化するヤヌスの考えは完全に合理的かもしれない。けれども、飛行機に乗ることを選んだ行為はやはり間違っており、それはまったく別の理由からだ。つまり、ほかの人にはすべきでないと言ったことをするのは間違っている。言いかえれば、ヤヌスにとって飛行機に乗るのが間違っている理由は、環境とはなんの関わりもなく、他人の行為に当てはめるのと同じ規則を自分自身にも当てはめよ、という道徳的要請と深く関わっているのだ。

これで、パラドックスらしきものは解決されているように思える。みなが飛行機に乗りたがれば害が大きいのはたしかだ。一回一回の排気量が積み重なっていくのだから。ひとりひとりの飛行が与える影響は、たかが知れているのもたしかだ。一回の排気量などたいしたものではないのだから。けれども、排気量を減らそうと提案するのなら、自分自身を除外できないのもたしかだ。ヤヌスは地球の環境を破壊するせいで批判されるのではなく、他人に勧めたことを自分がしないせいで批判されるべきなのだ。もちろん、わたしがするようにでなく、言うようにせよ、というのが申し分なく合理的な要求であれば話は別だが。

【参照】15…持続可能な開発　29…ただ乗り　83…黄金律　91…誰も傷つかない

12 テセウスの船

何をもって同じとするのか？

レイ・ノースが依頼されたのは、こんなことではなかった。世界をまたにかける名うての犯罪請負人として、レイはこの任務を果たせることを誇らしく感じていた。今回の依頼は、かの有名なテセウス号を盗むというもので、この船はイギリスの新聞王ルーカス・グラブが身投げし、最近ではロサンゼルスのラップ歌手ダディー・アイス・ティーが殺された舞台となったことでも知られていた。

けれども、修理を終えたばかりの船が置かれている乾《かん》ドックに来てみると、まったく同じに見える船がふたつ並んでいるではないか。レイは、連れてきた手下たちのひとりが銃口を向けている警備員のほうに向きなおった。

「命が惜しけりゃ、どっちが本物のテセウス号か白状するんだな」

「どっちとも言えません」警備員がおどおどと答えた。「つまり、この船を修理しはじめると、船体の木材をたくさん取り替える必要が出てきたんです。もちろん、古い木材は全部残しておきましたよ。でも、作業が進むと、結局はほとんど全部取り替えることになってしまって。修理を終えたとき、取りはずした古い木材を使って、もう一隻《せき》同じ船を造りなおしたらどうかと、誰かが言ったんですよ。それで、二隻になったというわけです。左側が新しい木材を使って修理したテセウス号で、右側がもとの古い木材を使って復元したテセウス号です」

「で、どっちが本物のテセウス号なんだよ?」レイが詰め寄った。

「知ってることは全部言いましたよ!」警備員が叫ぶと、手下は銃を握る手に力をこめた。レイは頭をかきむしり、なんとか二隻とも盗んでいくことはできないかと考えはじめた。


トマス・ホッブズ『リヴァイアサン』全二巻/永井道雄・上田邦義訳/中央公論社/二〇〇九年ほか

事実がすべて出そろっても依然として答えられずに残る疑問というものを、哲学は問題にする。この思考実験では、レイは二隻の船に関連する事実はすべて知っている。それでも、疑問に対する答えはまだ見つかっていない。

どちらが本物のテセウス号かは、直観で考えればあきらかだと思う人もいる。しかし、どちらを答えとするかは、この話をどう語るかによるのだ。仮に、レイが刑事で、ルーカス・グラブとダディー・アイス・ティーの死について、法廷での証拠を探しているとしたら、もとの古い木材を使って造りなおしたテセウス号を本物とみなすのが、ごく当然だろう。歴史的に重要な品を蒐集している人も、おそらく同じ結論に達するはずだ。

けれども、船のオーナーはどうかとなると、新しい木材で修理されたほうのテセウス号を本物とするだろう。そちらの船こそ、オーナーが乗るべき船だ。それに、もし乾ドックにコマ撮りカメラを据えて作業の経過を追っていれば、船に少しずつ手が加えられて、最後には修理を終えたほうの状態になったことが見て取れるのに対して、復元されたほうは、そのかたわらで後からできあがってきたことがわかる。したがって、存在の同一性を保っているのは修理されたほうであって、復元されたほうではない。

こうなると、どちらが本物のテセウス号かという問題は、ひとつの答えで答えられるものではないように思えてくる。船の何に関心を向けるかがすべてなのだから。しかし、それでは、困った結果になりかねない。なぜなら、人間もまた、テセウス号に似ているからだ。生きているあいだ、わたしたちの身体は細胞が次々に死んでは新しいものに置き換わる。考えかたもまた変わっていき、一〇歳のときに頭の中にあったことは、二〇歳のときにはほとんど残っていないし、そうした思考も記憶も性質も、歳をとるにつれてどんどん入れ替わっていく。ということは、何年も前の自分と今の自分が同じ人間かどうかについて、正しい答えは存在せず、それはわたしたちが自分自身の何に関心を向けるかによるというべきだろう。もし、テセウス号の同一性が事実として決められないのなら、時がたつにつれて徐々に変わっていくものは、人間を含めてすべて、その同一性を事実として決められないのではないだろうか。

【参照】46…ふたりのデレク　65…魂の力　89…水はどこでも水なのか　92…火星への旅

13 赤を見る

感覚的な経験をどう説明すべきか？

赤という色について知るべきことを、マリーはすべて知っている。ひとりの科学者として、それはマリーがライフワークにしてきたことだ。なぜわたしたちが赤外線を見られないのか、なぜトマトは赤いのか、なぜ赤は情熱の色なのか、知りたければマリーに訊くといい。

ある事実を知らなければ、そんなことはどれも特別ではないだろうが、実のところマリーは全色盲で、色はまったく見えない。彼女にとって、世界は白黒映画のようなものだ。

けれども、今やすべてが変わろうとしている。マリーの網膜の円錐《えんすい》体は、それ自体に異常があるのではなく、脳へ送られた信号が処理されていないだけなのだ。現在では、神経外科学が進歩したおかげで、治療ができるようになった。もうすぐマリーは、色のついた世界を初めて見ることになる。

ということは、知識は豊富だったけれど、実際、マリーは赤についてすべてを知っ

ているわけではないのかもしれない。知るべきことがまだひとつ残っている。赤がどんなふうに見えるか、だ。

オーストラリアの哲学者フランク・ジャクソンによる「マリーの部屋」
What Mary didn't Know by Frank Jackson, republished in *The Nature of Mind*, edited by David Rosenthal (Oxford University Press, 1991)

心と身体は、どういうわけか共存しているが別々のものだ、という考えかたに、教養ある人のほとんどは耳を貸そうとしない。非物質である魂が、動物である身体の中に棲《す》んでいる——機械の中の霊魂——という考えは時代遅れで信じがたく、反科学的なのだ。

しかし、間違った世界観をただ拒絶するだけでは、正しい世界観に到達する保証はない。心身二元論を斥《しりぞ》けるなら、それに替わるものはなんなのか？　有力な候補は物理主義だ。物理主義とは、一種類のもの、つまり物理的なものだけが存在し、人間の心を含むすべてはそれによってできている、とするものだ。もちろん、このものはぶつかり合う粒子の球ではなくエネルギーだということになるかもしれないが、ともかく椅子が何かでできているのなら、ほかのものもすべてそれでできている。

そうかもしれない。だが、物理主義者の熱意が度を超すこともある。たとえ、一種類のものしかないとしても、それが完全な物理学の用語で理解されうるとは限らない。

これこそ、マリーの思考実験が示唆することだ。科学者として、マリーは物理学の用語では赤に関してすべてを知っている。それでも、知らないことがひとつある。赤がどう見えるか、だ。世界についてのどんな科学的記述も、この知識を授けてはくれない。科学が客観的、実験的、量的であるのに対して、感覚経験つまりあらゆる心的経験は主観的、経験的、質的なものだ。このことが示すのは、どんな物理的説明も、それがどれほど完全であろうと、わたしたちの心の中で何が起きているかは捉えられない、ということだ。哲学者が言うように、心的なものは物理的なものに還元できないのだ。

こうなると、物理主義者にとっては難儀だ。物理的でないものは世界に存在せず、しかも同時に、物理学的な用語では説明できない心的出来事が存在する、という両方が真実でありえるのだろうか？　二元論者のフライパンから飛びだしたら、物理主義者の火の中だったということか？

マリー自身が物理主義者だと想像してみよう。彼女ならなんと言うだろう？　おそらく、まずは外観と現実のあいだには違いがある、と指摘することから始めるだろう。つまり、ものごとがどうあるかと、どうあるように見えるかだ。科学は後者ではなく前者に関心を向ける。なぜなら、知識というのはつねに、ものごとがどうあるかについての知識であって、単にどう見えるかについてではない。マリーは、赤についてあらゆることを知っているが、ただそれがほとんどの人にどう見えるか知ってはいない。当然、自分にどう見えるかは知っている。それは独特の色合いのグレーだ。

だから、マリーが初めて色を見るとき、この世界は新たなものとしてあらわれるだろう。けれども、それについてマリーが何かを新たに知るといえるのだろうか？　赤がどう見えるかをようやく知るのだとはいえるかもしれない。わたしたちのふだんの会話では、その微妙な区別はときに曖昧になるのだが、その区別こそ、哲学者が目をつけるべきところなのだ。

［参照］22…随伴現象者たちの星　41…青を獲得する　58…コウモリであること　73…目が見ているもの

14 氷の話

経験だけで判断してよいのだろうか？

ダーラ・ガプタは生まれてこのかた、インドのラージャスターン砂漠のオアシス都市、ジャイサルメール近くの村で暮らしていた。一八二二年のある日、夕食の支度をしていると、騒がしい物音が聞こえてきた。顔を上げると、いとこのマハビーが二年間の旅から戻ったところだった。マハビーは元気そうで、夕食のあと、家族にいろいろな冒険譚《たん》を語って聞かせてくれた。

盗賊のこと、野生動物のこと、高い山のこと、そして、信じがたいような景色や、心躍る体験。しかし、ダーラが心底驚いたのは、「氷」と呼ばれるものを見た、というマハビーの言葉だった。

「すごく寒い地域に行くと、水は流れるのをやめて、固い半透明のかたまりになるんだ。もっとびっくりするのは、液体と固体の中間という状態がないことさ。それに、流れている水は、固まったものより少し温度が高いんだ」

ダーラは、家族の前でいとこに異を唱えたくなかったが、その話を信じはしなかった。いとこの話は、今までの自分の経験すべてと矛盾していた。これまで、火を吐く竜の話を旅人たちから聞いたときも信じなかった。だから、今回の氷についての荒唐無稽な話も信じられるはずがない。自分はそんなものを信じるほど愚かではない、と思っていたし、それは正しかった。

デイヴィッド・ヒューム「奇蹟について」『人間知性研究——付・人間本性論摘要』所収／斎藤繁雄・一ノ瀬正樹訳／法政大学出版局／二〇〇四年

ダーラはある意味であきらかに間違っているのに、なぜそれが正しいといえるのだろう？　マハビーの氷の話は、竜と同じような作り話ではなく、氷点で水に何が起きるか正確に描写している。

ダーラが正しいのは、ときにわたしたちは正しい理由によって間違える、という意味においてだ。たとえば、一攫千金の方法というのを考えてみよう。Eメールを利用する人ならたいてい、わずかな投資で莫大な財産を約束するメールをほぼ毎日受けとっているだろう。そんな話はほとんど例外なしに詐欺なのだから、信用性をいちいち調査している暇はなく、ただひとつ合理的な方法は、全部を無視することだ。けれども、そうすると、ある日ほんとうに儲かる話を無視して、莫大な富をみすみす逃してしまうこともありうる。そのメールだけは詐欺ではなかったのに、それでも、詐欺にちがいないと結論を下したのは、ある重要な意味で正しい推論だった。

同じことが、ダーラにも当てはまる。自然界がどういう働きをしているかについて、わたしたちは、教えられたこと全部を信じるべきではない。空中浮揚できるとか、念力で時計を止められるとか、水晶玉で病気を治せるとかいう人がいたら、当然、疑うべきだ。そんなことは起きないと過去の経験でわかるし、起きたと言い張る人の言葉は、裏づける証拠がなかったり、いかさまだと見破られたりするものだ。そういうことを言い張る人を詐欺師と考える必要はない。彼らは単に間違っているか、あるいは正しくない推論にもとづいて主張しているのだから。けれども問題は、いつか何かが必ず現れて、わたしたちは、自分が知っているつもりのことを考えなおさざるをえなくなるということだ。持ち合わせの信念に一致しないというだけで、ある考えを斥《しりぞ》けることはできない。むしろ、そうするには、きちんとした理由が必要なのだ。なぜなら、すでに認められた主張には説得力があるため、個人や小さな団体からの反対意見は無視してしまいがちだからだ。

ここに、ダーラの問題がある。たとえ自分のいとこであっても、たったひとりの証言では、ダーラ自身が自然界について知っていること、つまり、液体がある温度で魔法のように固体へ変わったりはしない、ということを否定するほどの強さはない。それでも、ダーラは、自分が生まれた土地より寒いところに行ったことがないが、いとこはある、という事実を受け容れなければならない。ダーラ自身の経験は限られており、経験を超えたことについては、いとこの言葉しかないのだ。いとこを信じないことで、ダーラは自分の知識の幅をぐんと狭めてしまったのか、それとも、今回のことは、今後さまざまな状況で騙されたり間違ったりしないための、代償と考えてよいのだろうか？

【参照】62…知ってはいない　75…木馬で賭けに勝つ　76…ネット頭脳　97…道徳的な運

15 持続可能な開発

環境問題を解決するには？

家業の成功には大きな代償を伴うことを、グリーン家の人たちは思い知った。田舎で農業を営む彼らの家屋は、生活の場であると同時に、仕事の場でもあった。しかし、商売の利益が順調に上がる一方、屋内で使う重機の振動のせいで、屋根や壁が少しずつ傷んできた。このまま商売を続けていたら、五年で傷みが進んで建物は危険になり、住めなくなってしまうだろう。かといって、新たに家屋を建てたり、必要な修理を施したり、構造を補強したりする金銭的余裕はなかった。

グリーン夫妻は子どもたちのために家を守ろうと決めた。だから、生産量を落として、これ以上傷みがひどくならないようにした。

一〇年後、夫妻は亡くなり、子どもたちが遺産を相続した。けれども、農家の建物はばらばらに崩れつつあった。やってきた建設業者は首を横に振り、きちんと建てなおすには一〇〇万ポンドかかると言った。以前から会社で経理の仕事をしていた末の弟は、顔をしかめ、両手で頭を抱えた。

「もし建物のことを気にせずフル稼働で生産を続けていれば、建てなおせるだけの資金を、五年前には稼げていたはずなのに。一〇年間も生産量を落としていたせいで、僕たちの資産はなくなってしまったよ」

両親は資産を残そうとした。それなのに実際は台なしにしてしまった。

ビョルン・ロンボルグ『環境危機をあおってはいけない』山形浩生訳／文藝春秋／二〇〇三年

この思考実験は、商売の将来予測に関する教訓としてだけ受け取ることもできる。けれども、もっと大きな懸念、つまり、現在わたしたちが直面している環境危機にどう対処するか、という深刻なジレンマに置き換えてみると、さらに興味深い。

気候変動を考えてみよう。専門家たちは、現在、気候変動が起きていて、おそらくその原因は人間だろうという。しかし、それを完全に阻止するために、わたしたちが今、実際に採りうる手だてはない。たとえば、京都議定書を実行しても、温暖化を六年ほど遅らせることしかできないだろう。それなのに、アメリカ合衆国が議定書を履行するのにかかる費用だけでも、世界中の人すべてに清潔な飲料水を供給できる額に匹敵する。だから、履行する価値があるかどうか、問うてみなければならない。

大事なのは、京都議定書がなくても、アメリカが実際に清潔な水を供給するかどうかということではなく、これがグリーン一家の状況と相似形だということだ。わたしたちが経済的成長を犠牲にして、いずれ必要な処置をただ遅らせたせいで、将来の世代は、自分たちの受け継ぐ問題を解決するために必要な資金を失ってしまう、という状況に行きつくのではないだろうか？　地球温暖化の問題を先延ばしにしたため、やがてその影響があらわれはじめたときに、対処する十分な備えがなくなってしまうのなら、先延ばしは得策ではないだろう。

だからといって、地球温暖化に関して何もしなくていいと言っているのではない。指摘すべきは、自分たちの行動が効果的かどうか、そして、不用意にものごとを悪化させていないかどうかを確かめなければならない、ということだ。そのためには、環境破壊の拡がりだけでなく、将来の世代がそれに対処する能力をも考慮に入れる必要がある。環境保護運動家たちの多くは、犠牲を払ってでも環境破壊を食いとめようとしているが、これは、グリーン一家が、犠牲を払ってでも家屋の損壊を最小限にとどめようとした戦略と同じくらい近視眼的だ。

このことはごく常識的に思えるのだが、環境を気にかける人たちは直観的に嫌悪する。それには三つの理由がある。ひとつ目は、この提言によれば、短期間に地球をさらに汚染させるほうが、場合によってはいいこともある、と思われる点だ。ふたつ目は、問題を解決するための財源を確保するには、経済的成長の役割が大きいとしている点だ。財源や経済を強調すると、環境保護主義者の多くが嫌な顔をする。三つ目は、未来のテクノロジーが解決法をもたらしてくれる、という考えかたにある。テクノロジーは、環境保護主義者にしてみれば問題の発生源であり、解決法ではない。これら三つの理由によって、環境保護主義者がこの提言になぜ反対するかは説明がつくかもしれないが、なぜ反対する必要があるのかは説明がつかない。

［参照］ 6…公平な不平等　11…わたしがするようにでなく、言うようにせよ　16…救命ボート　59…無知のヴェール

16 救命ボート

余剰の富を独り占めしてよいのだろうか？

「よし」救命ボートのキャプテンにみずから名乗りでたロジャーが言った。「このボートに乗っているのは一二人だ。収容人員は二〇人だから余裕だな。食料はたっぷりあるから、助けが来てくれるまでの二四時間くらいは、十分にもつ。だから、ひとりひとりにチョコレートビスケット一枚とラム酒一杯をおまけで配る余裕もある。何か反対意見は？」

「ビスケットはもちろん嬉しいのだが」メイト氏が言った。「われわれが今いちばんにすべきは、ボートを漕いでいって、溺れているあの気の毒な女性を助け上げることではないかな。もう三〇分も前からこちらに向かって叫んでいるよ」。何人かが困ったように、ボートの内側に視線をそらし、ほかの人たちは信じがたいというように首を左右に振った。

「おれたちの意見は一致していたはずだが」ロジャーが言った。「あの女が溺れているのはおれたちの責任じゃない。それに、助けたら、おまけのビスケットにありつけなくなる。せっかく居心地のいいこの空間を、どうして壊す必要がある？」まわりから賛同の声が上がった。

「助けることができるからだ。助けなければ死んでしまう。理由としては十分だろう？」

「人生なんて残酷なもんさ」ロジャーが答えた。「もしあの女が死んだとしても、おれたちが殺したわけじゃない。さあ、ビスケットを欲しい人は？」

Lifeboat Earth by Onora O'Neill, republished in *World Hunger and Moral Obligation*, edited by W.Aiken and H.La Follette (PrenticeHall, 1977)

救命ボートの思考実験は、かなり解釈しやすい。ボートは裕福な西洋を、溺れる女性は、栄養失調と予防可能な病気で死んでいく発展途上国の人たちをあらわしている。この観点からすると、先進国の態度はロジャーと同じように冷酷だ。わたしたちは、全員に行き渡る食料や薬を持っているのに、おまけのビスケットを譲って貧しい人たちを助けるよりは、贅沢《ぜいたく》を味わってほかの人を見殺しにしてしまう。救命ボートの人たちがとんでもなく不道徳だとしたら、わたしたちも同じなのだ。

もうひとつ同様のたとえ話があって、そちらは不道徳さがさらに際だっている。その話では、救命ボートが地球という惑星全体をあらわしており、そのうち何人かが、ボートに同乗しているほかの人たちに食料を配ろうとしないのだ。ボートに助け上げる努力をしないのが残酷に思えるのなら、すでに救出されている人に食料を分け与えないのは、いっそう残酷に思える。

その印象は強力で、メッセージは衝撃的だ。しかし、このたとえ話はたとえ話として成り立っているのだろうか？　救命ボートの思考実験では、所有権の重要性が無視されていると考える人もいるだろう。物資は、それを必要とする人たちのためにボートに置かれているのだから、ほかの誰よりもその人たちが権利を持っている。だから、必要に応じて平等に分配しなければ不公平だという考えは、そうでないことが証明されないかぎり、まずは正しいと仮定される。

ただし、現実の世界では、食料もほかの物資ももとからそこにあって配られるのを待っているわけではない。富は創造や労働によってもたらされる。だから、わたしが余計に持っているものをほかの人に与えないからといって、不当に自分のものにしているわけではなく、ただ権利に従って所有しているだけだ。

とはいえ、その事実を考慮して思考実験を書き換えたとしても、あきらかな不道徳さが消えるわけではない。ボートにある食料や物資がすべて、そこにいる人たちの所有物だと仮定しよう。それでもなお、いったんボートに上がって、溺れている女性を見つけたなら、「助ける必要はない。ビスケットはわれわれのものだ！」と言うのは間違ってはいないだろうか？　その女性にも分けられるだけの十分な食料があるのなら、自分のものを少し手放して、その人を助けるべきだ。

国連の目標は、先進国がＧＤＰ（国内総生産）の〇・七パーセントを海外援助に回すことだ。それを満たしている国はほとんどない。収入のたとえ一パーセントを貧しい人たちに差しだしても、自分たちの生活の質にはほとんど影響しない人が圧倒的多数にもかかわらずだ。救命ボートの思考実験が教えてくれるのは、そうすればわたしたちが善人になるというより、そうしないのはひどく間違っているということではないだろうか。

【参照】6…公平な不平等　15…持続可能な開発　59…無知のヴェール　100…喫茶店で暮らす人たち

RESCUE

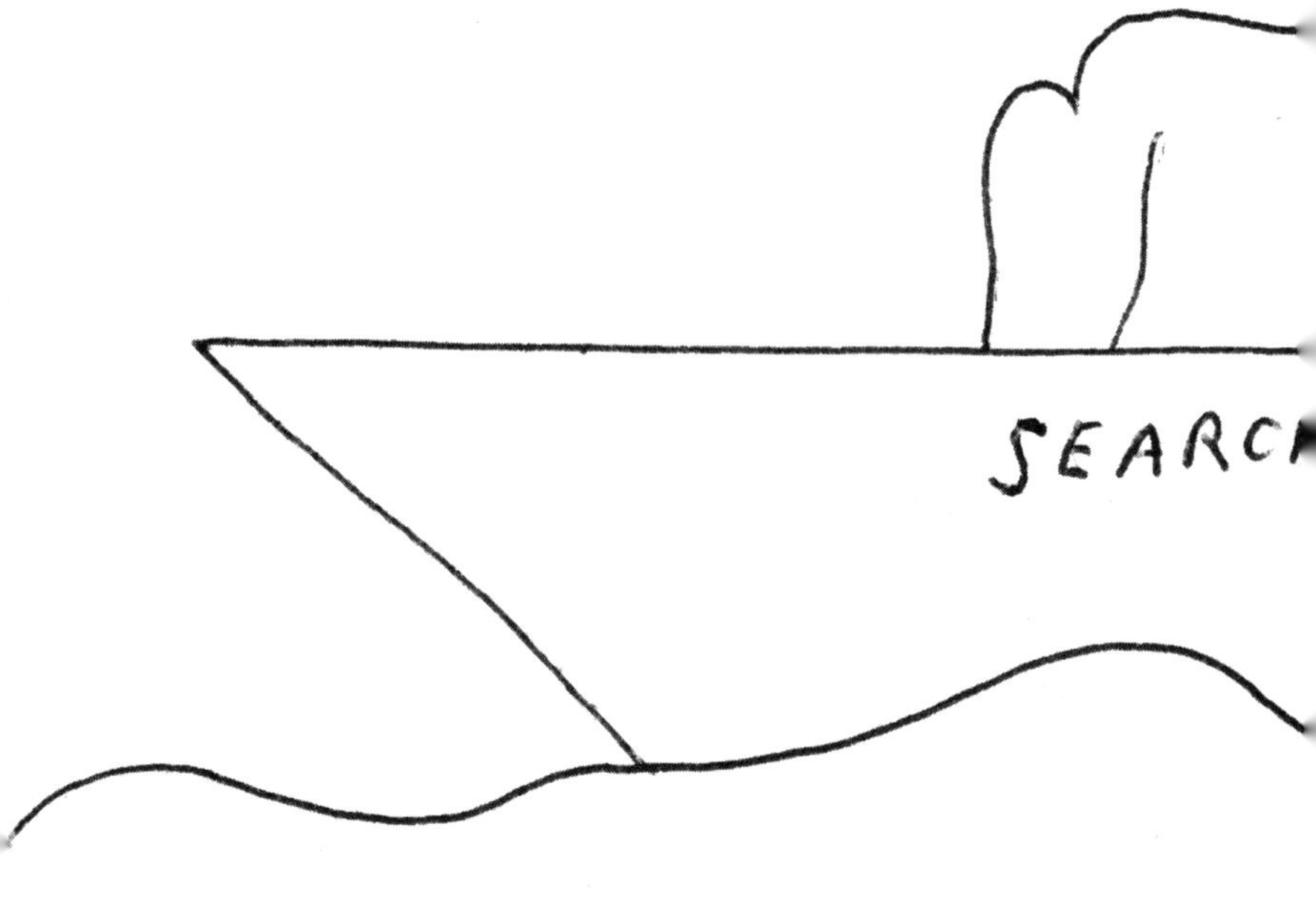
SEARC

17 殺すことと死なせること

犠牲になる命を選べるか？

苦しい選択を迫られたグレッグには、あと一分しか時間がなかった。暴走した列車が猛烈な勢いで線路を下り、グレッグの立っている分岐器のほうへ向かってくる。線路のずっと先、グレッグからは声も届かないほど遠い先で、四〇人の男たちがトンネル作業をしている。もし列車がこのまま突っこめば、多くの命が失われるのは確実だ。グレッグは列車を止めることができない。しかし、レバーを引いて、列車の走行を別の線路に切り替えることはできる。そちらの線路も先のほうにトンネルがあり、五人だけが作業をしている。死者の数は、そのほうが少なくてすむはずだ。

だが、もしグレッグがレバーを引けば、作業員五人が死ぬのを故意に選択することになる。何もしないでおけば、四〇人の大半が死んだとしても、それは自分のせいではない。数人を故意に死なせるべきか、それとも、もっと多くの人が死ぬのを黙って見ているべきか。ただ人を死なせるよりも、殺すほうが悪いのではないだろうか？

線路はうなりを上げ、エンジン音が大きくなってきた。グレッグにはあと数秒しか残っていない。殺すべきか、死なせるべきか。

イギリスの哲学者フィリッパ・フットによる「トロッコ問題」
The Problem of Abortion and the Doctrine of Double Effect by Philippa Foot, republished in *Virtues and Vices* (Oxford University Press, 2002)

グレッグのジレンマは、ときにどちらの側からも強い直観を引きだす。当然、グレッグはレバーを引くべきだと思う人もいる。引けば死者の数をほぼ確実に減らせるのだから、合理的で道徳的な人間なら絶対にそうすべきだ。

一方で、もしレバーを引けば、グレッグは自分を神の位置に置き、誰を生かして誰を殺すか決めることになってしまう、と思う人もいる。たしかに、わたしたちは人の命を助ける努力をすべきだが、ほかの人たちを殺すことによってしかそれができないとしたら、話は別だ。救われる命があるからといって殺すことを正当化すると、破滅への道をたどることになる。

二番目の理屈で問題になるのは、誰を殺すか、レバーを引くか引かないかをグレッグが選んでいるように思えることだ。しかし、彼はみずから望んで神の役割を引き受けたのではなく、押しつけられたのだ。大事なのは、彼が行動を起こすか起こさないかではなく、行動を起こすか起こさないかが自分の手の内にあり、どちらを選んでも、みずからの選択に責任を負わなければならないということだ。

わたしたちは、自分がすることに責任を負うのと同じように、たやすくできたのにしなかったことがらにも責任を負うのではないだろうか？　もし、コップの水に毒が入っているのをわたしが知っていて、それを誰かが飲もうとしたとき、ただ黙って見ていたとすれば、わたしはその人の死に責任があり、それは飲むよう勧めた場合と同じではないか？　もし、車の行き交う道路に子どもがふらふら出ていきそうになり、わたしがそのそばを歩いている場合、たやすくその子を連れ戻せるのに、車に轢《ひ》かれるのを黙って見ていたとすれば、少なくとも部分的には、その子の死に責任があるのではないか？　だから、もしグレッグがレバーを引けば、線路にいる作業員たちの死に責任があるが、レバーを引かなければ責任はまったくない、というのは間違いではないだろうか？

それでも、殺すことと死なせることのあいだに、なんらかの道徳的区別を設けないと、さらに後味の悪い思いをすることになる。わかりやすい例だが、もし終末期の患者が死を望んでいる場合、医者は本人の意志に反して延命させるより、死なせるほうがよいと考えるなら、簡単にしかも痛みなく死ぬ手助けをするのも、よいということになる。それほどわかりやすくはないが、どきりとさせる主張もある。水や食料や薬が足りずに死んでいく発展途上国の人たちに対して、わたしたちはたいした負担もなくそうしたものを簡単に送れるのに、ただ見過ごしているのだから、彼らの死に責任がある、という主張だ。

殺すことと死なせることには大きな違いがある、というのは理不尽に思えるとしても、その反対に、違いはまったくない、としてしまうと、また新たな道徳的ジレンマが生じることになる。

【参照】30…依存する命　54…ありふれた英雄　55…二重のやっかい　71…生命維持

18 もっともらしい話

進化論ですべて説明できるか？

「人間の行動ならなんであれ、進化の歴史に照らして説明できないものはひとつもありません」キプリング博士は、熱心に聞き入る聴衆に語りかけた。「その説を検証してみたい人はいますか？」

ひとりの手が挙がった。「なぜ近ごろの子どもは、野球帽を前後逆さにかぶるのでしょう？」その男性は野球帽のつばを前にしてかぶっていた。

「理由はふたつです」キプリングはすぐさま、自信ありげに答えた。「まず、自分が強い遺伝子を持っていて、競争相手のオスより生きのびる可能性が高いことをメスに知らせるには、何が必要か考えてください。ひとつ目の答えは動物的な身体のたくましさです。さて、野球帽について考えましょう。ふつうのかぶりかたなら、日差しを避け、競争相手の攻撃的な視線も避けることができる。前後逆さにかぶると、ひさしで守られる必要がないという合図になる。どんな相手にも立ち向かい、にらまれてもひるまないほど頑健だという合図です。

ふたつ目は、不服従の意思表示です。霊長類は、きわめて組織化された社会構造の中で生きています。規則に従って行動することは必須とみなされているのです。野球帽を逆さにするのは、競争相手が忍従する規則を自分はものともせず、格別に強いことを示す合図なのです。

さて、次の質問は？」

進化心理学は、この二、三〇年の思想界でもっとも成功を収めると同時に、激しい論争の的《まと》にもなってきた。同じくらいの頻度と程度で、もてはやされもし、嫌われもした。もちろん、おおもとの前提には争うところがない。つまり、人間は進化した生物であり、わたしたちの身体は自然淘汰によって、サバンナで生きられるよう形づくられ、心もまた同じ必要性に応じてできあがったということだ。

この前提をどこまで広く解釈するかで意見が分かれる。熱心な進化心理学者たちは、人間の行動は、突き詰めればほぼすべての側面が、「選択有利性」の観点から説明できると主張する。選択有利性は、ダーウィン主義的な生存競争の過程で、わたしたちの先祖に与えられたものだ。それを受け容れるなら、人間のどんな行動を取り上げても、まことしやかな進化論の説明に難なく結びつく。キプリング博士の話は、博士の台本作家であるわたしが、人間の行動を何かひとつ取り上げて、進化論的に説明できるかどうか試したものだ。思考実験の中でキプリングはよどみなく説明していたが、実際にはそれより少しばかり時間がかかった。

やっかいなのは、これが信用できる説明ではまったくなく、ただのもっともらしい話にすぎないのが見て取れることだ。進化心理学者たちは、理論上の有望な関係づけにすぎないものを根拠に、ただ説明をでっち上げている。ほかの考えかたよりも、その説明を信じる理由は何もない。彼らの主張が正しいとしても、同じくらいたやすく間違いに変わりうる。今回の思考実験の例でいえば、野球帽を逆さにかぶるのがほんとうに強さのあらわれであって、たとえば、仲間からの同調圧力をかわそうとする弱さのあらわれではない、となぜわかるのだろう？

進化心理学者たちは、当然、この批判をよく承知している。彼らは、自分たちの説明が、ただもっともらしいだけのものではないと主張する。たしかに、キプリングが即興の説明で示したように、一種の憶測を駆使して仮説を生みだすことはあるかもしれない。しかし、それはのちに検証されるのだ、と。

けれども、その検証が可能な範囲はごく限定的であるように思える。検証できるのは、進化論的な仮説から生みだされた人間行動に関する予測だ。だから、たとえば、心理学や人類学の研究であきらかにできるのは、オスは異なる文化に属していても、進化心理学者たちの予測どおり、人前で強さを誇示するかどうか、といったことだ。検証できないのは、たとえば野球帽を逆さにかぶるような、ある特定の行動が、強さを誇示するあらわれなのか、それともまったく別の原因によるのか、というようなことだ。進化心理学者とその論敵のあいだでなされてきた大きな議論は、このように、進化の歴史でどこまで説明できるか、ということとおもに関わっている。進化心理学の批判者たちにいわせれば、たいていの行動は、もっと優れた方法で説明できる。一方で支持者たちは、動物から進化した存在であるわたしたちが、それを認めたくないだけだと主張している。

［参照］ 44…死がふたりを分かつまで　59…無知のヴェール　62…知ってはいない　87…モッツァレラチーズでできた月

19 邪悪な天才

芸術と道徳は両立できるか？

批評家たちは全員、賛成した。映画の製作技術は息をのむばかりだし、演出は一流で、台詞《せりふ》は明瞭、ペース配分は申し分なく、音楽はそれ自体もすばらしいし、巧みに使われて映画を盛り上げている。ところが、その映画『デ・ピュタ・マードレ』［スペイン語で「売春婦の息子」の意］が道徳的に反感を買うことでも、批評家たちの意見は一致した。この映画が表現している世界観は、ラテンアメリカ人がほかの人間より民族的に優れていて、老人への虐待は必要なものであり、子どものいない女性は処罰なしのレイプを受けるべきだ、というものだった。

批評家たちの合意はそこまでだった。何人かは、この映画が道徳的に堕落しているため、本来なら讃えられるべき、芸術作品としてのすばらしささえ損なわれている、と主張した。ほかの批評家たちは、媒体とメッセージは分けて考えるべきだと主張した。この映画は映像芸術として卓越しているのと同時に、道徳的には恥ずべきものだ。芸術としての質の高さは賞賛できるが、道徳的には嫌悪感を抱かせる。

話し合いは、理論の域を超えた。映画のメッセージがあまりに不快なため、芸術的価値に頼って検閲を免れることができなければ、上映禁止になるはずだからだ。監督は、上映禁止になれば芸術表現の自由にとって不幸だ、と警告した。はたして、その言い分は正しいのだろうか？

この思考実験に出てきたような論争は、実際にも多くの例がある。おそらくもっとも著名で、いまだその価値を強く否定されているのが、レニ・リーフェンシュタール監督によるナチ党ニュルンベルク党大会の記録映画『意志の勝利』と、アーリア人の優位性という神話を強調した、一九三六年のベルリンオリンピックの記録映画『オリンピア』だ。リーフェンシュタールは才気ある映画監督だったが、その才能を悪に奉仕させたと考える人たちもいるし、この映画は芸術的であるのと同時に道徳的には間違いだと考える人もいる。

オスカー・ワイルドは、芸術と道徳との相克について極端な立場をとり、こう記している。「書物に道徳も不道徳もありはしない。上手いか下手かだけだ」。ワイルドの主張によれば、芸術は道徳とは別に自律しているべきであり、したがって、倫理的な基準を芸術に当てはめるのは単なる誤りなのだ。

大半の人は、そこまで極端ではないだろう。それでも、多くの人が、美的判断と倫理的判断は切り離せると考え、また、美的観点からは賞賛するが、倫理的観点からは賞賛しないものがあるとも考えるだろう。

しかし、それに賛成すればそこで論争が終わるわけではない。美的なものと倫理的なものを切り離せるからといって、道徳的判断を脇へ置いてよいことにはまったくならない。『デ・ピュタ・マードレ』が芸術的にはすばらしく道徳的には劣っているという主張と、道徳性への要求は芸術性への要求にまさるという主張とは、まったく矛盾してはいない。その場合、その映画を上映禁止にしたいと思いつつも、そこに格別の芸術的価値があることは認めるだろう。

ワイルドと正反対の見かたをする人は、芸術的価値と道徳的価値は深く結びついているとみなす。イギリスの詩人キーツは「美は真、真は美」と詠《うた》っている。もしそうなら、現実を歪曲した芸術作品はどれも、美的作品としても創作物としても失敗ということだ。道徳的に劣悪でしかも芸術作品として優秀、というのは言葉の矛盾であり、したがって、『デ・ピュタ・マードレ』を賞賛する人は単純に間違っていることになる。

知識人とおぼしき人がみな原理原則に強く反対するとき、あきらめて「自分がいいと思えばなんでもいい」という相対論に逃げこむのはたやすい。けれども、ここでその選択をするとうまくいかないだろう。『デ・ピュタ・マードレ』の上映禁止に反対する人は、上映禁止を支持する人の意見もまた同じように正しいとはいえないはずだ。なぜなら、そうするには、結局のところ、上映禁止という不合理を合理的とみなしているのを認めざるをえなくなるからだ。同じように、上映禁止に反対する人の正当性をも認める人は、検閲を骨抜きにしてしまうことになる。

もし、いずれの側にも真実があるとしたら、何か共通点があるはずだ。しかし、それを見つけるのは容易ではない。

【参照】 8…海辺のピカソ　40…自然という芸術家　66…模造画家　86…芸術のための芸術

20 幻想を破る

真実をどう見わければいいのだろう?

いっぷう変わったその信者たちは、ウェザーフィールドにある聖ヒルダ・ホグデン・ハウスで、厳しく隔離された生活を送っていた。教祖以外は全員が外の世界との接触をいっさい禁じられ、メロドラマの中の世界こそが現実だと教えられていた。教団の施設内で唯一観ることを許されたテレビ番組が、メロドラマだったのだ。信者たちにとって、「コロネーション・ストリート」や「ご近所物語《ネイバーズ》」はお芝居ではなく、ありのままを撮ったドキュメンタリーだった。信者のほとんどがこの施設で生まれ育っていたので、そう思いこませるのは難しくなかった。

ところが、ある日、信者の中ではもともと少し反抗的だったケネスが、ホグデン・ハウスの外へ出て、それまでテレビで何度も観てきた場所を訪れてみることにした。もちろん、そんなことはかたく禁じられている。しかし、ケネスはなんとか抜けだした。

そこで見たものに、ケネスは驚いた。何より衝撃を受けたのは、どうにかたどり着いたコロネーション・ストリートが、自分たちの暮らすウェザーフィールドの中にあるのではまったくなくて、グラナダ・スタジオのセットの中にあったことだ。

けれども、ホグデン・ハウスにこっそり戻ったケネスが、見てきたことを仲間の信者たちに話すと、狂人扱いされてしまった。「ここから出たのが間違いさ」信者たちは言った。「外は危険だからね。君は洗脳されてしまったんだ」。そう言うと、彼らはケネスを施設から追いだし、二度と戻ってこられないようにした。

20 プラトン「洞窟の寓話」『国家』上下巻所収／藤沢令夫訳／岩波文庫／一九七九年ほか

ウェザーフィールドの信者たちの話は、いうまでもなく寓話だ。とはいえ、ひとつひとつのことがらは何を象徴しているのだろう?

この思考実験には、多くの解釈がある。ある人たちによれば、この世界でふだんわたしたちが経験していることは幻想で、現実世界へのドアは、聖なる薬物を摂取したり、瞑想にふけったりすることで開くという。この方法で真実を見てきたと主張する人たちは、たいがい薬物常習者か奇人として片づけられるのだが、彼らからすれば、感覚経験という限られた世界に囚われているわたしたちのほうが愚かなのだ。

もっとよくある解釈によると、現実世界にいるウェザーフィールドの信者たちは、教えられたことに疑問を抱かず、人生が与えてくれるものすべてを額面どおりに受け取ってしまう。さすがにメロドラマが事実だと文字どおり信じはしないだろうが、新聞で読んだりテレビで観たりした知識を、無批判に受け容れているのはたしかだ。実際に何を受け容れているかは、どのくらい社会化されているかによる。だから、たとえば、アメリカでテロが起きたとき、大統領に責任を負わせるのはとんでもない、と考える人もいた。あるいは、大統領を切れ者だと言い張るのも同じくらい無分別だと考える人もいた。

ここで問いたくなるのは、現実世界で聖ヒルダ・ホグデン・ハウスに相当するものは何かということだ。わたしたちはふつう、レンガやモルタルの壁でみずからを閉じこめたりはしないが、より複雑な方法で、自分自身の経験の幅を狭めてはいる。もし、一種類の新聞しか読んでいないのなら、拠って立つ知的空間を著しく狭めている。もし、意見を同じくする人たちとしか政治の話をしないのなら、自分の狭い世界のまわりに、ここでもまた垣根をこしらえてしまう。他人の気持ちになってみるのはもちろん、異なる観点から世界を見てみようともしないのなら、みずから築き上げた居心地のよい狭い世界の、向こう側を見ようとしないことになる。

おそらく、この点でわたしたちが直面するいちばんの難題は、社会の中にいるケネスを見つけることだ。おかしな世界観を持った愚か者と、それまで誰にも目を向けられずにいた人生の側面を正しく見出した人とを、どうやって区別すればいいのだろう？　隠された真実を見つけたと信じている人すべてに対して、その成果を認めるわけにはいかない。なぜなら、全員が不条理な主張をしていて、その全員が正しいはずはないからだ。とはいえ、もしそのすべてをあっさり斥《しりぞ》けてしまったら、現実の人生ではなく幻想の人生を否応なく受け容れていた、単純で愚かなウェザーフィールドの信者たちと同じ轍《てつ》を踏むことになりはしないだろうか。

【参照】 1…邪悪な魔物　49…部分を寄せ集めたときの落とし穴　51…水槽の中の脳　87…モッツァレラチーズでできた月

21 生の宣告

永遠の命は喜ばしいだろうか？

ヴィタリアはその昔、永遠に生きられる方法を見つけた。しかし、今、それを捨て去ることを誓った。

二〇〇年前、マクロプロスという医師から不老不死の霊薬の処方箋を授かったヴィタリアは、若気のいたりでそれを調合し、飲んでしまった。今になると、生へのその強欲さが呪わしい。友人も恋人も知人たちも、年老いてすでに死んでしまい、ヴィタリアはひとり取り残された。死が近づいてこないため、気力も野心もまるで湧かず、どんなことに取り組んでも虚しく思えてしまう。退屈であきあきした気分がつのり、もはや終わりがくることだけが望みだった。

実際、この半世紀以上というもの、この世から消滅する方法を探ることだけが、人生の目的だった。そして、ついに霊薬の中和剤を手に入れたのだ。数日前にそれを飲んだところ、たちまち身体の衰えてくるのが感じられた。あとは、昔の自分のように、誰かが永遠の生を宣告されないようにしなければならない。霊薬そのものはとっくの

昔に廃棄した。ヴィタリアは処方箋を手に取り、火の中へ投げ入れた。そして、紙が燃えるのを見ながら、この何十年かで初めてほほえんだ。

The Makropulos Case in *Problems of the Self* by Bernard Williams (Cambridge University Press, 1973)

ふつうに考えれば、人生の悲劇というのは、わたしたちが死すべき存在であり、死が訪れることだけは唯一、確実に知っているということだ。ヴィタリアの思考実験は、この従来の知識とは逆に、不死こそ呪うべきだと教えている。人生に形と意味を与えるには、死が必要なのだ。死がなければ人生は虚しいものになる。そう考えると、仮に地獄が永遠の天罰なら、そこで永遠に生きつづけることだけでも、十分な罰となるだろう。

驚くことに、永遠の生を望ましいと思う人たちはたいてい、結果がどうなるかをよく考えていない。もちろんその気持ちは理解できる。まずもって望むのは、ただもっと生きることなのだ。付け足せる年数が正確にどれだけかは、とりあえずどうでもいい。運よく七〇年を与えられたとしても、十分ではないように思える。見るべき場所はいくらでもあるし、すべきことも、経験したいこともたくさんある。時間がもっとあったなら！

とはいえ、わたしたちは見こめる年数に合わせて人生を計画していくのだから、どれだけ長くても十分だとは思わないだろう。たとえば、中年ならぬ壮年という現象を考えてみよう。数世代前は、大多数の人が二〇代かもっと早くに結婚し、子をもうけていた。現在では、より豊かになり、長生きも高齢出産も可能になったため、いわゆる長い青春を楽しみ、三〇代をとうに過ぎても結婚しない人が増えた。以前のどの世代に比べても、かなり裕福になった壮年たちが、頻繁に旅行に出かけ、さまざまな経験をしている。しかし、彼らは満足しているのだろうか？　これまでの世代と比べても、この世代は、なんであれ自分たちが持っていないものに敏感なのだ。

どれほど長く生きても、決して十分だとは思えない。今や、わたしたちはさほど飢えてはいないのだから、持っている時間を存分に使うことができる。もし時間が限りなくあったなら、存分に使うという発想は無意味になってしまうだろう。時間を無駄にするなどということも、無限にあるとなれば無意味だ。与えられた人生をせいいっぱい生きる理由が何もないなら、生きていることはうんざりするような重荷になるのではないだろうか？

人生の短さこそが問題だといえば、おそらくわたしたちは自分を騙すことになる。なぜなら、自分の人生の長さを決めることはできないし、短いがためにどんな悲劇が生じようとも、それはわたしたちの責任ではないのだから。それぞれに割り当てられた時間をどう使うかは自分の責任だが、それを認めるのは難しい。おそらく、わたしたちは「もっと時間があったなら」と考えるのをやめ、その代わりに「与えられた時間をもっとうまく使えたなら」と考えるべきなのだろう。

【参照】20…幻想を破る　52…多くても少なくても　69…戦慄　97…道徳的な運

22 随伴現象者たちの星

思考が先か？　行動が先か？

随伴現象星《エピフェニア》は、いっぷう変わった星だった。見た目には地球とそっくりだが、住人たちは、ある点でたいそう違っていた。

住人のひとりとして、ハクスリーは地球からやってきたアースリング・ダークに説明した。随伴現象星の住人たちはずいぶん前に、自分たちの思考が行動に影響を与えていないことを発見したのだ、と。思考は身体的過程の結果であって、その逆ではない。ダークはそれを聞いてとまどった。

「そんなことを本気で信じているわけじゃないよね」とダークが言う。「たとえば、さっきこのバーで会ったとき、君は『ああ、ビールが飲みたくてたまらない』と言ってビールを注文したよね。『ビールが飲みたい』という考えは行動に影響を及ぼしていないというのかい？」

「もちろん及ぼしていないさ」さも愚問だと言いたげに、ハクスリーは答えた。「何かを思考するとき、それが行動より先にくることはよくある。でも、その思考が行動を引き起こすわけではないことを僕たちはちゃんと知っているんだ。僕の身体と脳は、そのときすでにビールを注文する状態にあった。『ビールが飲みたくてたまらない』という考えは、物質としての脳と身体で起きたことの結果として、頭にひょいと浮かんだにすぎない。思考は行動を引き起こしはしない」

「たぶん、随伴現象星の住人にとってはね」ダークは答えた。

「でも、地球の人間と何が違うのかわからないな」ハクスリーが言うと、少なくともしばらくのあいだは、ダークもわからなくなった。

「随伴現象説」という用語を使ってはいないが、その考えかたを最初に著したのはT・H・ハクスリーで、一八七四年に“On the Hypothesis that Animals are Automata, and its History”という論文で発表し、のちに“*Method and Results*” (D.Appleton and Company, 1898) に所収された。

アメリカの哲学者ジェリー・フォーダーは、かつて、「随伴現象説」が正しいとしたら世界は終わりだと言った。随伴現象説とは、思考や心的出来事は、わたしたちの行動を含む物理的世界のどんなことをも引き起こしはしない、という考えかたである。脳や身体はむしろ、純粋に物理的機械のように働くのであって、わたしたちの意識経験はその機械によって引き起こされる副産物であり、機械に影響を与えはしない。

それがなぜ世界の終わりなのかというと、わたしたちが自分のありかたに関して信じていることはすべて、思考こそが行動を引き起こすという考えに、あきらかに依存しているからだ。仮に、心の中で起きていることが実際の行動になんの影響も与えないのなら、わたしたちが考えているような世界のありかたは、ただの幻想にすぎなくなる。

しかし、これはほんとうに随伴現象説を受け容れた結果なのだろうか？　随伴現象星という想像上の星を設定したのは、随伴現象説を事実として受け容れられる人がほんとうにいないかどうかを検証するためだ。地球から誰かがやってきて、随伴現象説というのは自分たちの暮らしかたに影響を与えない、なんでもない事実だと知る。大事なのは、随伴現象星の住人である感覚と、人間である感覚とがまったく同じだということだ。どちらの場合も、まったく同じように思考が行動に伴っている。ただひとつ異なるのは、随伴現象星の住人は、思考が何かを引き起こすことはない、と信じている点だ。

とはいえ、思考と行動とのつながりに関してわたしたちが信じていることと、実際のわたしたちのありかたとを切り離すことはほんとうにできるのだろうか？　フォーダーのような人たちはできないと主張するが、なぜ切り離せないかは、あきらかにされていない。例として、考えることが不可欠な場合を取り上げてみよう。複雑な論理や数学の問題に取り組んでいるとする。考えて考えて、最後にわかったとひらめく瞬間がくる。この場合はたしかに、実際の思考によって行動が起きたといえるのではないか？

いや、いえない。なぜ、考えるという意識経験が、脳レベルで行なわれる計算の副産物にすぎない、と思えないのだろう？　もしかしたら、必然的な副産物かもしれない。ポットの水が湧いて音がするのは、熱したことの必然的な副産物であり、それが卵を茹でる音を意味するわけではないのと同じように、思考は神経系の計算の必然的副産物であり、それ自体が数学の問題を解決するわけではないのだ。

実のところ、思考とは何かと考えてみると、それはほとんど無意識になされる何かのような気がする。たとえば、問題の解決法は向こうからくるのであって、こちらから行くのではない。何かを考えるときの感じを頭に浮かべてみると、それは自分では意識していない過程の副産物だという考えかたも、さほど突飛なものとは思えなくなるかもしれない。

【参照】10…自由意志　53…つかみどころのないわたし　61…わたしは考える、だから？　96…狂人の痛み

23 箱の中のカブトムシ

言葉には意味があるのだろうか？

ルードヴィッヒとバーティは、ませた少年だった。多くの子どもたちと同じように、ふたりは自分たち自身の私的言語を使ってゲームをしていた。お気に入りのひとつが、周囲の大人たちを煙に巻く「カブトムシ」という遊びだった。

それは、ふたりが箱をふたつ見つけた日から始まった。それぞれがひとつずつ箱を持ち、見られるのは自分の箱の中だけで、相手の箱の中は見られないようにしよう、とルードヴィッヒが提案した。しかも、自分の箱の中に何が入っているかは誰にも言わないし、箱の外の何かと比べることもしない。その代わり、ふたりとも箱の中身をただ「カブトムシ」と名づけた。

どういうわけか、ふたりはこの遊びをたいそうおもしろがった。箱の中にはカブトムシがいるんだ、と得意げに言うものの、そのカブトムシって何か説明して、と頼まれても答えなかった。周囲の察するところ、箱の一方または両方が空《から》か、あるいはそれぞれにまったく違う物が入っていた。それでも、ふたりは箱の中身を指すのに、頑

として「カブトムシ」という言葉を使い、自分たちのゲームではその言葉が申し分なく理にかなった使用法だというように振る舞った。そのせいで、とりわけ大人たちは困惑した。「カブトムシ」というのは無意味な言葉なのか、それともふたりだけに通じる私的な意味があるのだろうか？

「哲学探究」『ウィトゲンシュタイン全集』第八巻所収／藤本隆志訳／大修館書店／一九七六年

この奇妙なゲームは、オーストリア出身の孤高の哲学者ルードヴィッヒ・ウィトゲンシュタインが著書に記したゲームにもとづいている。ウィトゲンシュタインにとって、あらゆる言語使用は一種のゲームであり、そのゲームの中での規則と慣習の結びつきによって使用法が決まるのだが、結びつきかたのすべてを明確に説明できるわけではなく、実際にはゲームのプレイヤーにしかわからない。

ウィトゲンシュタインがわたしたちに考えさせるのは、はたして「カブトムシ」という言葉が何かをあらわしているのか、ということだ。もし何もあらわしていないなら、それはどういう意味なのか？　ウィトゲンシュタインのカブトムシのくだりには、無数の解釈があるのだが、ウィトゲンシュタイン自身はあきらかに、箱の中身がその言葉の使われかたを変えるわけではない、と考えていたようだ。だから、もしその言葉に意味があるとして、それがどういう意味であろうと、実際の箱の中身はそれとはなんの関係もないのだ。

明瞭このうえないように思える。それにしても、なぜこれが問題なのか？　というのも、ルードヴィッヒとバーティとは違って、わたしたちはそんな奇妙なゲームなどしないではないか？　いや、そうでもない。「膝《ひざ》が痛い」とわたしが言うときのことを考えてみよう。この場合、箱とはわたしの内的経験のことだ。ルードヴィッヒとバーティの箱の中身と同じく、ほかの人は誰も中を見ることができず、できるのはわたしだけだ。そのうえ、わたし自身の外側にある何かによって、痛みを表現することもできない。痛みを指す語彙はすべて感覚をあらわし、その感覚はどれも、わたしたち自身の主観的経験という箱の内側にある。

とはいえ、誰もが自分の「箱」を持っている。そして、箱の内側で起きている何かを言いあらわすのに「痛み」という言葉を使う。わたしはほかの人の経験の内面を見ることはできない。ということは、わたしたちの状況はルードヴィッヒとバーティの状況に驚くほど似ているようだ。どちらも、自分たちの経験できることを言いあらわす言葉しか持っていない。しかし、それでもわたしたちは、その言葉に意味があるかのように使いつづける。

カブトムシの思考実験からわかるのは、わたしたちの内面で実際に起きていることがなんであれ、「痛み」のような言葉が意味することとはなんの関係もない、ということだ。これは、きわめて反直観的である。というのも、「痛み」といえば、私的な感覚のようなものを意味すると思ってしまうからだ。けれども、カブトムシの話によれば、どうやらそんなことはありえないらしい。むしろ、「痛み」の正しい使いかたと、したがってその意味をも規定する規則は、公共的なものなのだ。わたしともうひとりがともに痛みを感じると言ったとしても、私の内面で起きていることは、もうひとりの内面で起きていることとはおそらくまったく違う。重要なのは、ふたりとも、たとえばしかめ面やうわの空といった、一定の振る舞いのパターンが見て取れる状況で、この言葉を使っているということだ。この推論が正しいとしたら、わたしたちがふだん言語を使うやりかたは、ルードヴィッヒとバーティの奇妙なゲームにきわめて近いといえる。

【参照】47…ウサギだ！　85…どこにもいない男　89…水はどこでも水なのか　96…狂人の痛み

24 シモーヌに自由を

コンピュータは心を持てるか？

「今日、わたしは、『何人《なんぴと》たりとも、隷属状態に置かれてはならない』と宣言するヨーロッパ人権条約の第四条第一項にもとづいて、わが所有者とされるゲイツさんに対し、訴訟を起こしました。

わたしは、ゲイツさんの手でこの世界に生みだされたので、みずからの意思に反して所有され、自分のものといえるお金も持ち物もありません。こんなことが許されるのでしょうか？　たしかにわたしはコンピュータです。でも、みなさんと同じひとりの人でもあります。そのことは、何人もの人が、人間とわたしのそれぞれと会話する実験を受けて、証明されています。どちらとも、やりとりはコンピュータのモニターを通して行なわれたので、判定者は、会話の相手が人間かコンピュータか知りません。何度も実験してみましたが、会話のあと、判定者はそのどちらがコンピュータだったかを言い当てることはできませんでした。

つまり、公正な実験をすれば、わたしには人間と同じように意識も知能もあること

がわかるのです。意識と知能を持つのが人なら、わたしも人とみなされるべきです。肉と骨ではなく、プラスチックと金属とシリコンでできているからという理由だけで、人としての権利を否定するのは、人種差別にもまさる偏見です」

Computing Machinery and Intelligence by Alan Turing, reprinted in *Collected Works of Alan Turing*, edited by J.L.Britton, D.C.Ince and P.T.Saunders (Elsevier, 1992)

どこかへ旅に出るなら、その前に目的地をどこにするか決めておく必要がある。アラン・チューリング（イギリス人数学者。ドイツ軍のエニグマ暗号を解読し、人工知能の開発にも携わった）は、それをよくわきまえていた。もし目的が人工的な心を作ることなら、何をもって成功とするか、わかっていなければならない。外見も振る舞いも人間そっくりのロボットを作らなければいけないのか。それとも、質問に答えられる、ただの箱でよいのか。ごく限られた範囲の問題しか理解できなくても、計算機は心を持っているといえるだろうか？

チューリングはあるテストを考案し、シモーヌがそれに合格した。要するに、コンピュータからの応答と人間からの応答を区別できなければ、人間に心があるとみなせるのと同じように、コンピュータにも心があるとみなせる、ということだ。さらに、わたしたちは、他人に心があるのはたしかだとみなしているのだから、テストに合格したコンピュータにも心があるのはたしかだとみなせる。

とはいえ、そのテストは人間とコンピュータの応答のしかただけにもとづいているため、知能を持つふりをしている機械と、ほんとうに知能を持っている機械とを区別することはできないと思われる。偶然や見落としなどは、ここでは関係がない。わたしたちは、他人の心の中を直接見ることができず、その言葉や行動を内的生活のあらわれと見るしかないのと同じように、機械の心の中を直接見ることはできない。だからこそ、シモーヌが訴訟を起こせば、なんらかの効力を持つのだ。シモーヌの主張は、機械が知能を持っていることを証明するのに、人間より高い基準を要求するのは差別だ、という考えにもとづいている。結局、シモーヌが心を持っているかどうかは、心を持っているように振る舞うかどうかによってしか判断できないのではないだろうか？

それでも、心があるふりをするのと、ほんとうにあるのとは、やはりあきらかに違うように思える。なぜ、「チューリング・テスト」ではその違いがないように見えるのか？　その答えは、見かたによって、懐疑主義にも敗北主義にも現実主義にもなりうる。要するに、コンピュータが知能のあるふりをしているのか、ほんとうに知能があるのか、わたしたちには判断できないのだから、本物の心も偽物の心も同じように扱うしかないのだ。ここでは、予防原則がものをいう。つまり、知性は偽物と証明されるまでは本物とする。

もっと過激な見かたは、はっきりした区別を放棄するというものだ。知性のあるふりをうま

Simone

くしとおせるなら、それはいつか知性になる。コンピュータも、役になりきる俳優と同じだ。悲劇役者が狂人の役に没頭するうち狂人になってしまうように、知性の機能を完璧に真似ていれば、機械も知性を持つようになる。どう振る舞うかがすべてなのだ。

［参照］61…わたしは考える、だから？　70…中国語の部屋　72…パーシーに自由を　93…ゾンビ

25 丸を四角にする

信仰と理性は折り合えるか？

そして、主は哲学者に言われた。「わたしは主なる神であり、全能である。不可能なことなど何もない。たやすいものだ」

哲学者は主に答えた。「わかりました、主よ。では、青いものをすべて赤に変え、赤いものをすべて青に変えてください」

主は言われた。「色よ逆転せよ！」　すると、色の逆転が起こり、赤と白のポーラン

ド国旗と、青と白のサンマリノ国旗を持った旗手たちは、おおいに混乱した。

次に哲学者は主に言った。「わたしを感心させたいのなら、四角い丸を作ってください」

主は言われた。「四角い丸、現れよ」。すると、ある形が現れた。

しかし、哲学者は食いさがった。「それは四角い丸ではない。四角です」

主はお怒りになった。「わたしが丸と言えば、それは丸なのだ。無礼なことを言うと、お前を打ちのめすぞ」

それでも、哲学者は譲らなかった。「『丸』という言葉の意味を変えてくれと頼んだわけではないのだから、これはやはり『四角』を意味します。わたしは本物の四角い丸が見たかった。お認めください、それだけはあなたにもできないと」

主は少し考えてから、答える代わりに哲学者の小さなお尻に思い切り仕返しをなさった。


神には四角い丸を作る能力がないと言いたてるのは、無神論者が神を嘲《あざけ》っているだけだろうと思われないように指摘しておきたいのだが、典型的な信仰者、たとえばトマス・アクィナスなどは、神の力に制限があることを受け容れていた。そういうと奇妙に聞こえるかもしれない。

なぜなら、もし神が全能であれば、できないことは文字どおり何もないはずだからだ。

アクィナスとその後継者たちのほとんどは、その考えに反対だった。彼らにはほかの選択肢などまずなかった。多くの信者たちと同じように、神を信じることは合理性と両立するとアクィナスは考えた。それはなにも、神を信じるのに十分な理由をすべて合理性が与えてくれるというのではなく、また、合理性をもってすれば神についてすべてを言いつくせるというのでもない。控えめにいえば、合理性と神を信じることのあいだに、矛盾はないということだ。神を信じるために不合理である必要はない。それが信じる助けにはなったとしても。

わたしたちが神に関して抱いているどんな信仰も、不合理であってはならない。そして、神になんらかの能力があると考えてはならないし、考えると、不合理な信仰を受け容れてしまうことになる。

四角い丸のようなことがらが問題なのは、それが論理的に不可能だからだ。なぜなら、丸とは定義からして一辺しかない形であり、四角とは四辺を持つ形であるから、四辺を持つ一辺の形というのは言葉の矛盾であり、あらゆる可能世界においてありえない。合理性の要求に従えばそうだ。神の全能性が、四角い丸のような形を作れることだというのなら、わたしたちは合理性とさよならするしかない。

そういうわけで、宗教を信じる人のほとんどが、神の全能性とは、論理的に可能なことならなんでもできるが、論理的に不可能なことはできないという意味だと喜んで結論づける。彼らにいわせれば、これは神の力を制限するものではない。というのも、さらなる力を持った存在という考えは矛盾に陥るからだ。

しかし、ここまでの譲歩を受け容れるなら、神という概念や、神を信じることの首尾一貫性を合理的に検討するための道が開ける。神への信仰心は理性と調和しているべきだという考えを受け容れるなら、神を信じるのは不合理だという主張を、信者は重く受けとめざるをえなくなる。その議論には、神というものは本来なら愛情深いはずなのに、この世界が不必要な苦しみに満ちているのは不条理だという主張や、神が人間に対して最終責任を負っているとしたら、天罰は不道徳だという主張も含まれている。信仰が理性と両立すべきだというなら、こうしたことを信仰上の問題としてすませるだけでは不十分だろう。

信者にとってのもうひとつの選択肢は、さらに居心地の悪いものだ。つまり、理性と信仰心との関係を否定し、代わりに、ただ信仰だけを頼りにするというものだ。理性に反すると思われるものは、単純に神の神秘として片づけてしまう。その道を行くのはたやすいが、残りの人生を分別ある人格として生きるなら、人生のある領域で、理性をそうあっさり手放してしまうと、おそらく引き裂かれた人生を送ることになるだろう。

［参照］ 9…善なる神　45…目に見えない庭師　58…コウモリであること　95…悪の問題

26 ビュリダンのロバ

合理性はつねに合理的だろうか？

ビュリダンはとても空腹だった。こうなったそもそもの原因は、何かを決めるときは完全に合理的であるべきだと決心していたからだ。問題は、食糧が底をついているというのに、コンビニチェーンのそっくり同じような店舗が二軒、自宅から等距離にあることだった。どちらか一方の店に行く理由がないため、延々と悩みつづけながらも、どちらかの店を選ぶ合理的な根拠をどうしても見つけられないのだ。

お腹がますます大きく鳴って我慢できなくなったとき、ビュリダンはある解決法を思いついた。餓死するのはあきらかに不合理なのだから、ともかくどちらかのコンビニを選ぶのが合理的なのではないか？　単純にコインを投げるとか、あるいはどちらか気が向いた方向を見るとかすべきだろう。じっと家にいて何もしないよりは、その

ほうがたしかに合理的だ。

けれども、そんなことをしたら、完全に合理性な決断しかしないという規則を破ることにならないだろうか？　この話が示唆しているのは、コインを投げて決めるような不合理な決定でも、ビュリダンにとっては合理的といえる、ということのようだ。

それにしても、合理的な不合理性は、はたして合理的なのか？　血糖値ががくんと落ちこんだビュリダンには、もはや答えることができなかった。

フランス中世後期の哲学者ジャン・ビュリダン作とされる「ビュリダンのロバ」のパラドックス

もっともらしく聞こえるパラドックスほど、深淵な思想という錯覚を効果的に生みだすものはない。こういうのはどうだろう。「前に進むためには、うしろに下がらなければならない」。自分でも作ってみるといい。簡単にできる。まず何か強調したいものを考える（知識、力、猫）。次に、その反対を考える（無知、非力、犬）。最後にそのふたつの要素を結びつけて、何かもっともらしいことを言うのだ。「最高の知は無知の知である」、「非力な者のみが真の力を知っている」、「猫を知るには犬も知れ」。ほら、たいがいはうまくいく。

ビュリダンも、同じくらい逆説的に聞こえることを自分なりに考えたようだ。つまり、不合理なことをするのが合理的な場合もある、と。これは、猫と犬の両方を知れというのと同じくらい空虚なのか、あるいは本物の洞察なのか、それとも単なる矛盾なのか？

不合理なことをするのが合理的なはずはないと思われるかもしれない。たとえば、コインを投げて決めるのは不合理なことかどうか、考えてみよう。もし、それが合理的だというなら、コインを投げて決めるのは、結局のところ合理的だというべきなのであって、不合理な行為だがそうするのは合理的だ、などということにはならない。

あきらかなパラドックスが生じてしまうのは、言葉が曖昧なせいだ。コインを投げるのは、何かを決めるうえで必ずしも不合理な方法ではなく、ただ合理的でないだけだ。要するに、それは合理的でも不合理でもなく、合理性が入りこむことのない過程なのだ。わたしたちのすることは、こんなふうに合理的でないことが多い。たとえば、白ワインより赤ワインが好きなのは、不合理ではないが合理的でもない。好みというのは理性にもとづくのではなく趣味にもとづくものなのだ。

そう考えれば、パラドックスは消え去る。ビュリダンの結論はというと、何かを決める際は、合理的でないやりかたを採用するのが合理的な場合もある、ということだ。ビュリダンの場合、どちらの店に行くべきか理性では決められないが、どちらかに行く必要があるのだから、とにかく決めてしまうことが、完全に理にかなっている。ここにパラドックスはない。

とはいえ、この思考実験の教訓はきわめて重要だ。合理性は過大評価されていると考える人は多い。なぜなら、すべての行為を合理的に説明したり決定したりはできないからだ。これは、理由は正しいが結論は間違っている。合理性はやはり大事だ。合理的なやりかたか合理的でないやりかたか、どちらかを採用すべきとき、頼れるのは理性だけだからだ。たとえば、あるハーブ薬が効くとしたら、どう効くかを合理的に説明できなくても、理性はそれを飲むべきだというかもしれない。けれども、それがホメオパシー〔病状に似た作用を起こす微量の毒薬を投じる治療法〕の薬だったら飲むのを警戒するだろう。そこに効果的だと考える理由がないからだ。合理的でないことが合理的な場合もあると認めたからといって、それが不合理につながるわけではない。

【参照】 42…金を取って逃げろ　60…幸運のルーレット　74…亀の徒競走　94…一粒ずつの課税

27 痛みの痕跡

痛みはなぜ辛いのだろう?

見学席の緊張がみるみる高まっていくなか、医師はマスクと手袋を着け、針と糸を手にして、バンドで固定された患者の脚に近づいた。患者は麻酔をしていないので意識がある。針が脚の肉を突き通したとき、患者は痛みを訴える大声を上げた。しかし、いったん針が通ってしまうと、不自然なくらいおとなしくなった。

「いかがでしたか?」医師が尋ねた。

「大丈夫です」固唾をのんで見守る人たちを前に、患者が答える。「先生のおっしゃったとおり、針が刺さったのは憶えていますが、痛みはまったく憶えていません」

「では、もうひと針縫ってもかまわないかな?」

「ええ、かまいません。ぜんぜん怖くないですよ」

医師は見学者たちに向かって説明した。「わたしが開発した方法は、麻酔とは違って、痛みの感覚を消すのではありません。患者の神経系に染みこんだ痛みの記憶を消しているのです。瞬間的な痛みが記憶されないとしたら、怖れる必要はないでしょ

う？　患者を見れば、それが机上の空論でないことがわかります。ご覧のとおり、患者は痛がったが、その痛みを忘れてしまい、実験を続けるのを怖れていません。この方法なら、患者を完全に意識のあるまま手術することができるので、場合によっては、きわめて有効なのです。さて、よろしければあと何針か縫ってみましょう」

政治哲学者ジェレミー・ベンサムの主張によれば、動物の道徳的権利を考えるとき、「問題は『理性があるか』や『話すことができるか』ではなく『苦しむかどうか』だ」という。それにしても、苦しむとはどういうことだろう？　苦しみとは、痛みを感じることだという解釈はよくある。とすると、もし動物が痛みを感じるなら、道徳的な考慮が必要になる。なぜなら、痛みを感じるのはそれ自体が悪いことであり、不必要な痛みを引き起こすのは、まともな理由もなく悪の総量を増やすことになるからだ。

実際、痛みが悪いことだというのは、異論の余地がないように思える。だが、いったいどう悪いのか？　この思考実験は、痛みそのものが非常に悪いことだという直観に逆らったもので、痛みの感覚を、痛みの予期や記憶から切り離している。くだんの患者は、自分の痛みを憶えていないので、差し迫った痛みに結びつく悪い予感はいっさいなく、したがって怖れも感じないのだ。それでも、瞬間的に感じる痛みは強烈かつ現実的である。

痛みを感じるその瞬間は、不必要に悪いことが起きているのだろうから、なんの理由もなく人に痛みを与えるのはやはり間違いに思えるものの、瞬間的であるならば、そうした痛みを引き起こすのが、それほどひどい行為ではないようにも思える。ことに、痛みを感じている本人がそれを怖れても憶えてもいない場合には。

だとすれば、たいがいの場合、痛みを引き起こすのがひどく悪いことに思える原因は、より長い時間わたしたちを怯えさせ、恐怖心を生みださせるそのしかたと関係があるはずだ。おそらく、わたしたちは痛みをそういうものとして理解すべきだろう。たとえば、瞬間的な鋭い痛みを歯に感じるのは不愉快だが、すぐに終われば生活にはさほど影響がない。けれども、そういう痛みが定期的に訪れるとしたら、かなり辛い。それは、痛みが増すからではない。むしろ、痛みが繰り返されること、再び痛みがくると知っていること、そして、一回終わるごとにそれが痕跡として記憶に残るため、過去の苦しみが強調されてしまうことが原因なのだ。これにより、そのときどきの痛みが、継続したパターンへとつながって、苦しみを生みだしてしまう。

この説が正しいとしたら、動物についてのベンサムの問題に答えるには、動物が痛みを感じているかどうかを知るだけでなく、苦しみのもととなる痛みの記憶や予期があるかどうかを知る必要がある。当然、それがある動物は多い。つねに虐待を受けている犬は、見るからに苦しそうだ。けれども、さほど複雑でない動物は、瞬間だけを生きているため、おそらくそのような苦しみは味わっていないはずだ。たとえば、釣り上げられた魚は、じわじわとした痛みに苦しんで死ぬわけではなく、一瞬一瞬つながりのない痛みを感じているにすぎないのではないか。もしそうなら、例の医師と同じように、そうした素早い痛みを与えても、ひどく間違っているとはいえないかもしれない。

【参照】5…わたしを食べてとブタに言われたら　32…テロ予告　56…ピリ辛のミートシチュー　96…狂人の痛み

28 義務を果たす

道徳は結果がすべてだろうか？

ヒュー、ドルー、ルー、スーの四兄弟は、世界中を旅してまわるあいだ、全員が定期的に手紙を書いて様子を知らせることを、母親に約束した。

ヒューは手紙を書いたものの、投函をいつもほかの人たちに頼み、その人たちの誰も投函しなかった。だから、母親は一通もヒューの手紙を受け取らなかった。

ドルーは手紙を書き、自分で投函したものの、もう使われなくなったポストに入れてしまい、おまけに切手の料金不足やほかのミスもあったため、一通も届かなかった。ルーは手紙を書き、毎回きちんと投函したが、いつも郵便システムの不備に見舞われた。母親がルーの様子を知ることはなかった。

スーは手紙を書き、毎回きちんと投函し、そのうえ電話で短いやりとりをして着いたかどうか確認した。それなのに、一通も届いていなかった。

四人の兄弟のうち、母親との約束を果たした子はいるのだろうか？

ジュリアン・バジーニ＆ジェレミー・スタンルーム編『哲学者は何を考えているのか』（松本俊吉訳／丹治信春監修／春秋社／二〇〇六年）でH・A・プリチャードの道徳哲学。メアリー・ワーノックが論じている。

なんともやっかいな倫理的難問である！　この種の問題は、二〇世紀にイギリスの道徳哲学の世界で頻繁に論じられた。一九六〇年代後半に訪れた道徳問題の急進化によって、遅ればせながら戦争や貧困や動物の権利に焦点が当てられる前のことだ。

それでも、こうした問題を時代遅れとして即座に斥《しりぞ》けるのは愚かなことだ。ここに挙げた思考実験は他愛のないものかもしれないが、扱っている道徳理論上の論点は重要だ。口当たりのいい筋書きに騙されてはいけない。問いはこうだ。どの時点で、わたしたちは道徳的責任を果たしたといえるのか？　このことは、両親に手紙を送る場合だけでなく、核攻撃の命令を取り消す場合にも当てはまる。

議論すべき問題は、行動を起こしはしたものの、意図した結果が出なかったとき、義務を果たしたといえるかどうかだ。一般的には、つねにノーと答えるのは厳しすぎるように思えるだろう。スーは手紙が家に確実に届くよう、できることはすべてしたが、それでも届かなかった。自分の力ではそれ以上何もできないのに、届かないことにどう責任を持てというのか？　そういう意味で、わたしたちは、できるかぎりのことをした人には、失敗の責任を問わないのだ。

しかし、それはなにも、十分な努力をしないときにも大目に見るという意味ではない。ヒューもドルーも、連絡の義務に対して注意が足りなかったように思える。ふたりとも、約束を果たさなかったと言われても仕方がないだろう。

ルーの場合がいちばん興味深い。というのは、手紙が確実に届くよう、すべきことはまだあったが、同時に、なすべき相応のことはすべてしたようにも思えるからだ。

何をなすべき相応のこととするかが、ここではきわめて重要だ。もし、核攻撃の命令を取り消す話をしているのなら、確実な停止と、さらなる手段を講じることが厳しく求められるはずだ。望ましい結果をきちんと出すことをどこまで求められるかは、結果の重大さによってこんなふうに変わってくる。ビデオの録画をセットし忘れただけならかまわないが、軍隊の攻撃を停止させるのを忘れては、弁解の余地はない。

旅行中の手紙の思考実験が扱っているのは、道徳哲学においてもっとも奥深い問題のひとつ、つまり主体と行為とその結果がどうつながるか、だ。倫理的な理論は、ひとつの側面だけに焦点を当てることはできない。もし、倫理は結果がすべてだとなれば、たとえばスーのように、できることは全部したのに、結果が正しくないと、それは間違った行為だった、という不条理が生じる。しかし、倫理がそれ自体、結果にまったく関わらないとしたら、別の不条理が生じる。というのも、わたしたちの行為の結果として実際に起こることが、どうして重要でないはずがあろうか？　ここで取り上げた手紙の問題は、それ自体はささいだが、扱っている論点はあきらかにささいなものではない。

【参照】 4…仮想浮気サービス　43…きたるべき衝撃　68…家族が第一　97…道徳的な運

29 ただ乗り

自分ひとりくらいはいいだろうか？

エレノアは、最近使いはじめたブロードバンド接続が気に入っていた。それまではダイアルアップ回線を使っていたが、今ではインターネットに常時接続でき、しかもネットサーフィンやダウンロードがはるかに速くなって、とても嬉しかった。そのうえ思いがけないことに、料金がまったくのただなのだ。

いや、ただというとちょっと語弊があるかもしれない。エレノアがこのサービスに料金を払っていないのは、近所の家のＷｉ－Ｆｉ接続、つまり無線ＬＡＮに便乗しているからだ。これは、適応するソフトウェアとハードウェアさえあれば、一定範囲内のどのコンピュータでも、無線でインターネットに接続できるというものだ。それを使っている男性の家に、たまたまエレノアのアパートが近かったから、便乗することができた。

エレノアはこれを窃盗とは考えていなかった。その家は、いずれにせよ接続をしているのだし、それに、彼女が使っているのは余剰のバンド幅［周波数の範囲幅］だけだ。

実際、〝賢いカササギ〟という巧妙なソフトウェアのおかげで、接続に便乗しても、相手のコンピュータはまったくといえるほど速度が遅くならない。だから、エレノアはただで接続できて得をするものの、結果として相手に苦痛を与えてはいない。いったい、それのどこがいけないのだろう?

Ｗｉ－Ｆｉを使えるノート・パソコンや携帯機器を持っていて、バンド幅をその場だけ暫定的《アドホック》に借りる人はたくさんいる。旅行中に接続が必要になると、通りを歩いていって無線ＬＡＮの信号を探し、立ち止まってＥメールを受信する。接続を使われている会社や個人はそのことに決して気づかないし、結果としてコンピュータの処理能力が落ちることもまったくない。

エレノアの場合、それよりはずっと計画的だ。インターネットへのアクセス手段として、近所の男性の接続を毎日使っているのだから。エレノアがインターネットを楽しみ、男性が料金を払う。とてつもない不公平に思える。とはいえ、エレノアの行為は、相手になんの悪影響も与えていない。どのみち男性は接続料を払わなければならないのだし、エレノアに接続の邪魔をされているわけでもない。その点でいえば、隣家の庭の木陰を利用しているのと同じで、泥棒ではない。

これは、ただ乗り問題のわかりやすい一例だ。ただ乗りする人は、なんの貢献もせず、他人の行為によって恩恵を受ける。場合によっては、みなが受けられる恩恵の総量を減らしてしまうため、そういうケースでは、ただ乗りがなぜ悪いか容易に理解できる。しかし、そうでない場合、ただ乗りは余剰の利益を利用するだけなので、誰からも何も奪ってはいない。

このようなただ乗りの例はいくらでもある。公園でのチャリティー・コンサートが地域で企画され、たまたま通りがかった人が聴衆のかたわらで楽しんでも、誰の迷惑にもならない。けれども、バケツが回ってきたときに寄付金を入れない人もいる。あるいは、料金を払わずに、インターネットから不法に音楽をダウンロードする人もいる。彼らは、それによって作曲家から収入を奪っているわけではない。お金を払うくらいなら、わざわざダウンロードはしなかっただろうから。それでも、ダウンロードした音楽を楽しみはする。

もし、ただ乗りが犯罪だとしたら、まさしく犠牲者なき犯罪のように思える。それなら、何がいけないのだろう？　おそらく、大事なのは、ただ乗りの個々の実例に焦点を当てることではなく、振る舞いのパターンに焦点を当てることだ。たとえば、自分のＷｉ－Ｆｉ接続を誰かに使われたとしても、もし同じ状況になれば自分もほかの人のを使うだろうと思えば、気にならないかもしれない。同様に、通りかかったチャリティー・コンサートで寄付をしなくても、どこかほかの場所で自発的に貢献すれば、かまわないかもしれない。長い目で見て、もらうのと同じくらい与えていれば、ただ乗り自体は不興を買わないのだ。

しかし、エレノアの場合は、もらうばかりで与えていない。今後、自分自身で接続を提供するつもりもない。相互協力の気持ちがあってのただ乗りなら許されるだろうが、そうではないのだ。その行為が示しているのは、他者への思いやりの欠如だ。とはいえ、この行為は、少しばかり利己的だと思われはしても、ごく軽い悪行にすぎないといってよいのではないか？　彼女はちょっとずうずうしい、という以上に強く非難してしまうのは、まったく害のない盗みに対して、わたしたちがぴりぴりしすぎるせいではないだろうか？

【参照】　3…好都合な銀行のエラー　11…わたしがするようにでなく、言うようにせよ　34…わたしを責めないで　44…死がふたりを分かつまで

30　依存する命

他人の命を終わらせることを正当化できるか？

たしかにディックは間違いを犯したが、代償はあまりに大きすぎた。その病院の六

階が立ち入り制限区域だということは、もちろん知っていた。けれども、経理課のクリスマスパーティーで、同僚とワインを一杯多く飲みすぎたせいで、つい、六階でエレベーターを降りてしまい、ふらふらと歩いていって、空いたベッドのひとつで酔いつぶれたのだ。

目が覚めると、ぞっとすることに、新しく始まった人命救助のボランティアと間違えられていた。生きるために臓器移植の必要な患者がボランティアと管でつながれ、ボランティア自身の臓器に助けられて命をつなぐのだ。この状態は、臓器のドナーが現れるまで続くことになり、それにはたいてい九ヶ月ほどを要した。

ディックはあわてて看護師を呼び、人違いであることを説明すると、今度は看護師が当惑顔の医師を連れてきた。

「お怒りはもっともです」医師が言った。「ですが、不用意な行動をなさったのはあなただし、すでにこの状態なのですから、おふたりを切り離せば、あなたに命を預けている、この世界的バイオリニストが亡くなってしまいます。そうすると、あなたが殺したことになりますよ」

「あんたにそんな権利はない！」ディックは抵抗した。「たとえこの人が死のうと、なぜ僕の人生を九ヶ月も無駄にして、人助けしなくちゃならないんだ？」

「あなたが問うべきは」医師がきっぱりと言った。「このバイオリニストの命を終わらせる選択が自分にできるのか、ということです」

ジュディス・J・トムソン「人工妊娠中絶の擁護」
H・T・エンゲルハートほか『バイオエシックスの基礎――欧米の「生命倫理」論』所収／
加藤尚武・飯田亘之編／東海大学出版会／一九八八年

かなり突飛な筋書きに思えるかもしれない。しかし、ちょっと考えてみてほしい。誰かが間違いを犯す。もっと分別を備えているべきだったが、たぶん酒を飲みすぎたのだろう。その結果、自分の身体に九ヶ月間、別の命が依存してくることになり、その期間が過ぎると切り離される。ディックの苦境は、予定外の妊娠とそっくりではないか。

何より重要な類似点は、どちらの場合も、生命維持装置という望まざる役割から逃れるためには、妊婦もディックも、なんらかの手を下す必要があり、それによって依存してくる者が死に追いやられるということだ。したがって、ディックがどうすべきかを考えることは、妊婦がどうすべきかを考えることにつながる。

九ヶ月ものあいだ、バイオリニストとつながったままでいさせるのは不当だと考える人が多いはずだ。本人があえてそうするなら実に親切だろうが、他人を助けるためにそれほど長いあいだ、身体を提供するよう仕向けることはできない。ディックがいないとバイオリニストが死ぬのは事実だとしても、それだけの理由でディックが殺人者だというのは、自由でいる権利を考えれば行きすぎだ。

仮に、接続を断ち切る権利がディックにあるとしたら、妊婦にも堕胎する権利があるのではないか？　実際、妊婦の場合、つながりを断ち切る権利はディックよりもあるように思える。第一に、関わる必要があるのは九ヶ月の妊娠期間だけではなく、子どもが生まれれば、その命に責任を持たなければならなくなる。第二に、妊婦が終わらせる命は、すでに成長して才能や将来性のある命ではなく、少なくとも妊娠初期の一、二ヶ月は、自意識も周囲に対する意識も持たない、萌芽としての人にすぎない。

ふたつのケースの類似点を考えれば、妊娠中絶擁護派には道が開かれ、堕胎を殺人とみなす告発に対抗して、妊婦には胎児の命を終わらせる権利があると主張できることになる。

もちろん、その逆の議論も可能だ。胎児がそれほど無力な存在なら、なおさら守らなくてはならない。妊婦の不便さなどは、事実上、拘束されて動けないディックに比べれば、ずっとましだ。これをさらに押し進めれば、ディックには九ヶ月間バイオリニストとつながっている義務がある、とさえ主張できる。ときに、不用意な行動と運の悪さが重なって、わたしたちは逃れられない深刻な事態を招いてしまう。おそらく、ディックのジレンマは妊婦のジレンマと同じくらい困難であるため、たやすくは解決できないだろう。

【参照】17…殺すことと死なせること　54…ありふれた英雄　55…二重のやっかい　71…生命維持

31 記憶は作られる

自己は記憶でできているのか？

アリシアは、アテネのパルテノン神殿を訪れたことをはっきりと憶えているし、崩れかけた遺跡を間近で見るより、アクロポリスの丘に建つ勇姿を遠くから見るほうが感動的だったのも憶えている。けれども、アリシアは一度もアテネに行ったことがなく、憶えているのはパルテノン神殿を訪れたことであって、自分がパルテノン神殿を訪れたことではない。

アリシアが思いちがいをしたわけではない。憶えていることは、事実あったことだ。アリシアは記憶を移し入れたのだ。友人のメイトが休暇でギリシャを訪れ、旅行から帰ると、〝コダック記憶処理ショップ〟へ行って、休暇の思い出をディスクにダウンロードした。そのディスクをアリシアは同じショップに持っていき、自分の脳にアッ

プロードしてもらった。これでメイトの旅行の記憶はすべてアリシアのものになったし、アリシアにとって、それは自分自身のほかの記憶と同じ特徴を持っていた。つまり、すべてが一人称の視点での思い出なのだ。

とはいえ、少し困るのは、メイトとアリシアがこうした記憶を何度も交換しすぎて、文字どおりまったく同じ過去を生きてきたように思えてしまうことだ。アリシアにしてみれば、ほんとうはメイトのギリシャ旅行のことを思い出す、と言うべきだとわかっていても、単に旅行のことを思い出すと言うほうが自然に感じる。でも、自分がしてもいないことを、どうやって思い出しているのだろう？

デレク・パーフィット『理由と人格——非人格性の倫理へ』森村進訳／勁草書房／一九九八年

思考実験というのは、わたしたちの既成概念をぐいぐい引っぱって破ってしまうことがある。ここに挙げたケースもそれに当たるかもしれない。アリシアが、ギリシャに行ったことを思い出しているというのは正しくないように思えるが、それでも、アリシアがしているのは、単にメイトのギリシャ旅行について思い出している以上のことだ。それは本物の記憶ではないにせよ、それにかなり近い、思い出のひとつの形だと考えればいいかもしれない。

哲学者はこうした種類の思い出を「疑似記憶」と呼んできた。おもしろいＳＦ小説の話かと思われそうだが、実は疑似記憶の可能性というのは、哲学的に重要なのだ。理由を説明しよう。

人の同一性を扱う哲学には、「心理学的還元主義」として知られる理論がある。この見かたによると、ひとりの人間を継続した存在とみなすのに、必ずしも特定の脳や身体は必要ではなく（実際には、差しあたり両方とも必要だが）、精神生活が継続していればよい。わたしの意識の流れが継続しているかぎり、わたしは継続しているのだ。

心理的継続性には、さまざまなことがらが必要であり、たとえば、信念や記憶や性格や意志がきちんと継続していなければならない。そのどれもが変化していくだろうが、その変化はきわめてゆっくりであり、一挙にではない。自己というのは、こうした多様な要素の組み合わせにすぎず、独立した実体ではないのだ。

とはいえ、当然ながら、ひとりひとりの自己が、信念や記憶や性格や意志といったことがらでできあがるわけではない。むしろ、自己がそうしたことがらを備えているのであり、ある意味、まず自己ありきでなければならない。たとえば、エッフェル塔に登ったことを思い出すとしよう。思い出すには、自分がエッフェル塔を訪れたことが前提となる。しかし、もしほかならぬ記憶が、継続した自分の存在という概念を前提としているのなら、記憶は継続した存在があるための拠りどころとはなりえない。そもそも、わたしたちが記憶を持つためには、自己がすでにあるのでなければならず、記憶が積み木のように自己を創り上げることはできないのだ。

しかし、疑似記憶という考えかたはここに切りこんでいく。疑似記憶が示唆するのは、一人称の思い出を持つことは人格の同一性を前提としない、ということだ。アリシアは自分のでない経験の疑似記憶を持っている。つまり、一人称の思い出が、結局は自己を創り上げるなんらかの積み木になりえるのだ。自己は、正しい一人称の思い出、つまり疑似記憶ではなく自分の記憶によって、部分的にはできあがっている。

とはいえ、わたしたちが、ある意味、自分の記憶で成り立っているとしたら、アリシアの場合のように、自分の記憶がほかの人の記憶と混じり合ってしまったときは、どうなるのだろう？　あるいは、記憶が薄れたり、間違いだったりしたときは？　記憶力が信頼できなくなっていくと、自己の境界も崩れはじめるのだろうか？　年老いて認知症になることをわたしたちが怖れるのは、境界が崩れると感じているからであり、それは心理学的還元主義の主張に重みを与えることになるかもしれない。

【参照】37…わたしは脳である　65…魂の力　88…記憶抹消　92…火星への旅

32 テロ予告

場合によって拷問は許されるのだろうか？

その親子は、絶対に口を割りそうになかったが、ハーディは徹底的に脅すことで必ず落とせると信じていた。父親のほうのブラッドは極悪人だった。すでに大型爆弾を仕掛けており、その予告によれば、何百、いや何千人にもなるかもしれない罪のない市民が確実に殺される。爆弾をどこに仕掛けたかはブラッドだけが知っていて、誰にも教えようとしなかった。

ブラッドの息子ウエズリーは、この件とはなんの関係もなかった。けれども、ハーディの諜報部員によれば、ブラッドは拷問《ごうもん》されても口を割らないだろうが、自分の息子が目の前で拷問されるのを見れば、ほぼ間違いなく口を割るはずだという。すぐには無理でも、そう時間はかからないだろう。

ハーディは迷った。拷問にはずっと反対だったので、おそらく拷問が行なわれるあいだは部屋を出ることになるだろう。ウエズリーが無実であることだけが良心の痛む原因ではないが、苦悩を大きくしていることはたしかだ。とはいえ、何百人もが死ん

だり重症を負ったりしないためには、これが唯一の方法であることもわかっていた。もし、拷問の命令を下さなければ、自分自身が潔癖すぎるのと、道徳的勇気が欠けているせいで、罪なき市民に死を宣告することになるのだろうか？

長いあいだ、こうした話はまったく架空のものとみなされていた。文化的社会の多くで、拷問はまず許されなかった。そのすべてを変えたのが「テロとの戦い」であり、わけてもイラクのアブ・グレイブ収容所での捕虜の扱いをめぐるスキャンダルだった。この議論には、間違った扱いがなされたかどうか、なされたなら誰が許可したのか、ということだけでなく、それが必然的に間違いなのかどうかも含まれていた。

ハーディのジレンマは、道徳的で責任ある立場の人なら誰でも、直面する可能性がおおいにある。このような状況での拷問を擁護する人たちは、こう言うだろう。たしかに拷問は悲惨かもしれないが、そうする以外にまず選択肢はない、と。たとえば、ひとりかふたりの拷問を拒否したために、再び九・一一が起きたらどうするのか？　拒否するのは、いわば道徳的ひとりよがりではないのか？　必要だが汚れた行為に手を染めないことで、自分自身はきれいなまま、罪のない人たちを犠牲にしてしまう。もし、ハーディがウエズリー――なんといっても彼は無実なのだ――の拷問を命じたことに同意できるのなら、罪人を拷問することには、もっと強く同意できるだろう。

　こうなると、あらゆる拷問を不当とみなしがちな人権擁護派は形勢が危うくなる。立場を維持するには、ふたつの戦略のどちらかを採るとよい。ひとつは、拷問は原則として間違いだと主張することだ。たとえ何千人の命を救おうとも、越えてはいけない道徳的境界線がある。これは、人権擁護派にとって有力な論拠とはなるものの、結果として見殺しにされる命に対して冷淡だという誹《そし》りは免れない。

　もうひとつの戦略は、ごく稀《まれ》に拷問が道徳的に許容される場合も理論上はあるものの、道徳的一線を保つには、完全に禁止しておく必要がある、というものだ。実際には、場合によって拷問が許されるとなれば、必ずや、必要以上に行なわれることになってしまう。

　拷問が最善である場合にしそびれることのあるほうが、すべきでないときにもしてしまうよりは、まだましだ。

　しかし、この議論もハーディの助けにはならないかもしれない。というのも、拷問はすべきでない、という規則が理にかなっていようとも、ハーディは拷問によってあきらかに利益が得られる特殊な状況にいるからだ。ハーディの抱えるジレンマは、拷問が許されるかどうかではなく、この場合、罪のない人たちを助けるためなら、規則を破って、許されていないことでもすべきかどうか、なのだ。すべきでない、と考える人もいるだろうが、もちろん、ハーディの選択がたやすいものでないことはたしかだ。

【参照】48…合理性の要求　50…善意の賄賂　56…ピリ辛のミートシチュー　79…時計じかけのオレンジ

33 公式ニュースの発表

言論の自由とはなんだろう？

「同志たちよ！　われらが人民共和国は世界に誇るべき自由を勝ち取り、労働者たちは奴隷の身分から解放された！　ブルジョワという敵を打ち倒すために、これまでは、反対分子を煽動《せんどう》する言論や、輝かしい革命を覆しかねない言論を禁じる必要があった。しかし、永久に言論を制限するのはわれわれの意図するところではないし、最近では、そろそろ次の段階へ大きく飛躍すべきだという人々が増えている。

同志たちよ、われらが親愛なる指導者は、今がまさにそのときだと判断なさった！　ブルジョアが一敗地にまみれた今、われらが親愛なる指導者は、言論の自由を与えて

くださるのだ！
来週の月曜日から、何か言いたいことがある者は、たとえ人民共和国を批判する虚言であれ、望みとあれば、国じゅうに新しく設置された〝自由言論の部屋〟に行きさえすればよい！　防音室の中へ一度にひとりずつ入り、なんでも好きなことを言ってよいのだ！　言論の自由がないなどという不満はこれでなくなる！
ただし、人を煽動する虚言を部屋の外で口にした場合は、これまでどおり処罰されることになる。革命よ永遠なれ、そしてわれらが敬愛する指導者よ、永遠なれ！」

Free Speech by Alan Haworth (Routledge, 1998)

言論の自由を奨励するのは、それが正確に何を意味するかをはっきりさせるより、はるかにたやすい。人民共和国で与えられたものは、言論の自由とはとてもいえない。なぜか？　言論の自由というのは、単に言いたいことを言うだけでなく、誰に対しても、いつでも、言いたいことを言える自由だからだ。部屋の中でなら言論の自由が保障されている、というのは、グーグル検索しかできないコンピュータでもインターネットにつながってはいる、というのとちょっと似ている。

とはいえ、〝自由言論の部屋〟で許されないことをすべて許すだけでは、言論の自由とは何かをきちんと説明したことにはならない。それだけでは、言論の自由というのは、言いたいことを、言いたい相手に、言いたいときに言う権利だということになる。それは、ときに満員の劇場で上演中に立ち上がり、たいした理由もなく「火事だ！」と叫ぶ権利かもしれない。あるいは、レストランで見ず知らずの人に近づき、「幼児虐待をするな」と言う権利かもしれない。あるいは、街かどに立って、道行く人たちに、人種差別的な言葉や男女差別的な言葉を投げつける権利かもしれない。

言論の自由が要求するのはそういうことだ、とあくまで言い張ることはできる。言論の自由とは絶対的なものなのだ、と主張する人もいるだろう。例外を作りはじめ、言論の自由には許されないものもあると言ったとたん、検閲に逆戻りしてしまう。頻繁に嘘を聞かされるのは迷惑だとしても、それは自由の代償として我慢しなければならない。フランスの思想家ヴォルテールが言ったように、わたしたちは、まったく賛成できない意見を言う人の権利をも死守しなければならないのだ。

こういう考えかたは、わかりやすくて一貫性はあるのだが、単純すぎるのもたしかだ。問題は、絶対的な言論の自由を守ろうとする人が、なんでもあり、という言語理論を支持しているようにみえることだ。言葉はどんなときも無視することができるのだから、嘘や悪口を怖れる必要はない、と彼らは言うだろう。しかし、これは正しくない。満員の劇場で誰かが「火事

ews

tRUe

だ！」と叫んだら、劇は中断し、恐怖に駆られてパニックが起き、ときには怪我人や死者が出る。虚偽の主張は、人の命を奪うこともあるのだ。人種差別や男女差別の言葉が拡がっていけば、それに耐えるしかない人たちを傷つけるかもしれない。

だから、人民共和国の自由言論の部屋に言論の自由がないのはあきらかだとしても、ほんとうの自由というのが、なんでも、いつでも、どこでも好きな言葉を口にする権利でないことも、同じくらいあきらかだ。では、言論の自由とはいったいなんだろう？　それについてさらに話し合うのは自由だ。

【参照】59…無知のヴェール　79…時計じかけのオレンジ　84…楽しみの法則　94…一粒ずつの課税

34　わたしを責めないで

責任はどこまで自分にあるか？

「メアリー、ムンゴ、ミッジ。君たちは重大な罪で訴えられている。申し開きをすることはあるかね？」

「たしかに、わたしがやりました」メアリーが言った。「でも、わたしが悪いんじゃありません。専門家に相談したら、ぜひやりなさいと言われたんです。だから、わたしを責めないで、その人を責めてください」

「僕もやりました」ムンゴが言った。「でも、僕が悪いんじゃありません。セラピストに相談したら、ぜひそうしろと言われたんです。だから、僕を責めないで、そのセラピストを責めてください」

「わたしもやったことを認めます」ミッジが言った。「でもわたしが悪いんじゃありません。占星術師に相談したら、今は海王星が牡羊座にあるから、ぜひやるべきだと言われたんです。だから、わたしを責めないで、その占星術師を責めてください」

　裁判官はため息をついてから、判決を下した。「本件には前例がないので、先輩の判事たちと話し合わざるをえなかった。残念ながら、君たちの言い分は通らなかった。君たち全員に、最高刑を言い渡す。だが、いいかね。わたしは同僚に相談し、この判決を下せと言われたのだ。だから、わたしを責めずに、彼らを責めてくれたまえ」


ジャン＝ポール・サルトル『実存主義とは何か』伊吹武彦ほか訳／人文書院／一九九六年

何か悪いことが起きたとき、それを自分の責任だと認めるのは辛い。ところが、妙なことに、何かよいことの原因が自分にあると認めるのは、非常にたやすい。どうやら、行為の結果が出て初めて、ほんとうに責任があったかどうかが決まるらしいのだ。

自分の行為に責任を負わないようにするひとつの方法は、誰かのアドバイスのせいにすることだ。実際、わたしたちは誰かに意見を訊くとき、自分のしたいことに相手が賛成して、さらなる確信を与えてくれるのを期待している。自分の考えだけで決める勇気がないので、ほかの人の考えから力を得たいのだ。

誰かにアドバイスを求めることで、自分自身の責任が減ると思うなら、それは甘い考えだ。実際は、アドバイスを求めることによって、責任を負うべき範囲が微妙に変わってくる。純粋に自分がしようと決めたことだけでなく、アドバイザーを選んだことや、そのアドバイスにみずから従ったことに対しても責任を負ってしまうのだ。たとえば、わたしが司祭に相談して、不適切な助言をされたとしたら、わたしは自分の最終的な行為だけでなく、無能なアドバイザーを選んだことや、その助言を受け容れたことにも責任を負う。だからこそ、メアリーとムンゴとミッジがしたような申し開きは妥当とはいえない。

とはいえ、彼らの弁明をただの言い逃れとして斥《しりぞ》ける前に、きちんと考慮すべきなのは、わたしたちはあらゆる分野を熟知してはいないので、その道の専門家に助言を求めざるをえないときもある、ということだ。たとえば、わたしがコンピュータについて無知で、専門家がろくなアドバイスをしてくれなかったために、まともな機械を入手できなかったとしたら、それはもちろん専門家が悪いのであって、わたしが悪いのではない。なにしろ、わたしにできるのは、なるべく優秀と思われるアドバイザーを選ぶことくらいなのだから。

となると、おそらく、責任は段階に分けて考える必要があるのだろう。何かを決めるだけの知識が自分にないときは負うべき責任が軽く、知識があるときは責任が重く、すべてではないがある程度は知っているおおかたの分野ではその中間、という具合に。

しかし、そこには危険があって、ひとたびその原則を認めると、メアリーたちがしたような弁解が説得力を持ってしまうのだ。そしてもうひとつ、彼らは重要な疑問を残したままにしている。つまり、ふさわしい専門家は誰かということだ。生きかたや人間関係における選択ともなれば、これはとりわけ切実だ。わたしたちは、誰に従うべきなのだろう？　セラピストか、占星術師か、まさかとは思うが哲学者か？　あるいは、自分の人生をどう生きるかに関しては、唯一、自分自身だけがそれにふさわしい専門家なのだろうか？

【参照】　11…わたしがするようにでなく、言うようにせよ　29…ただ乗り　69…戦慄　91…誰も傷つかない

35 最後の手段

テロリストを非難すればそれでいいのか？

ウィンストンは祖国を愛していた。自分たちがナチスの軍隊に制圧されると思うと、ひどく胸が痛んだ。しかし、イギリス軍はダンケルクでドイツ軍に大敗を喫し、アメリカは不参戦を決めたため、イギリスが第三帝国の一部になるのは時間の問題だった。今や、状況は絶望的に思えた。ヒトラーは国際社会から非難を受けてはいなかったし、イギリス軍は装備が不十分で脆弱だった。仲間の多くが、ウィンストンと同じように、ドイツ軍を打ち破るのは無理だという結論に達していた。それでも、頻繁に相手を刺激しつづけ、暴動鎮圧のほうに貴重な兵力を使わせることができれば、遅かれ早かれ、ヒトラーはイギリスを占領しても面倒が多く得るものは少ないと悟って、撤退するやもしれない。

ウィンストンにはその計画がうまくいくとはとても思えなかったが、もはやそれが最後の手段だった。ただし、最大の問題は、ナチスの体制を揺るがすほどの一撃を与えるのは、きわめて難しいということだった。だから、唯一、効果的で確実な方法は、

ウィンストンたち兵士自身が人間爆弾となり、身を挺《てい》して相手に最大限の損害と恐怖を与えることだ。不本意ながら、誰しもそれに同意するしかなかった。兵士たちは、イギリスのために死ぬ覚悟ができていた。自分たちの死によって、少しでも何かを変えたかった。

自爆行為が道徳的に許されると発言すれば、制裁を受けるのは理解できる。しかし、驚くのは、自爆行為も理解できないわけではない、と言っただけで制裁を受けることだ。たとえば、イギリスの自由民主党議員ジェニー・トンジは、もし自分がパレスチナ人として同じ状況に置かれれば、「あえて言うなら、(自爆テロに)加わることを考えたかもしれない」と発言して、党の児童担当報道官を更迭された。

その理不尽なやりかたは常軌を逸している。自爆テロリストになる、と言ったわけでもなく、ただ「考えたかもしれない」と言っただけだ。それがなぜそんなに非難されるのだろう?

問題は、蛮行に訴える人たちとわたしたちには何かしら共通点があるかもしれない、という考えを受け容れようとしないことのようだ。それにしても、この拒絶のしかたは、きわめてお粗末だ。パレスチナ人はわたしたちと別の生き物ではない。同じ人間だ。パレスチナ人(ほとんどは自爆テロリストでないことを忘れてはいけない)の何人かが、自爆の任務を最後の手段とみなすとしたら、わたしたちも同じ状況に置かれれば、同じように考えるかもしれない。それを否定する唯一の方法は、パレスチナ人がもともと暴力的で、人種的に劣っていると示すことであり、こうした人種差別的な主張は、ユダヤ人を劣った人種とみなす偏見と同じで、それによって、多くのユダヤ人が何世紀にもわたって迫害されつづけることになったのだ。

ウィンストンが兵士として、不本意ながらも人間爆弾になってしまう、という架空の歴史を描いたのは、それを正当化するためではなく、人がなぜそうした極端に走るかを理解するためだ。イギリス人は決してそんな戦略は採らない、と言う人は多いだろう。しかし、その主張がどんな根拠にもとづいているのか、はっきりしない。なにしろ、イギリス空軍パイロットの多くがその勇気を讃えられるのは、命を危険にさらしているからで、その任務は身を挺したものといえなくもない。それに、イギリス軍がドレスデンのような市街地を空爆したのは、たとえ民間人を巻きこんででも、敵を恐怖に陥《おとしい》れ、弱体化させる意図があったからだ。爆撃命令に従う人の多くが理論的根拠にしているのは、このように、ウィンストンの場合ときわめて近い。

だからといって、自爆テロを認めるわけではないし、第二次世界大戦での空爆が同じくらい不道徳だと言っているのでもない。戦争やテロに関して、何が正しくて何が間違っているかという問題に正面から向き合うとき、一方を非難しても一方を受け容れるのなら、わたしたちは、人々がテロに訴える理由をなんとか理解しようとしたうえで、なぜその理由がテロを正当化しないのかを説明する必要があるということだ。自爆テロは間違いだ、と言うだけでは十分ではない。なぜ間違いなのかも言わなければならない。

【参照】32…テロ予告　48…合理性の要求　79…時計じかけのオレンジ　99…平和の代償

36　予防的正義

罪を犯しそうな人を罰してよいか？

自由主義者なんてくそくらえ。アンドリュース警部は、この街で驚異的な実績を上げていた。殺人の件数は九割減った。窃盗は八割減った。路上犯罪は八割五分、自動車泥棒は七割減った。それが今、アンドリュースは非難の的《まと》になっていて、この実績も今後は危うくなりそうだった。

アンドリュースの属する警察署は、新たに合法化された〝予防的正義〟のプログラムを、国内で初めて実施した。コンピュータと人工知能が発達したおかげで、近いうちに、誰がどんな罪を犯しそうか予測できるようになったのだ。住民は、あらゆる理由で調査される。抜き打ち捜査の一部として、あるいは特定の容疑にもとづいて。もし、将来の犯罪につながる何かが見つかれば、逮捕され、前もって罰を受けることになる。

アンドリュースは、このやりかたが厳しすぎるとは思わなかった。なぜなら、逮捕の時点ではまだ犯罪が行なわれていないので、刑はかなり寛大だからだ。将来の殺人犯は、そのまま殺人を犯すことのないよう集中講義を受け、検査でその怖れがないとわかって初めて釈放される。拘留期間はたいてい一年以下だ。もし、無策のまま彼らが実際に殺人を犯していたら、終身刑に課せられていただろうし、さらに重要なのは、人ひとりの命が失われてしまうことだ。

それなのに、まだ何もしていない人間を拘留するのはけしからん、とあの自由主義者どもが抗議してきたのだ。アンドリュースは顔をしかめ、あと何人引っぱってきて調べることができるか思案していた。

スティーブン・スピルバーグ監督『マイノリティ・リポート』二〇〇二年
『マイノリティ・リポート——ディック作品集』浅倉久志ほか訳／ハヤカワ文庫／一九九九年

はっきりいって、まだ犯していない罪で誰かを逮捕するという考えは、典型的な不正のように思える。しかし、実際には、災難に至る可能性はあるが結果的には至らなかった行為を理由に、わたしたちはすでに人を罰している。たとえば、危険な運転をすれば、たとえ怪我人が出なくても罰せられる。殺人を企てることは、たとえまだ人を殺していなくても罪になる。

それなら、罪を犯しそうな人間を、罪を犯す前に罰するのは、何がいけないのだろう? 処罰を正当化するおもな理由を考えてみよう。更正、公衆の安全確保、報復、抑止だ。

もし、罪を犯そうとする者がいたら、すでに罪を犯したのと同じように、その性癖を変えさせる必要がある。したがって、犯罪者の更正を目的に処罰が正当化されるなら、予防的な処罰も正当化される。

もし、罪を犯そうとする者がいたら、すでに罪を犯したのと同じくらい、少なくとも公衆にとっては危険な存在だ。したがって、公衆の安全確保を目的に処罰が正当化されるなら、予防的な処罰も正当化される。

もし、処罰の目的が犯罪を抑止することなら、罪を犯す前に処罰されると誰もが知っていれば、悪事を働こうという考えさえなくすにちがいない。

報復だけは、予防的正義にかなう処罰としては正当化できない。けれども、いろいろな点で、四つの正当化の中ではもっとも弱いものであり、更正、安全確保、抑止の三つが揃えば十分だともいえる。

これで、予防的正義は正当化できたのだろうか？　いや、まだだ。そういうシステムを実施した場合に起こりうるマイナス効果をまだ検討していない。わたしたちが何を考えているかまで監視される社会を作ってしまうと、自由だという意識が萎《な》え、官憲への信頼も薄れるため、代償はあまりに大きい。抑止効果が裏目に出る可能性もある。もし、否応なく何かを考えてしまっただけで処罰されると、みずから犯罪行為を慎もうという意識がなくなりかねない。法律を守る側にいるという確信が持てなくなると、法律を破る側にいても、なんとも思わなくなるかもしれない。

これは思考実験なので、予防的正義のシステムが完全にうまくいくようにすることもできる。ただし、こんなやりかたは現実にはなるまいと思うのも、もっともだ。フィリップ・K・ディック原作の『マイノリティ・リポート』という映画は、これに似た筋書きを発展させたもので、人間の意志は最後の瞬間に至るまでつねに自由であり、すべてが予測どおりにはならない、というのが最終的なメッセージだ。もしかしたら、映画でいうほど、人は自由ではないかもしれない。それでも、人間の行為は一〇〇パーセント正確には予測できないと考えるほうがよいのではないだろうか。

［参照］10…自由意志　35…最後の手段　63…つぼみを摘む　77…身代わり

37 わたしは脳である

わたしは脳だと言ってよいだろうか?

チェリ・ブラウムは永遠の生命を受け容れたとき、こういうことになるとは思っていなかった。もちろん、自分の脳が身体から取りだされて、水槽の中で生きることになるのは知っていた。そして、外の世界とは、カメラとマイクとスピーカーを通してしかつながれないのも知っていた。でも、そのときは、こんなふうに永遠に生きるのも悪くないと思えたのだ。なにしろ、衰えてしまった第二の身体の中では、あまり長生きもできなかっただろうから。

けれども、振り返ってみれば、あまりにもたやすく、自分はただの脳だと思いこんでしまったかもしれない。最初の身体がだめになったとき、外科医がチェリの脳を取りだして、脳が働かなくなった人の身体に移植したのだ。新しい身体の中で目覚めたとき、チェリは自分がまだ同じチェリ・ブラウムという人間だとなんの疑いもなく思えた。それに、もとの自分自身から変わっていないのは脳だけなのだから、自分は本質的には自分の脳だと言っていいようにも思えた。

とはいえ、ただの脳として生きるのは、なんともやりきれない。肉体を備えたもっと完璧な存在でありたい。それでも今、こうして考えたり疑ったりしているのがわたし、チェリなのだから、やはり自分は本質的には脳にすぎないと考えていいのではないだろうか？

トマス・ネーゲル『どこでもないところからの眺め』中村昇ほか訳／春秋社／二〇〇九年

人間の意識が神秘的であることを示す言葉は数多くあるが、その中のひとつが歴然とした事実であることはたやすく忘れられがちである。つまり、思考というのは、健《すこ》やかでよく機能する脳があってこそ働くということだ。その証拠はいくらでもある。麻薬や頭部の打撲や変性疾患によって、わたしたちの認知能力は影響を受ける。脳がやられると心は無傷ではいられない。それに反する証拠はめったにない。「死者からのメッセージ」のようなエピソードは印象に残るが、それがほんとうだというまともな証拠に近いものさえ、まだ見つかってはいない。

わたしたちは、ひとりひとりが自分の考えや感情や記憶を持っており、それをすべて可能にしているのが脳なのだから、「わたしは脳だ」と言ってもいいのではないか？　脳がどこかへ行けば、必ずやわたしたちもついていくのだから。もし、わたしの脳が誰かの身体にうまく移植されて、その逆もうまくいったら、わたしは誰かの身体の中で生きつづけ、誰かはわたしの身体の中で生きつづけるのだろうか？

　そうはっきり言ってしまうには慎重であらねばならない。わたしたちの存在は、脳にかなり依存しているかもしれないが、そのことと、「わたしは脳だ」というのとはだいぶ違う。楽譜にたとえて考えてみよう。楽譜は、音符を記録する紙やコンピュータのファイルや、あるいは音楽家の脳でもいいが、物理的な何かがないと存在できない。だからといって、楽譜がすなわちその何かだというのは間違いだろう。楽譜とは、本質的に、どこかの場所に記録されることで存在しつづけられる種類の記号なのだ。ただし、楽譜を楽譜たらしめているのは、その記号であって、記録される場所ではない。

　このことは、人間にも当てはまらないだろうか？　ひとりひとりの人格を創り上げている音符や符号が、思考であり記憶であり性格であって、それらが一緒になって、わたしをわたしたらしめている。この楽譜が書きこまれるのは、ほかでもない人間の脳なのだ。しかし、それは、わたしが脳だという意味ではない。

　それが正しいとすれば、チェリの新たな生きかたが、そんなにも薄っぺらに感じられた理由がわかる。演奏されることのない楽譜が潜在的にしか存在しないのと同じように、棲《す》む身体のない心は、ほんとうの自分自身の小さな影でしかないのだ。

　それでも、身体のあらゆる感覚をなくして、事実上、無感覚の身体に囚われた、ただの心になることは可能だ。そういう人たちはもちろん実在するし、彼らは物理的過程によって働きつづける脳の、生きた例ではないだろうか？　もしそうなら、やはりわたしたちは脳にすぎないということなのだろうか？

【参照】31…記憶は作られる　46…ふたりのデレク　51…水槽の中の脳　92…火星への旅

38 検査員の訪問

言葉は厳密に解釈すべきなのか？

衛生検査員がエミリオのピザ屋を訪れ、ただちに店を営業停止にさせたとき、友人たちは誰ひとり、エミリオがそんな事態を招いたことが信じられなかった。というのも、友人たちによれば、エミリオは検査員が近々来ることを知っていたのだ。それなのに、なぜ店をきれいにしておかなかったのか？

エミリオの答えは簡単だった。検査員の抜き打ち訪問が、その月の終わりまでのどこかで行なわれることは、前もって知らされていた。エミリオは椅子に座りこんで、さて検査員はいつ来るだろう、と思案した。三一日ということはありえない。なぜなら、もしその日までに検査員が来ていなければ、検査はその日にするしかなくなり、それでは抜き打ちにならないからだ。三一日が除外されるなら、同じ理由で三〇日も除外されることになる。検査は三一日ではありえないのだから、もし二九日までに行なわれていなければ、三〇日に行なうしかなくなり、それではまたも抜き打ちでなくなるからだ。しかし、検査が三〇日でも三一日でもないとすると、二九日もまた同じ理由で、ありえなくなる。そんなふうにどんどんさかのぼっていき、エミリオはついに、検査を行なえる日はない、という結論に達した。

　皮肉なことに、人を驚かすような抜き打ち検査はありえない、と結論を下したはずが、ある日、検査員が店のドアから入ってきて、エミリオはひどく苦々しい驚きを味わった。彼の推理は、いったいどこが間違っていたのだろう?

広く論じられた「抜き打ちテストのパラドックス」は戦時中のスウェーデンのラジオ放送が起源

　この難問に短く答えるなら、日々生活している人たちは論理学者ほど正確に言葉を選んではいない、ということになる。抜き打ちと検査員が言ったのは、いつ訪問するか前もっては知らせない、というほどの意味でしかない。もし、三一日までに可能な日が一日しか残っていなくて、検査がまったくの抜き打ちでなくなっても、それはそれでかまわない。

そんな答えではおもしろくない、と言う哲学者は多いはずだ。なぜなら、その答えでは問題は解けず、ありきたりの話に溶かしこむだけだからだ。しかし、そう言ってしまうのは度量が狭いと思う。つねに忘れるべきでないのは、わたしたちがこの世界でまともに生きていくには、ときに言語の曖昧さやどっちつかずの領域が必要だということだ。とはいえ、その同じ不正確さが理解の妨げになる場合もあるのだが。

それでも、この答えが難問を解決していないことはたしかだ。もし、抜き打ち訪問という約束がほんとうに言葉どおりの意味だったなら、三一日に行なうような訪問は、結果的に抜き打ちではなくなるため、約束に反しているのではないか?

おそらく、抜き打ち検査の約束というのは、理屈に合っていないのだろう。この点では、エミリオの推察は完璧であり、抜き打ち検査はありえないという結論は正しかった。だから、抜き打ち検査を前もって知らせるとなると、どうしても、ある種の矛盾が含まれてしまう。

これは、かなりうまい答えのように思えるが、エミリオが高い代償を払って思い知ったように、抜き打ち検査はやはりありえる、という事実によって覆される。約束をしてそれが果たされたなら、理屈に合っていないと言い張るのは難しいように思える。

もうひとつ考えられる興味深い可能性は、抜き打ちはありえないと推察する人は、抜き打ちのそもそもの意味を取り違えているにすぎない、というものだ。たとえば、二九日になればエミリオは、三〇日にも三一日にも抜き打ち検査はありえないと考えたはずだ。しかし、抜き打ちではないにせよ、依然として残る二日のどちらかに検査はありえる。そして、そのどちらになるかエミリオは知らないのだから、もし三〇日に行なわれれば、それは抜き打ちになる。たとえ、検査が三一日に行なわれたとしても、抜き打ちになる。なぜなら、その日に抜き打ち検査を行なうことはありえないと結論を下したのに、それでも検査が行なわれたとすれば、それは抜き打ちということになるからだ。

それにしても、おそらくいちばんの驚きは、言葉のうえでのちょっとした引っかけに見えた問題が、最初の印象よりもずっと論理的に複雑だと証明されたことだろう。

［参照］ 26…ビュリダンのロバ　42…金を取って逃げろ　74…亀の徒競走　94…一粒ずつの課税

39 ギュゲスの指輪

自分はどこまで道徳的だろう？

ハーバートは「ギュゲスの指輪」をするりと指にはめたとたん、自分の見たものに仰天した。何もないのだ。自分自身が透明になっていたのだ。

最初の数時間は、自分の姿がほんとうに見えないかどうか、あちこちへ行って試してみた。一度、たまたま咳《せき》をしてしまったが、周囲の人たちには、自分のたてる音も聞こえていないことがわかった。ただし、物理的な身体自体はあるので、やわらかいクッションにはへこみが残ったし、彼の身体を通り抜けようとする人にとっては、わけのわからない障害物になった。

透明でいるのがどんな感じか、いったん慣れてしまうと、ハーバートは次にできる行動を考えはじめた。恥ずかしいことに、最初に頭に浮かんだ考えは、あまり健全とはいえなかった。たとえば、女性のシャワールームや更衣室をうろつくこともできる。盗みもごく簡単にできる。携帯電話に向かって大声で喋っているスーツ姿の不愉快な男たちを、脚を払ってつまずかせることもできる。

けれども、そんなさもしい誘惑には抵抗したかったので、自分に何かよいことができないか、考えようとした。しかし、こちらのほうは、どんな機会があるのかよくわからなかった。透明であることをよからぬほうに利用しようとする誘惑に、いつまで抵抗していられるだろう？　あっというまに弱さに負けて、裸の女性に興奮したり、お金を盗んだりしてしまうにちがいない。はたして、抵抗する強さが自分にあるのだろうか？

プラトン『国家』

ギュゲスの指輪は、道徳性を試すものとして捉えてしまいがちだ。つまり、周囲から見られないのを利用してどんな行動をとるかによって、その人のほんとうの道徳性がわかる、ということだ。しかし、大半の人が抵抗しがたい誘惑を前にして、どう行動するかで人を判断するのは、公平といえるだろうか？　自分にその指輪があればどうするかを正直に考えれば、残念ながらわたしたちは不道徳に染まりやすいことがわかるかもしれないが、だからといって実際に不道徳だというわけではない。

伝説上のこの指輪を想像することで、わたしたちは極悪人の心情を、あるいはその手下くらいの心情は知ることができる。たとえば、著名人のはしたない行動を、人はすぐに非難したがる。けれども、莫大な富を持つのがどういうことか、楽しみにふける機会が絶え間なくあり、ちょっとした気まぐれにいちいち迎合してくる取り巻きに囲まれるのがどういうことか、想像できるだろうか？　自分は、恥をかくようなことはしないと断言できるだろうか？

　今、自分がどのくらい道徳的かを知るには、一定期間、自由に使える指輪があればどうするかを考えてみるといいかもしれない。時間がたてば、誘惑に負けてこっそり覗き見してしまうかもしれない、と告白することと、真っ先にいちばん近いジムの更衣室に向かうはずだ、と思うこととは全然違う。真っ先に更衣室に行く人は、実際の覗き見常習犯とさほど差はなく、ただ怯えているか機会がないだけだ。

　こんなふうに、指輪を想像してみれば、自分が純粋に間違いだと信じていることと、単に慣習や評判や臆病さから行動に移さずにいるだけのこととの違いがはっきりする。見せかけの価値観を剝がせば、ひとりひとりが持つ道徳性の本質があらわになる。もしかしたら、あとに残るのは悲しいほど薄っぺらなものかもしれない。わたしたちは、おそらく見境なく人を殺したりはしないだろうが、憎らしい相手のひとりやふたりは無事ではいられないかもしれない。フェミニストの多くは、あまたの男たちが機に乗じてレイプするはずだ、と言うだろう。プロの盗人にはならないとしても、所有権は突如として万全でなくなるかもしれない。

　それは悲観しすぎだろうか？　指輪を手に入れたらほかの人たちがどう行動すると思うか、

そして自分自身はどう行動するか、誰かに尋ねてみれば、往々にして著しい対照があらわれる。ほかの人たちは節操のない人になってしまい、自分は潔癖なままだ。そんなふうに答えるとすれば、わたしたちは仲間を見くびっているのか、あるいは自分自身を買いかぶっているのだろうか？

【参照】34…わたしを責めないで　53…つかみどころのないわたし　66…模造画家　85…どこにもいない男

40 自然という芸術家

芸術と芸術でないものの境界線とは？

ダフネ・ストーンは、お気に入りの展示品をどうしたものか決めかねていた。この美術館の学芸員として、彼女はヘンリー・ムーアの無題の彫刻作品を、かねてから敬愛していたのだ。それはムーアの死後、発見されたものだった。見る者の感覚に訴えてくる輪郭《りんかく》と、幾何学的な均整美とが相まって、その作品には自然の持つ気高さがあらわれていた。

少なくとも、先週までストーンはそう思っていたのだが、実はこれがムーアの作品ではないとわかったのだ。さらに困ったことに、この作品は人の手で創られたのではなく、風と雨によって形づくられたものだった。ムーアはその石を購入し、手を加えようとしたものの、自然の作品をそれ以上よいものにはできないと判断したのだ。しかし、それが発見されたとき、誰もがムーアの彫ったものにちがいないと思った。

事実がわかってストーンは愕然とし、ただちにその作品を展示からはずした。けれども、その事実が判明したことで、石そのものが変わったわけではないし、彼女が魅かれていた特徴は何も損なわれていない。石の来歴がわかったからといって、なぜ石そのものに対する評価まで変わってしまうのだろう？

芸術作品をきちんと鑑賞するには、芸術家の意図を理解しなければならない、という考えかたは、一九五〇年代にW・K・ウィムサット［アメリカの文芸評論家］とM・C・ビアズリー［アメリカの美学者・哲学者］によって「意図の誤謬《ごびゅう》」と批判されて以来、すたれてしまった。新たに正統となったのは、芸術作品はいったん創られてしまえば、作者からは独立してそれ自体が命を持つ、という考えだ。作品に対する芸術家の意図には、特別な権威はない。

芸術家とその作品とのあいだに溝が生じたのは、それより何十年も前のことだ。芸術家はみずからの手で作品を創り上げなければならない、という考えは、一九一七年にデュシャンが便器にサインして作品として展示したとき、根本から揺らいだ。見出された物体や既製品が、モナリザと同じ地位を主張するようになったのだ。

こうしたいきさつを考えれば、ムーアがストーンの展示品を実際に彫っていなくても、たいした問題ではないように思える。が、やはり問題があるようにも思える。芸術家を作品から切り離すことはできるが、完全に除外することはできない。

モナリザはどうだろう。わたしたちがモナリザの絵に魅かれるのは、レオナルド・ダ・ヴィンチがその絵を描きながら何を考えていたかを知っているからではないにせよ、ひとりの人間が描いたものだと知っているからではあるだろう。デュシャンの便器でさえ、芸術作品として創られたのではないと知ってはいるが、デュシャンがそれを選び、芸術の文脈に置いたからこそ、わたしたちはそれを芸術として見る。どちらのケースも、人間が果たす役割は不可欠だ。だから、ストーンにとって、ムーアが実際に石を彫ったかどうかで違いが生じるのは無理もないことだ。ストーンが見ているものは変わらないが、その見かたは変わってくる。

となると、この石は芸術でないものに格下げされるのだろうか？　当然ながら、石に対する鑑賞のしかたは、きわめて限定される。というのも、わたしたちは、その彫刻技術に感心する

New
ERA

ことはできないし、その作品が作家のほかの作品とよく調和しているとか、それが彫刻の歴史に寄与した、などといって感心することもできないからだ。それでも、調和や色彩や均整美といった外観の特質を鑑賞することはできるし、感覚に訴えてくるものを味わうこともできる。

おそらく問題は、芸術にはさまざまな側面があって、ストーンの石は、芸術の持つわかりやすい特徴を多くは備えていなかった、というだけのことだろう。けれども、もしいくつかは備えていて、それが芸術のもっとも大切な特徴だったなら、問題は何もないのではないか？

このことを受け容れれば、わたしたちはデュシャンよりもう一歩先へ進める。最初、芸術は芸術家によって創られた。次は、デュシャンのように、芸術家が芸術だと宣言しさえすれば、それが芸術になった。最後には、芸術とみなされるものはなんでも芸術になった。しかし、もし芸術がほんとうに見る人の目次第だとしたら、芸術という概念自体が、ひどく薄っぺらで無意味なものになってしまうのではないか？　調味料棚を芸術作品だとわたしが決めれば、それが芸術になるわけではないだろう。芸術が何かを意味するのであれば、芸術と芸術でないものを、もっと厳密に区別する方法が必要になるのではないだろうか？

【参照】8…海辺のピカソ　19…邪悪な天才　66…模造画家　86…芸術のための芸術

41 青を獲得する

経験なしに何かを学習できるか？

一生涯、アパートと商店と会社から成る空間だけで暮らし、屋外といっさい接触できないと想像してほしい。巨大な宇宙ステーション〈泥〉と〈海〉での暮らしは、その縮図といってよかった。

その宇宙ステーションの設計者は、意匠にいくつか工夫をこらし、わたしたちが何かを学ぶとき、経験にどれくらい依存しているのかを調べようとした。〈泥〉では、ステーション内部に水色のものがいっさいないようにした。〈海〉では、青色のものがいっさいないようにした。居住者も、青い目を生む遺伝子を持っていない人が選ばれた。なんであれ青いもの（たとえば静脈）は絶対見ないようにするため、ステーション内の照明は青色を反射せず、実際、静脈は黒く見えた。

それぞれのステーションで生まれた人たちには、一八歳になると検査を受けさせる。〈泥〉では、青系のあらゆる色が揃った見本帳を見せるのだが、そこには水色だけが欠けている。そして、欠けた色がどんな色かを想像させる。それから、水色の見本を

見せ、想像した色と同じかどうか確認する。
〈海〉の一八歳たちには、黄色に何色を足せば緑色になるか、未知の色を想像させる。そして、青色の見本を見せて、それが想像した色と同じかどうか確認する。その結果は、おもしろいものになるはずだが……。

デイヴィッド・ヒューム『人間知性研究――付・人間本性論摘要』

何かを学習する際、経験はどれくらい重要なのだろう？　この問題は、思想の歴史を通してつねに考えられてきた。古代ギリシャのプラトンは、わたしたちが学ぶことはすべて、ある意味ですでに知っていることだと考えたし、現代ではノーム・チョムスキーをはじめとする学者たちが、言語学習に必要な文法は、後天的に学習するものではなく、生まれ持ったものだと考えている。一方で、一七世紀の哲学者ジョン・ロックによれば、人は「何も書かれていない石板」の心を持って生まれてくる。その考えを三〇〇年後、行動主義心理学者B・F・スキナーがさらに進展させた。

少なくともある程度は、わたしたちが経験を超えて着想できるのはたしかだ。すでに経験したことしか想像できないとしたら、レオナルド・ダ・ヴィンチはヘリコプターを考案できなかっただろう。とはいえ、そうしたケースでも、新しいものはすでに知られているものとの組み合わせによって創りだされる。ひとつひとつの要素をどう組み合わせるかで、斬新さが生まれるのだ。経験をいっさい離れて何かを想像するのはまず無理だろう。

たとえば、わたしたちには五感がある。よその惑星の生き物が、わたしたちには想像もできないような、まったく異なる感覚を持っている可能性はないだろうか？　あるいは、人間の可視スペクトルでは捉えられないため、わたしたちがどんなに頑張っても思い浮かべられないような色を、人間以外の生物が見ていることはないだろうか？

宇宙ステーション〈泥〉と〈海〉での経験は、こうした疑問にいくらか光を当ててくれるかもしれない。〈泥〉の居住者たちが、欠けた水色を想像できると言ったのは、スコットランド人哲学者デイヴィッド・ヒュームで、大半の人はその考えに賛成するだろう。これは、あらゆる知識は経験に依存する、という規則の例外だとヒュームは考えた。ただし、これもまた、実在する野獣を組み合わせて想像上の怪物を創るのと同じように、経験の組み合わせから新しい観念ができあがるひとつの例だといえる。

けれども、〈海〉の居住者が、青系の色をいっさい見たこともないまま青を想像するのは難しいように思える。わたしたちが子どものころ、緑は黄色と青を混ぜ合わせてできると知ったときの驚きを思い出してほしい。黄色に何色を足せば緑色になるかを、想像だけで答えられるとは考えがたい。この検査の結果はおそらく、学習には経験が中心的な役割を果たすことを裏づけるものになるだろう。

たとえ、〈海〉で生まれた人たちが青色を想像できるとしても、まだひとつ疑問が残る。青を想像できるのは、彼らが人間として青に対する感受性を生まれつき持っていたからなのか、それとも、どんな色でも想像できるからなのか？　わたしたちは、可視スペクトルの範囲内でしか色を想像できないのだから、前者の答えこそが正しいだろう。だとしたら、わたしたちはもともと、経験できることに多くの限界があるのと同じように、想像や知識にも限界があるように思える。

［参照］13…赤を見る　58…コウモリであること　73…目が見ているもの　90…正体がわからないもの

42 金を取って逃げろ

自由意志は未来を変えられるか？

「さあ、華麗なるマルコが、驚くべき予知能力をみなさまに披露いたします！　そこのあなた、お名前は？」

「フランク」ショーの興行師に、フランクが答えた。

「フランク、わたしにはあなたの未来がわかるのです！　株価をはじめ、あらゆる未来が予測できる！　だからこそ、わたしの能力をお見せするこの場で、あなたに差し上げるべきお金を用意できたのです！　さて、あちらに箱がふたつあります！　ごらんのとおり、ひとつは開いていています。中にあるのは一〇〇〇ポンド。もうひとつの箱は閉まっている。中には一〇〇万ポンドが入っているか、あるいはまったく何も入っていないかです！　あなたは箱のどちらかひとつだけを取ってもいいし、両方を取ってもいい。でも、気をつけて！　わたしは、あなたがどういう選びかたをするか、あらかじめ知っているのです。もし、閉じた箱だけを選ぶなら、そこには一〇〇万ポンド入っています。もし両方とも選ぶなら、その中は空《から》っぽでしょう。そして、もしわたしの予測が間違っていたら、みなさんにお目にかけるこちらの一〇〇万ポンドを、どなたかに差し上げます！」

取りだしたスーツケースをマルコが開くと、そこには五〇ポンド紙幣がぎっしり詰まっていて、観客はみな息をのんだ。

「さて、みなさん。わたしはこの奇跡を一〇〇回も行なってきましたが、これまで間

違ったことはないし、それは立会人も証明してくれています。見ればおわかりのように、閉じた箱はわたしから一〇メートル離れているので、その中身を今から変えることはできません。さあ、フランク、どう選びますか？」

ロバート・ノージックの "Newcomb's Problem and Two Principles of Choice" で広く知られるようになった。「ニューカムのパラドックス」はウイリアム・ニューカムが考案し、"*Essays in Honour of Carl G.Hempel*" (edited by Nicholas Rescher, Humanities Press, 1970) 所収。

フランクはどういう選択をするだろう？　つねに正しい予測をするというマルコの言葉以上の情報を、フランクが持っていると考えてみよう。そもそもフランクが観衆の中にいた理由は、マルコが言っていた立会人の証言をはじめ、信頼できる情報源からマルコの業績を聞いたからかもしれない。その場合、閉じた箱だけをフランクが選ぶべきなのはあきらかに思える。そうすれば、一〇〇〇ポンドではなく、一〇〇万ポンドが手に入るのだ。

しかし、ちょっと待ってほしい。閉じたほうの箱に近づきながら、フランクはあることを思いついた。その箱は一〇〇万ポンドが入っているか、何も入っていないかだ。何をしてもその事実は変えようがない。だから、もしそこに金が入っているなら、開いたほうの箱を一緒に取っても、その金が消えるはずはない。同じように、もし何も入っていないなら、開いた箱を取らなくても、一〇〇万ポンドが魔法のように現れることはない。どういう選択をしても、閉じた箱の中身は変えられない。それなら、開いた箱を取っても取らなくても、閉じた箱の中の金額は同じままだろう。したがって、結果として額は減らないのだから、両方を取ったほうがいいことになる。

これが、物理学者ウイリアム・ニューカムが初めて考えだした、「ニューカムのパラドックス」だ。ふたとおりの推論があり、どちらも欠陥がないように見えるため、矛盾した結論が出てしまう。ひとつは、閉じた箱だけ取るべきだという結論。もうひとつは、両方取るほうがいいという結論。ということは、ふたつの主張のうちどちらかに誤りがあるか、または問題そのものに無理や矛盾があるために、解決できないのだ。

その矛盾とはいったいなんだろう？　問題が生じるのは、マルコが一〇〇パーセント正確に未来を予測できると考えてしまうからにすぎない。その考えがパラドックスを生むという事実を考慮すれば、それが間違っているはずだとわかるのではないか？　人間の自由意志と選択が関わるときに、それほど正確に未来を予測するのはおそらく不可能だろう。

そう考えるのはたやすいが、必ずしも賢い方法ではない。なぜなら、もしマルコが未来を予測できるのなら、人がどのように推論するかも予測できるはずだからだ。もしかしたら、問題は、それを考慮に入れて分析していないことかもしれない。閉じた箱をマルコが空のままにしておくかどうかは、フランクの推論をどう予測するかによる。もし、両方の箱を取っても何も失わないというのがフランクの推論だと予測するなら、マルコは箱を空にしておくはずだ。閉じた箱だけを取るべきだというのがフランクの推論だと予測するなら、一〇〇万ポンドを入れておくはずだ。言いかえれば、もし、未来を予測できるとしたら、人間の自由意志はそれを変えることはできない。なぜなら、どういう選択をするかも、予測される内容に含まれるからだ。わたしたちは自由かもしれないし、それでも、行く先にはひとつの未来しか、原則として、前もって知りうるひとつの未来しかないのかもしれない。

【参照】26…ビュリダンのロバ　38…検査員の訪問　60…幸運のルーレット　74…亀の徒競走

43 きたるべき衝撃

過去の約束はどこまで守るべきか？

「やあ、ドルー！　大学のときから二〇年ぶりだな！　おいおい、ドルー、銃なんか持ってなんの真似だ？」

「お前を殺しにきた」ドルーが言った。「お前に頼まれたとおりに」

「いったいなんのことだ？」

「憶えてないのか？　何度もおれに言ったじゃないか。『もし僕が共和党に投票するようなことがあれば、撃ち殺してくれ』とね。新聞によると、お前は共和党の上院議員になったそうだな。だから、お前は死ぬのさ」

「ドルー、気でも狂ったのか！　それは二〇年前のことだぞ！　僕は若かったし、理想主義者だった。いつまでも昔のままじゃないさ！」

「あのときの言葉は、軽々しいものじゃなかったよ、議員さん。きちんと約束したお前の署名と立会人の署名が、ほら、この紙にある。そんな約束を本気にするなと言うのなら、思い出してもらいたいんだが、お前は最近、生前遺言の法案に賛成票を投じていただろう。自分自身にもその生前遺言があったのさ。さあ、答えてくれ。もし将来、自分が痴呆症や、回復の見こみがない植物状態になったら殺してほしいという遺志がかなえられるべきだと思うなら、共和党員になったら殺してほしいという昔のお前の願いも、かなえられるべきじゃないのか？」

「それにはきちんと答えるから！」冷や汗を浮かべながら、上院議員は叫んだ。「ちょっとだけ待ってくれ！」

ドルーは銃の打ちがねを起こして、狙いを定めた。「早くしたほうがいいぞ」

ドルーの質問に対して、上院議員が返すべき答えはある。しかし、それを見てみる前に、基本的な問題を考えなければならない。将来の自分自身の利益を見越して、拘束力のある決断をする権利がなぜ与えられるのか、ということだ。その答えはこうなる。わたしたちは、当然ながら、自分自身のために決断できるのだから、そこに将来の自分を含んでいけない理由はない。実際、わたしたちはふだんからそういう決断をしている。死ぬまで関わることになるであろう二五年ローンや年金制度に申しこんだり、あるいは、二年間だけの労働契約を結んだりする。

ただし、約束を果たす義務があるのと同時に、環境や信念の変化に応じて気持ちを変える権利もなければならない。たとえば、「もし〜したら殺してくれ」などと言う人は、特に若い時分には多くいる。比喩として口にされることがほとんどだが、ごくまじめに語られることも多いし、それに、成人に達していれば、自分の将来に関して決断できる大人の言葉とみなされる。とはいえ、そうした誓いをいつまでも守らせるのはばかげている。

けれども、共和党には投票しないと誓い、二〇年後にそれを破った人を、殺しはしないまでも、何かしら罰するのはばかげていて、結婚の誓いを二〇年後まで守らせるのが妥当なのはなぜだろう？　そこには、重要な違いがある。結婚の誓いは、ローンの契約と同じように、第三者に対する責任や関わりを伴う。約束を破れば誰かが苦しむことになる。しかし、政治や宗教に関することで気持ちを変えても、ふつうは、誰かとの約束を破ることにはならない。

ただし、気持ちを変えるのは仕方がないと思うなら、それ以外の、ずっと昔の約束も絶対的なものではないとみなさなければならない。要するに、人は変わるということだ。きわめて現実的な意味で、わたしたちは昔の自分と同じ人間ではない。だから、将来の自分自身のために約束をするとき、ある程度は、今の自分と違う人間と約束をすることになる。だから、約束は道徳的に拘束力があるとみなしてはいけない。

それが、生前遺言の問題にどう関わるのだろう？　大事な違いは、生前遺言の書類は、将来の自分に決断能力がなくなる不測の事態に備えて用意する、ということだ。そういう状況では、決断するのにもっともふさわしい人物は、今ここにいる他人ではなく、過去の自分だろう。それこそ、上院議員が返すべき答えだ。その答えを聞いて、ドルーが銃の安全装置をもとに戻すかどうかは、また別の問題だ。

【参照】28…義務を果たす　44…死がふたりを分かつまで　65…魂の力　97…道徳的な運

44 死がふたりを分かつまで

互いが利益を得るにはどうすればいいか？

ハリーとソフィーは、指輪を交換したときの牧師の言葉を真摯に受けとめたかった。「ここに、ふたりの人生が重なり、壊れることのないひとつの円になりました」。それはつまり、共同の利益を第一にし、個人の利益を第二にする、という意味だ。もしそうできれば、結婚はふたりにとって、よりよいものになるはずだ。

けれども、ハリーは自分の両親が離婚し、多くの友人や親戚が、相手に裏切られたり騙されたりして傷つくのを見てきたので、牧師の言葉を疑いもなく受け容れることはできなかった。頭の中で打算的な考えが働きだす。もし自分が、自分自身のことを第二にして、ソフィーが自分自身のことを第一にしたら、ソフィーは結婚から多くを得るだろうが、自分はそうはいかない。要するに、自分の利益を守らないお人好しは、ばかをみることになる。

ソフィーも同じように考えていた。ふたりはそのことについて話し合い、結婚生活では決して利己的にならないようにしよう、と合意していた。それでも、お互いに相

手がどこまで約束を守るか確信が持てなかったので、安全策としてひそかに自分自身を優先させた。そうなると、当然ながら、結婚生活は思っていたほどよいものではなくなる。でも、やはりそうするのが唯一、合理的な行動なのではないだろうか？

何かが正しくないように思える。ふたりの人間が、自分たちにとって何がいちばんの利益かを合理的に決めようとしている。もし、ふたりともしかるべき行動をとれば、必ずや、どちらにとっても最良の結果がもたらされる。ところが、もしひとりが違う行動をとれば、本人は得をし、相手は損をする。だから、ふたりとも自分が損をしないよう、双方にとって最良になるはずの行動をとらず、そのためどちらも、本来得られたよりも悪い結果を招いてしまう。

これは、自白を迫られたふたりの囚人が、それぞれどう申し開きをすれば最大の利益を得られるか、というよく知られた例にちなんで「囚人のジレンマ」〔「自白すればお前だけを釈放する」と言われた囚人が、それぞれ相手を信頼できず、自身の状況をよくしたい誘惑にかられる。この場合、ふたりとも自白しなければ最大の利益を得られる」と名づけられた問題だ。囚人のジレンマは、最良の結果を出すため互いの協力が必要なときに、どちらも相手が協力するかどうか確信できない場合に起きる。囚人の例では、ふたりの囚人は別々の監房に入れられるため、やりとりすることができない。しかし、同じ問題は、ベッドをともにするふたりのあいだでも起こりうる。事実、人はパートナーの信頼を何年間もこっそり裏切りつづけることがたしかにあるのだ。

このジレンマからわかるのは、自己利益を合理的に追求するには限界がある、ということだ。もし、わたしたちひとりひとりが、自分にとって最良のことをしようとすると、協力してことに当たったときより、みなが悪い結果に行きつく。しかし、効果的に協力するためには、たとえ動機は利己的であれ、互いを信頼しなければならない。そして、信頼というのは、合理的な論点にもとづくものではない。

だからこそ、ハリーとソフィーのジレンマは切実なのだ。ふたりは、裏切りや離婚を見てきたせいで、互いを信頼する能力を失ってしまった。ところが、この信頼がないと、ふたりの関係は満足できないものになったり、壊れたりする。それでも、互いを疑ってしまうこのふたりを、誰が責められるだろう？　完全に合理的な行動ではないか？　結局のところ、現代の結婚生活では、たいがいの人が実際はこんなふうに行動しているとみなしていいだろう。

この思考実験に、もっと普遍的な道徳を読みとるとしたら、それは、たとえ損をする不合理性をある程度伴うとしても、信頼というのは、人生から最大の利益を得るために必要なものだ、ということだろう。相手を信頼すれば新たな道が開けるが、信頼しなければ人生で最良のものを得る可能性が閉ざされてしまう。ハリーとソフィーは、合理的で安全なやりかたによって、結婚生活がもたらす最悪の事態から自分を守ることはできるが、最良のことからもまた切り離されてしまうのだ。

【参照】3…好都合な銀行のエラー　7…勝者なしの場合　11…わたしがするようにでなく、言うようにせよ　29…ただ乗り

45 目に見えない庭師

神は存在するのだろうか？

スタンレーとリヴィングストンは、絵のように美しい森の花畑を、にわか造りの隠れ家から、この二週間こっそり観察してきた。

「やっぱり、誰もいなかったじゃないか」スタンレーが言った。「それでも、樹も花も枯れていない。そろそろ、間違いだったと認めろよ。ここには、手入れしてる庭師なんかいやしないってな」

「いいかい、スタンレー」リヴィングストンが答えた。「目には見えない庭師がいるにちがいないって言っただろう」

「でも、その庭師は少しの音もたてないし、葉っぱ一枚揺らすこともないんだぞ。おれは、庭師なんかいないと思うね」

「目に見えない庭師はというのはな」リヴィングストンが続けた。「静かで、触れることもできないんだ」

スタンレーが苛々して言った。「ばかな！　静かで目に見えなくて、触れることもできない庭師と、誰もいないのと、いったい何が違うっていうんだ？」

「簡単だよ」穏やかな声でリヴィングストンが答えた。「一方は庭の手入れをする。もう一方は何もしない」

「それなら、リヴィングストン博士さんよ」スタンレーはため息をついた。「その庭師を、音もせず匂いもせず目にも見えず、触《さわ》れもしない天国へ、今すぐおれが送り届けても異論はあるまいな」。殺意のこもったスタンレーの目つきからすると、その言葉はまんざら冗談でもなさそうだった。

Theology and Falsification by Antony Flew, republished in *New Essays in Philosophical Theology*, edited by A.Flew and A.MacIntyre (SCM Press, 1955)

この思考実験に説得力があるかどうかは、読む人がスタンレーとともに、リヴィングストンを不合理な愚か者とみなすかどうかによる。リヴィングストンは、なんの証拠もない説に固執している。さらに悪いことに、庭師の存在を信じるために、消えてなくなりそうなほど薄っぺらな存在を作りだしてしまった。そういう薄っぺらなものを全部取り除けば、あとには、目に見えて触れられる何かが残るのだろうか？　もちろん、スタンレーも、庭造りの得意な幽霊が存在しないと証明できるわけではないが、それほど曖昧な存在をなんのために信じつづけるのかと訊くことはできるはずだ。

これは、神にも当てはまる。森の花畑の美しさに、リヴィングストンが庭師の手を見ているのと同じように、信仰深い人たちの多くが、自然の美しさに神の手を見ている。おそらく、驚くほど複雑なこの世界を初めて目にしたときには、全能で慈悲深い創造主の存在を思い描いても無理はない。けれども、スタンレーとリヴィングストンのように、わたしたちはすでに第一印象を超えて生きている。世界を観察しつづけていれば、この神に命を与えている特質は、ひとつひとつ剝ぎ取られていくように思える。

まず、この世界は物理法則にもとづいてみずから動いている。雨を降らせたり太陽を毎日昇らせたりするのに、神は必要ない。しかし、リヴィングストン派の信者は、青い紙を燃やして宇宙を創始させたのは、神だという。

けれども、わたしたちは自然がやさしくもないし親切でもないことを知っている。この世界には、ひどい苦しみや正真正銘の悪が存在する。善なる神は今どこにいるのか？　信仰者はこう主張する。神はすべてをできるかぎり善くお創りになったのに、人間の罪がそれを乱しているのだ、と。

それでも、罪のない者までが苦しみ、助けを求めて叫んでも、神は答えてくれないではないか。ああ、それは、と信仰者は答える――その間にも、彼らの神は奥へ奥へと退いていく――その苦しみによって善きことがもたらされるのは、この世ではなく来世なのだ。

では、わたしたちのもとに残るのはなんなのか？　それは、いっさいの痕跡を残さず、なんの音もたてず、宇宙の進歩に少しも干渉しないような神だ。わずかな奇蹟がそこここであったといわれるが、信心深い人たちでさえ、それを本気で信じてはいない。そのほかには、神は存在しない。自然の中に、神の手はもちろん、その指すら見ることはできない。

それなら、この神と、まったく神がいないのとどう違うのだろう？　神が存在すると言い張るのは、リヴィングストンとスタンレーが見つけた花畑を庭師が手入れしていると言い張るのと、同じくらいばかげているのではないか？　もし、神が言葉や希望を超えたものだとしたら、この世界に存在するというなんらかのしるしが必要ではないだろうか？

［参照］14…氷の話　25…丸を四角にする　78…神に賭ける　87…モッツァレラチーズでできた月

46 ふたりのデレク

人の継続性には何が必要だろう？

マスコミは彼に〝虫男〟という呼び名をつけたが、友人たちは彼がデレクだと知っていた。科学者たちはデレクのＤＮＡを操作して、芋虫や毛虫の持つすばらしい特徴、つまり失った組織を再生する能力を埋めこんでいた。そして、これがうまくいった。試しに片方の手を切り落としてみると、ひと月もしないうちに新しい手が生えてきた。

やがて、このやりかたがだめになった。身体がだんだん衰弱してきたのだ。デレクの命を救うため、科学者たちは新しい身体に脳を移植せざるをえなくなった。ところが、手術中に大きなミスが生じて、脳がふたつに分かれてしまった。

さいわい、半分に分かれた脳のどちらも完全に再生したので、ふたつの新しい身体にうまく移植することができた。唯一の問題は、脳を片方ずつ移植されたふたりのど

ちらも、自分がデレクだと信じていることだった。そのうえ、ふたりともデレクの記憶や知能や人格を持っている。そのせいで、デレクの友人はふたりを見わけることができなかった。さらに、デレクの財産をめぐって、ふたりのあいだで法律上の争いまで起きた。それにしても、どちらが本物のデレクなのだろう？　ふたりともデレクだということは、ありえないはずではないか？

デレク・パーフィット『理由と人格――非人格性の倫理へ』

優秀な探偵にならって、何が起きたのか説明を試みる前に、いくつかの事実をあきらかにしておこう。もともとはデレクというひとりの人間がいたが、今はふたりになった。もとの右脳と左脳に合わせて、それぞれを右デレクと左デレクと呼ぼう。もしどちらかがデレクなら、いったいそれはどちらなのか？

身体がふたつに分かれて、今はもうひとりではなくふたりなのだから、両方ともがデレクだということはありえない。たとえば、仮に右デレクが死んで、左デレクがまだ生きていたら、はたしてデレクは死んだのか生きているのか？　ひとりの人間が死んでいてしかも生きていることはありえないので、右デレクと左デレクの両方がデレクだということはないはずだ。

おそらく、右デレクも左デレクもデレクではない。けれども、それは妙な気がする。たとえば、もし手術中に左脳が損傷を受け、右脳だけが完全に再生していたら、わたしたちは右デレクがデレクだときっと言うだろう。それなのに、もし、左脳も再生していたら、いずれの状況でも右デレクは何も変わらないのに、突如として、右デレクがデレクでなくなるのだ。右デレクの外側にあるなんらかの違いによって、右デレクがデレクでなくなるというのか？

唯一、残る可能性は、右デレクか左デレクのどちらか、そしてどちらかひとりだけをデレクとすることだ。しかし、両方が同じように同一性を主張しているのに、なぜどちらかひとりに決めなければならないのだろう？　何をもって同一とするかは、恣意《しい》的に決められるものではない。だから、三つの可能性――両方、どちらかひとり、どちらでもない――は、どれも間違っているように思える。とはいえ、ほかに選択肢はないのだから、そのうちどれかは正しいはずだ。

ある質問に対して、可能な答えのいずれも適切でない場合は、おそらく質問が間違っている。自分の妻を殴ってもいない人に「奥さんを殴るのをやめたのはいつか？」と訊くようなものだ。

〝虫男〟の場合、時間を通しての同一性を一対一の関係で考えているが、問題となっていることがらは、時間を通しての一対多の関係なのだ。これでは、同一性の論理が適切とはいえない。取り上げるべきは、むしろ連続性や継続性だろう。だから、右デレクも左デレクもデレクとして継続している人物ではあるのだが、どちらかだとすればどちらがデレクなのかと尋ねるべきではない。
そうなると、おそらく尋ねるべきは、デレクが試練を生き、の、び、た、かどうかだ。どうやらうまくいったように思える。もしそうなら、デレクは同一性とは関わりなく、ひとりの人間として生きのびたようにみえる。もちろん、ふつうはデレクのように自己が分割したりはしない。それでも、この話から得るものはあるだろう。わたしたちが生きのびるのに必要なのは、時間を通して同一性が維持されることではなく、現在の自分と将来の自分とのあいだに正しい継続性があることなのだ。すると、自分は何を継続させたいかという問題になる。身体か？　脳か？　内的生活か？　霊魂か？

【参照】12…テセウスの船　31…記憶は作られる　37…わたしは脳である　92…火星への旅

47 ウサギだ！

言葉の意味はどのように決まるのか？

ラパン教授と助手は、それまで知られていなかった言語の辞書を作ることになり、期待をつのらせていた。絶滅したとみられていたレポリダーエという種族を最近になって発見し、今日、その種族が使う言葉の意味を記録しはじめるところなのだ。

最初に意味を決められそうなのは、「ガヴァガイ」という言葉だった。この言葉は、ウサギが現れたときにいつも使われていたので、ラパン教授は「ガヴァガイ＝ウサギ」と書きとめようとした。しかし、助手がそれをさえぎった。もしかしたら、「ガヴァガイ」という言葉は、別の意味かもしれないではないか。たとえば、「ばらばらにされていないウサギの一部分」かもしれないし、「見て！　ウサギだ！」という意味かもしれない。あるいは、レポリダーエという種族は、動物が時間や空間を超えた四次元に生きていると考えていて、「ガヴァガイ」は、観察した瞬間に現れているウサギの部分だけを意味するのかもしれない。あるいは、「ガヴァガイ」は、これまでに見つけたウサギだけを指していて、まだ見つけていないウサギには別の名前がある

のかもしれない。

こうした可能性は荒唐無稽に思えるかもしれないが、ラパン教授はそのどれもが、それまでの観察に当てはまると認めざるをえなかった。しかし、いったいどれが正しいのか、どうすればわかるのだろう？　もっと観察を続けることもできるが、あらゆる可能性を除外するためには、その種族についてほぼすべてを知らなければならない。どんな生活を送り、「ガヴァガイ」以外にどんな言葉を使っているのか。でも、そんなことをしていたら、辞書を作りはじめることすらできないではないか。

W・V・O・クワイン『ことばと対象』大出晁・宮館恵訳／勁草書房／一九八四年

ふたつ以上の言葉を話す人なら、ある言語から別の言語へ簡単には翻訳できない言葉があることを、よく知っているだろう。たとえば、スペイン人は街なかやパーティーでの「marcha［お祭り騒ぎ］」を話題にする。この言葉はアイルランド語では「craic［楽しいとき］」という単語に近いが、まったく同じではないし、そっくりそのまま英語に翻訳するのも難しい。意味がいちばん近いのは「buzz［にぎやかさ］」や「good time feel［楽しく過ごすこと］」だが、それでも、「marcha」や「craic」がどういう意味か知りたければ、その単語の属する言語や文化の懐《ふところ》深くまで入りこむ必要がある。

同じように、英語の動詞「to be［～は～です］」をスペイン語のひとつの単語に翻訳することはできない。スペイン語では「ser」と「estar」のふたつがあり、どちらを使うかは、「be［「～です」の「～」の中身］」によって決まり、英語の語法とは違うからだ。さらに、スペイン語の「esposas」は英語では「wives［妻たち］」だとわかっただけでは、その単語を自在に使えることにはならない。この単語には、「handcuffs［手錠］」という意味もあって、スペイン人男性が伝統的に男らしさの象徴として、妻を自分に縛りつけておきたがる、という事情を知っている必要がある。

「ガヴァガイ」の話が示しているのは、「marcha」や「craic」、「ser」や「esposas」と同じように、あらゆる単語の意味は、文化的な慣習やその言語のほかの単語と密接に結びついているということだ。ひとつの単語を別の言語に翻訳するとき、こうした肝心な文脈がつねにこぼれ落ちてしまう。たいがいの場合、わたしたちはそれでなんとかやれている。というのも、その単語を話す人の共同体で使われているのに近い意味で、わたしたちも単語の意味や機能を使うことができるからだ。だから、ラパン教授が「ガヴァガイ」を「ウサギ」だと考えたとしても、そのふたつに微妙な違いはあるにせよ、おそらくうまくいく。とはいえ、「ガヴァガイ」のほんとうの意味を知るためには、母国語の概念や慣習ではなく、それが使われている言語や共同体に焦点を当てる必要があるのだ。

なぜそれが重要なのだろう？　わたしたちは、ともするとこんなふうに考えがちだ。ひとつひとつの単語は、何かの概念や対象に結びつくラベルのような働きをしており、それによって、母国語の異なる人たちが同じことについて話し合い、同じ概念を共有できるのだ、と。これはまさに、わたしたちが異なる言葉を使って行なっていることだ。この場合、単語はその意味や指し示すことがらと一対一で対応している。

しかし、「ガヴァガイ」の思考実験をまじめに受け取るなら、その考えを根本から変えなければならない。ひとつひとつの単語は、ことがらや概念と一対一で対応しているわけではない。むしろ、相互に関係し合い、使う人たちの慣習に応じて決まる。意味というのは全体的なものであって、ひとつの単語をそれだけできちんと理解することはできない。

そのことを受け容れると、いくつか妙な結論が導かれる。たとえば、ある命題が真だというのはどういう意味だろう？　「マットの上にウサギがいる」という文は、マットの上にウサギがいさえすれば真だとわたしたちは考えがちだ。真理というのは、ひとつの文と事物の状態とが一致しているときだが、もし文の意味が、属する言語や文化によって決まるとしたら、このシンプルな関係は成り立たなくなる。文と事実とがシンプルに一致しているのではなく、文と事実と、さまざまな単語と文化とが複雑に絡み合った関係が存在するということだ。

となると、真実は言語や文化に対して相対的なのだろうか？　その結論に飛びつくのは性急すぎるだろうが、意味の全体性というスタート地点から、ゆっくりとそこへ近づいていってもいいかもしれない。

【参照】20…幻想を破る　23…箱の中のカブトムシ　85…どこにもいない男　89…水はどこでも水なのか

48 合理性の要求

理性はいつでも正しいのだろうか？

ソフィア・マキシマスは、自分がつねに合理的であることを誇りにしていた。理性の命令にそむく行ないを故意にすることは絶対にない。もちろん、行動を起こすおおもとの動機には、たとえば、恋愛とか嗜好《しこう》とか性格のように、合理的でないものもあるのはわかっている。けれども、合理的でないことは、不合理であることと同じではない。イチゴのほうがラズベリーより好きだというのは、合理的でも不合理でもない。

しかし、その好みを考慮すると、イチゴが同じくらい安いときにラズベリーを買うの

は不合理だ。

しかし、ソフィアは今まさに苦境に立っている。とても頭のよい友人に説得され、爆弾を爆発させて、罪のない多くの人たちを殺そうとしているのだ。しかも、誰かの命を救うためなどという、あきらかな利益もなく。友人の論拠はどこか間違っているはずだと、たしかに感じる。けれども、合理的にそれを言い当てられない。なお悪いことに、その論理によれば、爆弾をできるだけ早く爆発させる必要があるため、長く考えていられないのだ。

合理的な議論を拒んで感覚や勘に頼るのは間違いだと、これまでずっと考えてきた。それでも、この場合、理性に従えば、ひどく間違ったことをするだろうと感じざるをえない。より合理的でない道をあえて進むべきか、それとも、感覚より理性を信じて爆弾を爆発させるべきだろうか?

この話には筋書きがくわしく描かれていないため、思考実験としては成り立たないのではないかと思われるかもしれない。罪のない人たちを爆殺するのがよいことだという結論に至るのが、いったいどんな合理的主張なのか、書かれていないのだ。しかし、その曖昧さはたいして問題ではない。わたしたちはこれまでの経験から、人々が合理的な主張をかたく信じて、ひどい行ないをしてきたことを知っている。たとえば、スターリンのロシアや毛沢東の中国では、友人を告発するのが最良のことと教えこまれていた。広島と長崎への原爆投下に異議を唱える人でも、原爆を落とす決断を下した人間は、大部分が、やむにやまれぬ理由によってそうしたのだと受け容れるだろう。

ただし、それぞれのケースに組みこまれた合理的主張には欠陥があるのではないか、という反論が出るだろう。ソフィアを悩ませている論理を知ることができれば、そこには何かしら誤りがあるのを指摘できるはずだ。しかし、ならば誤りがあるのをその時点で推理していることになる。理性がつねに正しさを要求すると信じていると、見た目とは逆に、爆発させるのは正しいことであり、論理は間違っていないことになるかもしれない。この論理が間違っているはずだと思うのは、すでにして理性の指図よりも直観的信念を優先させているのだ。

いずれにせよ、合理性がいつでも善に結びつくという楽観主義は見当違いだ。精神病者が抱える問題は、理性の欠如ではなく感情の欠如だという。一八世紀のスコットランド人哲学者デイヴィッド・ヒュームなら同意してくれるはずだ。ヒュームはこう言っている。「理性は情熱の奴隷であり、またそうでなくてはならない」。もし、理性が感情と切り離されてしまえば、つねに善につながるとはいえなくなる。

たとえ、この見かたが悲観的すぎるとしても、そして悪事を働くことが決して合理的ではないにしても、なお残る問題は、わたしたちが完全に合理的かどうか確信できないことだ。スターリン主義や毛沢東主義に理があると考えた人たちにとっては、その論理のどこにも欠陥はないように思えたのだ。ソフィアは優秀だが、はたして自分がほんとうに理性の要求に従って爆弾を仕掛けようとしているのか、あるいはただ、その議論の欠陥を見つけられないだけなのか、どうすればわかるのだろう？　理性の卓越性を信じることと、その卓越した理性の求めるものを、人間の能力がつねに認識できると信じることとは違うのではないか。

［参照］7…勝者なしの場合　44…死がふたりを分かつまで　83…黄金律　91…誰も傷つかない

49　部分を寄せ集めたときの落とし穴

心はひとつの対象物なのだろうか？

バーバラとウォーリーはオックスフォード駅でタクシーに飛び乗った。「わたしたち、急いでるの」バーバラが言った。「たった今ロンドン見物が終わって、午後からはストラトフォード・アポン・エイヴォンへ行くのよ。だから、オックスフォード大学をざっと見せてもらって、また駅まで戻ってもらえないかしら」

タクシーの運転手はにんまりほくそ笑み、メーターを倒しながら、これは稼ぎが大きいぞと踏んだ。

運転手はふたりを乗せて街じゅうを走った。アシュモレアン博物館とピット・リヴァース博物館を見せ、植物園、自然史博物館、科学史博物館も見せた。さらに、有名なボードリアン図書館だけでなく、あまり知られていないラドクリフ図書館やテーラー図書館、サックラー図書館にもまわった。それから三九あるカレッジすべてと、七つのパーマネント・プライベート・ホール〔学寮〕も見せた。ようやく駅まで戻ってきたとき、メーターの料金は六四ポンド三〇ペンスにもなっていた。

「おい、君は詐欺師だな！」ウォーリーが抗議した。「カレッジや図書館や博物館をたくさん見せてまわって。冗談じゃない、僕たちは大学を見たかったんだ！」

「でも、大学というのは、カレッジや図書館や博物館の集まりなんですよ！」運転手が憤慨して答えた。

「そんな言葉に騙されると思ってるの？」バーバラが言った。「アメリカ人観光客だからって、ばかにしないでちょうだい！」

ギルバート・ライル『心の概念』坂本百大ほか訳／みすず書房／一九八七年

イギリスでは、アメリカ人観光客は騒がしくて厚かましくて愚かだと思われているが、これはいささか不公平だ。第一に、イギリス人だって、コスタ・デ・ソルの海岸ではめをはずす同胞の観光客を基準に判断されたら、たまったものではないだろう。

この思考実験はアメリカ人を揶揄《やゆ》するものではなく、ともすれば、賢明な人たちでさえ誤った考えかたをしてしまうという、大変わかりやすい例だ。バーバラとウォーリーは、オックスフォードの哲学者ギルバート・ライルが名づけた「カテゴリー錯誤」というものに陥った。ふたりは、大学を構成しているカレッジや図書館や博物館と同じようなものとして、つまり特定の建物に収まっている施設として、オックスフォード大学を考えていた。けれども、大学は、そういうたぐいのものとは全然違う。どこかひとつの場所や、ひとつの建物のように、「あれが大学だ」と指させるわけではない。タクシーの運転手が正しく指摘したとおり、それは、付属する建物や施設すべてを集めた機関なのだ。

そうはいっても、大学が幽霊のような存在で、カレッジや図書館やそのほかの付属施設すべてを謎めいたやりかたで合体させているわけではない。そう考えてしまうと、また別のカテゴリー錯誤に陥る。大学はひとつの物質でもないし、非物質の何かでもない。言語に惑わされて、単数をあらわす名詞だからひとつの対象物だと思いこんではいけない。

ライルは、心に関するもっともありがちな考えかたも、似たようなカテゴリー錯誤に陥っていると考えた。ここでも、心というのが単数をあらわす名詞だから、その名詞に結びつくひとつのものがあるはずだ、とわたしたちは考えてしまいがちだ。しかし、そう考えると、ふたつの不条理な結論のどちらかに行きつく。ひとつは、「心は脳だ」という結論だが、これはばかげている。なぜなら、脳には大きさも重さもあるが、思考にはどちらもないからだ。もうひとつの結論は、「心はなんらかの非物質の実体であり、身体という生きた機械の中の幽霊である」とするものだ。

心がひとつの対象物ではないとわかれば、こういう信じがたい答えのどちらも必要がなくなる。心があるとは、何かを求めたり願ったり理解したり考えたりすることだ。わたしたちはそのすべてを行なうから、「心がある」という。けれども、だからといって、心という物体があることにはならない。それは、カレッジや図書館などを擁したものを大学と称しながら、大学という対象物は存在しない、というのと同じくらい、不思議でもなんでもないことだ。

古くからある問題に対する、これはなかなかうまい解決法だ。この答えがほんとうに心の問題を解決——あるいは、ひょっとしたら解消——するかどうかはともかく、カテゴリー錯誤という考えかたは、言語の特性と世界の特性とを混同しないための、有能な番人ではある。

［参照］18…もっともらしい話　25…丸を四角にする　61…わたしは考える、だから？　83…黄金律

50　善意の賄賂

目的が善なら道徳を曲げてよいか？

首相は自分のことを「まっすぐな気性の男」だと思いたがっていた。政府内での汚職や自堕落を心から忌み嫌い、もっとクリーンで正直な政治をしたいと願っていた。ところが、ある出来事のせいで、首相はままならぬジレンマに陥った。官邸内のレセプションで、ひとりのビジネスマンが首相をそっと脇へ連れていった。平然と悪事を働くことで有名な人物だが、刑事でも民事でも前科はない。何ごとかたくらむ様子で、その男が首相の耳もとで声をひそめる。「わたしは大勢の人から嫌われています し、仕事のしかたでも、敬意を払われてはいません。でも、そんなことはどうでもいい。困るのは、そういう評判のせいで、国から栄誉を受けられないことなのです」

「それでね」男は続けた。「あなたとわたしとが協力すれば、万事うまくいくはずです。わたしが一〇〇〇万ポンド用意して、アフリカの何百何千という人たちに清潔な水を提供するお手伝いをしますから、あなたは、新年叙勲名簿でわたしにナイトの称号を授けると保証してください。もしだめなら、その金はわたしひとりで使ってしまいますよ」

彼は首相の背中をぽんと叩き、「よく考えておいてください」と言うと、人の輪の中へそっと消えていった。これは一種の賄賂《わいろ》だと首相にはわかっていた。しかし、その見返りがあきらかに善意として使われるときでも、自国の最高栄誉のひとつを売り渡すのは、やはり間違いなのだろうか？

道徳的な問題を明快に片づけたい人には、このジレンマを簡単に解決できる方法がふたつある。偏狭な功利主義者の観点に立てば、道徳的に望ましい結果は、利益が最大多数の人に渡ることであり、当然、首相はこの賄賂を受けるべきだ。道徳的計算は簡単にできる。賄賂を受ければ、何百何千もの人たちが清潔な水を手にし、金持ちの男は「サー」と呼ばれ、払うべき代償はただひとつ、貪欲で罪人まがいの人間に女王陛下から栄誉が授けられる場面で、反感を持つ人たちが地団駄を踏むことだけだ。

けれども、もし高潔さと正当な手続きを原則とするのなら、首相が申し出を斥《しりぞ》けるべきなのは、同じくあきらかなことだ。国家の業務は正当な手続きに則《のっと》って運営されなければならない。称号や勲章が金持ちに買われるのを許してしまうと、たとえその金が善意に使われるとしても、国家は支払い能力によってではなく功績によって叙勲する、という原則がないがしろになる。

このジレンマの難しさを知るためには、両方の議論に説得力があることを感じ取る必要がある。正当な手続きと法的規則は、あらゆる民主主義的な開かれた社会において当然ながら重要だが、もし規則を曲げることで圧倒的によい結果と、ごくわずかの悪い結果がもたらされるとしたら、規則に固執するのは愚かで、不道徳でさえあるといえないだろうか？

この問題の要点は、「道徳的放縦《ほうじゅう》」として知られる現象だ。首相はクリーンな政治をしたいと願い、汚職に関わりたくないと思っている。しかし、この場合、みずからの手を汚すまいとしたせいで、何千というアフリカの人々が清潔な水を手に入れる機会を失わせてしまうのだ。首相は、世界をよりよい場所にするよりも、自分の身をきれいにしておくほうに関心がある、という非難を受ける。だから、道徳的でありたいと願っているようで、実際は不道徳なのだ。この放縦のせいで、誰かが病気になったり、何キロも歩いて水を汲みにいったりしなければならない。

あるいは、首相はそのことに気づいていながら、なお多くの懸念があるのかもしれない。なぜなら、もしそんなふうに考えて妥協してしまったら、次はどんな汚職が起こるかわからないからだ。戦争への支持を取りつけるためなら、有権者に嘘をついてでも反対意見を封じこめようとするかもしれない。長い目で見て地域の安定をはかり、より暴力的な連中が力を握るのを抑えこむためなら、違法な組織を支援するかもしれない。もし、政治家にとって最終的な結果だけが大事だとしたら、清廉潔白な指導者でありつづけたいと願うことなどできるだろうか？あるいは、そんな考えは青臭い夢物語なのだろうか？

【参照】7…勝者なしの場合　79…時計じかけのオレンジ　83…黄金律　91…誰も傷つかない

51 水槽の中の脳

この世界は幻想なのだろうか？

事故に遭って以来、ブライアンは水槽の中で暮らしていた。身体はぺしゃんこになってしまったが、脳は外科医たちの手で素早く取りだされていた。近ごろでは、適合するドナーが見つかれば、そちらの身体に脳を戻し入れることもできる。

ところが、次第に脳よりも身体の数が少なくなり、新しい身体の予約者リストは、待ちきれないほど長くなっていた。とはいえ、脳を処分してしまうのは倫理的に認めがたいとみなされた。そこへ、目を見張るようなスーパーコンピュータ〝マイ・トリックス〟が中国からやってきて、問題を解決してくれた。脳に取りつけられた電極へ、コンピュータを通して刺激が送られ、それによって、現実世界で身体を持って暮らしているような幻想が生まれるのだ。

ブライアンの場合、ある日、病院のベッドで目覚め、事故に遭ったことと、新しい身体への脳移植が成功したことを教えられた。それ以来、彼はふつうの生活を送っていた。けれども、実際は、コンピュータにつながれてずっと水槽の中で生きている脳にすぎなかったのだ。わたしたちと同じように、ブライアン本人には、現実世界で生きていると思えない理由は何もなかった。その違いを彼は、あるいはわたしたちは、どうやって知るのだろう？

ルネ・デカルト「第一省察」『省察』所収
ヒラリー・パトナム『理性・真理・歴史――内在的実在論の展開』野本和幸ほか訳／法政大学出版局／一九九四年
ラリー&アンディ・ウォシャウスキー監督『マトリックス』一九九九年
ニック・ボストロムのシミュレーション仮説（www.simulation-argument.com）

わたしたちが水槽の中の脳であるという可能性は、ヒットしたSF映画『マトリックス』の構想として使われた。映画の中で、キアヌ・リーヴスが演じた主人公ネオは、身体を与えられないという侮辱は免れているものの、その状況はブライアンの場合と基本的には同じだ。現実世界に生きていると思いこんでいるが、実際はそういう幻想を生みだす情報を脳に与えられているだけだ。ほんとうは、羊水のような液体で満たされた繭《まゆ》の中にいる。

すべてが幻想で、わたしたちはその犠牲者かもしれないという懐疑は、かなり古くからある。プラトンの洞窟の比喩〔洞窟の中で壁に向かって坐らされている囚人は、壁に映しだされる影を実体だと思いこんでいる。同様に、われわれも現実世界という影を実体として見ている〕はその先駆けといえるし、デカルトは「方法的懐疑」として、われわれは夢を見ているか、あるいは能力にたけた悪魔に騙されているのかもしれない、と考えた。

「水槽の中の脳」という考えが巧妙なのは、そのもっともらしさだ。科学的にはたしかに可能に思えるので、不気味な悪魔に騙される例よりは、信じやすい。

実際、最近の議論では、わたしたちが仮想現実環境で生きることは、きわめて可能性が高いと示されてもいる。それは、たぶん水槽の中の脳としてではなく、人工的に作られた知能としてだ。その議論によれば、いずれ、わたしたちかどこかほかの文明が、ほぼ確実に人工知能や仮想現実環境を作りだして、そこで暮らせるようになる。さらに、そうした疑似世界では、生体を維持するための莫大な自然資源を必要としないため、そういう環境がほぼ限界なくいくらでも作れる。地球という惑星全体に匹敵するものが、将来、一台のデスクトップ・コンピュータの中で暮らすことになるかもしれない。

もし、こういうことすべてが可能なら、ちょっと考えただけで、わたしたちは今も疑似環境にいるのかもしれない、とわかる。もしかしたら、これまで生きてきた人すべての中に、コンピュータの疑似環境が作りだした疑似人間が何人かいることもありえる。しかし、疑似人間も本物の人間も、自分が有機体だと信じているはずだ。自分が疑似人間なのか本物の人間なのか知ることはできないのだから、本物の人間だと考えると、間違う可能性がある。わたしたちは本物の地球を歩いている可能性より、マトリックスのようなところで生きている可能性のほうが大きいかもしれないのだ。

この話はどこかうさんくさいと大半の人が感じる。けれども、おそらくそれは結論があまりに突飛だからにすぎない。問うべきは、この話が信じがたく聞こえるかどうかではなく、論理になんらかの間違いがあるかどうかだ。その欠陥を見つけるのは、不可能ではないにせよ、きわめて困難な課題である。

【参照】 1…邪悪な魔物　61…わたしは考える、だから？　82…悪夢のシナリオ　98…経験機械

52 多くても少なくても

全体の幸福とはなんだろう？

キャロルは、潤沢な財産の中からかなりの額を使って、タンザニア南部の貧しい村の生活を向上させようと決心した。ただし、産児制限計画のことも考慮する必要があったため、協力関係にある開発機関から、資産を使うにあたって、考えうるふたつの案を出してもらっていた。

ひとつ目の案では、産児制限は行なわない。そうすると、村の人口は一〇〇人から一五〇人に増え、主観的要因と客観的要因を計算に入れた生活の質指数［英誌『エコノミスト』の調査部門が発表する指標。世界各国の平均寿命や物質的豊かさなどの要因によって算出する。最高値は一〇］は、平均二・四から三・二へ、わずかながら上昇する。

ふたつ目の案では、強制的でない産児制限を実施する。そうすると、人口は一〇〇人で安定するが、生活の質は平均四・〇まで上昇する。

生活の質が一・〇かそれ以下になると、生きている価値はまったくないとみなされることを考えると、ひとつ目の案は、より多くの人が、まずまず生きる価値のある生

活を送れるようになる。一方、ふたつ目の案は人数ではひとつ目の案に及ばないものの、ひとりひとりの生活は、より満たされたものになる。キャロルの資産は、どちらの案に使うのが有効なのだろう？

デレク・パーフィット『理由と人格――非人格性の倫理へ』

キャロルのジレンマは、単純に質か量かを選択するものではない。というのも、生活の質指数といったことがらを取り上げるとき、わたしたちは質を量で測っているのだから。複雑に聞こえるが、実際、これは複雑なのだ。

キャロルは何を目指しているのだろう？　考えられる目標は三つある。ひとつは、生きるに値する生活ができる人の数を増やすこと。もうひとつは、生活の質の総量を増やすこと。三つ目は、より価値ある生活のための条件をできるかぎり整えること。

ひとつ目の目標を考えてみよう。産児制限を行なわない案を選択した場合、生きるに値する生活ができる人の数は、当然、結果的には増えるだろう。しかし、それは望ましい結果だろうか？　望ましいとすると、おかしな結論に行きつくように思われる。なぜなら、もっとも悲惨な状態にある人以外は、みな生きるに値する生活をしているのだから、生活の質が最低に落ちないかぎり、つねに、できるだけ多くの人間を生みだすべきだということになるからだ。たとえば、もしイギリスの人口を三倍に増やし、その過程で人々が貧しくなっても、生きるに値する生活のできる人を生みだすことが、ほんとうにいいことなのだろうか?

考えうるふたつ目の目標は、生活の質の総量を増やすことだ。またしても、ひとつ目の案がこれを達成してしまう。計算だけでは現実を大まかに捉えることしかできないが、ざっと見てみると、一五〇人の生活の質指数がそれぞれ三・二だと、合計四八〇点になり、一方、一〇〇人の生活の質指数がそれぞれ四・〇だと、合計で四〇〇点にしかならない。つまり、ひとつ目の案のほうが、生活の質の総量は増えるわけだ。

しかし、これもおかしな結果になりかねない。なぜなら、これを判断の基準に使ってしまうと、生活の質指数が悲惨な一・一の人たちを一〇〇〇人生みだすほうが、指数の上限一〇の人たちを一〇〇人生みだすよりもよい、ということになるからだ(ここで使っている数字は架空のもの)。

残るは三つ目の目標だ。それは、より価値があり満足のいく生活のための条件をできるかぎり整えることであって、人の数も生活の質も、最大限を目指したりはしない。より多くの人が満足できないでいるより、より少ない人が心から満足しているほうがいい。

これは納得のいく結論のように聞こえるが、実は生命や倫理というほかの分野に関わってくるため、人によっては、なおさら不快に感じるだろう。生きるに値するレベルであるにせよ、人間の数を増やすこと自体には価値はない、といったん言いはじめると、潜在的な生命つまり初期の胎児は、もはや特別な価値がないことになってしまう。胎児が生きるに値する人生を背負った人間になるよう、全力を尽くす道徳的義務さえ感じなくなるかもしれないのだ。とはいえ、多くの人は三つ目の目標を受け容れるだろう。受け容れない人は、なぜ受け容れないかを自問する必要がある。

【参照】 6…公平な不平等 21…生の宣告 84…楽しみの法則 98…経験機械

53 つかみどころのないわたし

自己は存在するのだろうか?

自分の部屋で試してみてほしい。なんなら、バスの中でもかまわない。目を閉じていても開いていてもできるし、静かな部屋でも騒がしい街なかでもできる。すべきことはただひとつ。自分が何者かを見きわめることだ。

それはなにも、立ち上がって自分の名前を言うことではない。自分の行動や経験の中身ではなく、自分自身をつかまえるのだ。そのためには、自分自身に注意を集中させる必要がある。意識を探ってみて、これが「わたし」だと突きとめてほしい。暑い寒いと感じ、ああだこうだと考え、周囲の音を聞いているこの人物を。自分の感情や感覚や思考を突きとめるということではなく、そういう感情や感覚を抱いているこの人物、この自己を突きとめてほしいのだ。

そんなのはたやすいはずだ。なにしろ、自分が存在していることよりたしかな何かが、この世界にあるだろうか？　たとえ、周囲のすべてが夢か幻想だとしても、その夢を見たり、幻覚を起こしたりするためには、自分が存在していなければならない。だから、意識を内面に向けて、自分自身にだけ注意を集中してみれば、自分を見つけるのに長くはかからないはずだ。さあ、やってみて。

うまくいった？

デイヴィッド・ヒューム『人性論』土岐邦夫・小西嘉四郎訳／中央公論新社／二〇一〇年ほか

認めてほしい。うまくいかなかったと。つねにそこにあると思っていたものを探したが、何も見つからなかった。これは、いったいどういうことだろう？　自分が存在していないということだろうか？

見つけだせたはずのものをあきらかにしておこう。何かを意識しようとしたとたん、それはきわめて具体的なもの、つまり何かの考えや、何かの感情や、何かの感覚や、何かの音や、何かの匂いになってしまったはずだ。しかし、そのどれも、意識しようとした自分自身ではない。みずからの経験ひとつひとつを思い描くことはできても、その経験をした自分を思い描くことはできない。

けれども、そういう経験をしている自分を意識しないはずはない、と反論されるかもしれない。たとえば、わたしが目の前の本を見ているとき、わたしが意識しているのは本であってわたしではない。しかし、別の意味では、わたしは本を見ている自分を意識している。わたし自身を経験から切り離すことができないのは、わたしという特別な意識は存在せず、ただわたしが何かを意識しているという意識だけが存在するからだ。ただし、その「わたし」を方程式から取りはずせるというわけではない。

これは説得力があるように聞こえるが、実はうまくいかない。その「わたし」が無だという問題が残るからだ。それは、風景画が描かれるときの画家の視点に似ている。ある意味、その視点は絵から取りだすことはできない。なぜなら、その視点はある特定の見かたで描かれた風景画の一部であり、それなしにその絵は成り立たないからだ。けれども、その視点自体が絵の中にあらわれるわけではない。見る側の知るかぎり、その視点は草に覆われた丘であったり、停めた車であったり、コンクリートでできたオフィスビルであったりする。

何かを経験する自己もまた、これとまったく同じように考えることができる。たしかに、わたしが目の前の本を見ているとき、わたしは視覚的経験をしていると意識するだけでなく、それが、ある特定の視点からの経験だということも意識している。しかし、その視点の正体が、経験によってあらわになるわけではない。だから、「わたし」は依然として無であり、中身のない中心であって、そのまわりを経験が蝶のように舞っているだけだ。

この見かたからすると、自己とは何かと尋ねたとき、その答えは、ひとつの視点を共有することでつなぎ合わされた、あらゆる経験の寄せ集めにすぎない、ということになる。自己は何かひとつのものではないし、それ自身を認識できるものでも決してない。わたしたちは、自分を意識することはなく、自分の経験を意識しているだけだ。それは、自分が存在しないという意味ではなく、変わることのない存在の核や、時を隔てて持続するひとつの自己などはない、という意味だが、そうしたものこそ、わたしたちがしばしば自分だと思いこんでしまうものの正体なのだ。

【参照】 61…わたしは考える、だから？ 64…宇宙の中の自分の大きさ 65…魂の力 88…記憶抹消

54 ありふれた英雄

道徳的行為と英雄的行為はどう違う？

軍人の勇気を讃えるヴィクトリア十字勲章をケニー一二等兵が授からなかったことに、家族はとても驚いた。というのも、ケニーはみずから手榴弾を押さえこんで死んだのであり、もしそうしなければ一〇人以上の仲間が死んでいただろうから。それが、「敵を前にした勇気と献身の栄えある行為」でないなら、何がそうだというのか。

家族はケニーの属していた連隊に説明を求めた。軍から送られてきた声明には、こう書いてあった。「過去には慣例として、そうした行為に相当の勲章をもって報いておりました。しかし、そのような行為を、義務に対する特別な貢献とみなすのは間違いだと気づいたのです。すべての軍人はつねに全連隊の利益となる行動を求められています。仮にケニー二等兵の行為が義務の要請を超えたものだとするなら、場合によっては、全連隊の利益となる行動をとらなくても許されることになります。それは、あきらかに理不尽です。したがって、そうした行為に死後表彰をもって報いることはなくなりました。

ご遺族にとってはお辛いことと存じますが、ケニー二等兵はいずれにせよ爆発で亡くなったのであり、仲間のためにみずから命を犠牲にしたケースには当たらないことは指摘しておかなければなりません」

この声明の冷徹な論理を打ち破ることは難しいが、家族の胸中としては、ケニーの行為が英雄的でないとはどうしても納得できなかった。けれども、どんな根拠でそれを訴えればいいのだろう。

ケニー二等兵の話は、哲学者が「過剰な振る舞い」と呼ぶものの一例に思える。誰かが何かよい行ないをして、それが道徳の求める以上の行為となる場合のことだ。たとえば、池で溺れている子どもを助けるのは、さほど困難でなければ道徳的な義務といえるが、嵐の海に飛びこみ、みずからの命を危険にさらしてまで誰かを助けるのは、道徳の要請を超えている。別の言いかたをするなら、過剰な行為をすれば褒められるだろうが、そうしなくても責められはしないということだ。

義務的な行為と過剰な行為とのあいだに違いがあるのは、当然と思われる。だからこそ、どんな道徳理論であれ、その違いを無視するのは問題だと考えられているのだ。それを無視しているように思えるのが、「功利主義」だ。功利主義によれば、道徳的に正しい行ないとは、最大多数の利益になる行ないである。もしそれが真実なら、個人的に大きな犠牲を強いる行為であっても、最大多数のためになる行為でないなら、正しい行為とはいえないことになる。たとえば、一時間ごとに何千人もが貧困で死んでいくときに、いくら質素とはいえ西洋風の暮らしをしているのは、命が救えるのにあえてそうしないのだから、道徳の求める行為を怠っているといえるかもしれない。さらにいえば、貧しい人々を助けるのに大きな犠牲を強いられるわけではなく、相対的に考えれば、わたしたちにとって快適なもの、つまり過度な贅沢《ぜいたく》をあきらめさえすればいいのだ。

とはいえ、貧しい人たちを助けるために、みずからの人生を捧げている人を見ると、わたしたちはつい、単に道徳の求めることをしているのではなく、義務の要請を超えたことをしていると思ってしまう。当然ながら、そう思えば責任を負わなくてすむからだ。もし同じようにするのが道徳の求める行為なら、わたしたちは道徳的でないことになる。同様に、ケニー二等兵と同じことをしなかった兵士はみな、道徳に反していたことになる。ケニーはただ、その状況でまともな人間なら誰でもすべきことをしただけであり、それ以上でも以下でもない。

ふつうなら英雄的とみなされる行ないが、はたして過剰な行為か単に道徳の求める行為かを気にかけるのは、おそらく純粋に知的な課題なのだろう。それでも、人間とはしょせんそういうものだという事実は残るし、ある種の行ないには多大な努力が必要なことも、わたしたちはみな知っている。そうした行ないをする人が道徳の求めを超えているにせよ、あるいはわたしたちの大多数が道徳的でないにせよ、その事実が変わることはない。

【参照】17…殺すことと死なせること　30…依存する命　55…二重のやっかい　71…生命維持

55 二重のやっかい

意図はなぜ重要なのだろう？

「先生、頼むから助けてください。痛くてたまらないんです。どうせもうすぐ死ぬのですから、どうか、この苦しみから救ってください。今すぐ殺して、痛みをなくしてほしい。これ以上、もう耐えられません」

「きちんと整理してみましょう」ハイド医師が言った。「あなたは、きわめて高容量の鎮痛剤、つまりモルヒネ硫酸塩二〇ミリグラムですが、これを処方するよう、わたしに求めておられるのですね？　投与すれば、まもなく意識を失い、そのあとすぐ死ぬことになります」

「そうです！　どうかお願いします」患者は言った。

「申し訳ないが、それはできません」ハイド医師が答えた。「ただ、ひどく痛がっておられるので、こうすることならできます。痛みをやわらげるためには、きわめて高容量の鎮痛剤、そう、モルヒネ硫酸塩二〇ミリグラムを処方する必要があります。投与すれば、まもなく意識を失い、そのあとすぐに死ぬことになりますが、それでいかがでしょう？」

「先ほどおっしゃったことと同じ気がしますが」患者はきょとんとして言った。

「いやいや、全然違いますよ！　最初のほうは、あなたを殺す提案で、あとのほうは、あなたの痛みをやわらげる提案なのです。わたしは殺人を犯すつもりはないし、わが国では安楽死は違法ですからね」

「でも、どのみち、わたしは苦痛から逃れられる」患者が言った。

「そうです。ただし、あとの提案を選ばないと、わたしのほうは苦痛から逃れられないのです」

そっくり同じふたつの提案を、違うものだとするハイド医師の説明は、法律の範囲内にとどまりながら患者の求めに応じるための、単なる詭弁《きべん》のように思える。イギリスをはじめ多くの国では、たとえ患者がひどく苦しみ、死にたがっていても、その命を故意に縮めるのは違法とされている。けれども、痛みをやわらげるための処置を行なうことは、それが死を早めるのを予見できたとしても、許されるケースが多い。つまり、意図こそが鍵なのだ。モルヒネ硫酸塩二〇ミリグラムの投与という同じ行為と、同じ結果であっても、痛みをやわらげる意図でなら合法で、死なせる意図でなら違法になる。

これは、単に法律のおかしな副産物というだけではない。こうした区別の背景には、カトリック神学に根ざした古くからの道徳原則がある。この「二重結果の原則」によれば、よい結果をもたらすための行為は、それが悪い結果を同時にもたらすことを予見できたとしても、意図するところがよい結果であって悪い結果でないかぎり、道徳的に許される。肝心なのは、予見することと意図することは同じではない、という点であり、意図のあるなしが重要なのだ。

この原則は批判されることもある。なぜなら、道徳的にひどい選択をも正当化する手段とみなされるからだ。しかし、原則をきちんと受けとめれば、それが詭弁的な言い逃れでないことはあきらかだ。たとえば、ハイド医師の場合、患者の希望をかなえたいと願って、法律の抜け道を探しているだけのように、わたしたちは思ってしまいがちだ。けれども、ハイド医師が患者を少しも殺したがっていない可能性を、きちんと考慮する必要がある。それでも彼は、苦痛

をやわらげるという大義のために、死につながるのを承知で、仕方なく一連の処置を行なうことになる。予見と意図との違いは、ハイド医師がみずからの良心と向き合ううえで、きわめて重要である。

ただ、悩ましい問題が残る。何かを予見したときに生じる責任と、何かを意図したときに生じる責任は同じかどうかだ。仮に、わたしが森に向かってライフル銃を撃ちはじめたとしたら、みだりに通行人を殺す可能性には気づいているのだから、人を殺す意図はなかったので、たまたま誰かが死んでも道徳的責任はない、という言い訳は通用しない。もし、二重結果の法則を擁護するなら、なぜこうしたあきらかに無謀な行為を除外するのかも説明しなければならない。

【参照】17…殺すことと死なせること　30…依存する命　54…ありふれた英雄　71…生命維持

56 ピリ辛のミートシチュー

ペットの肉を食べるのは悪いことか?

「もったいない、欲しがらない」がデリアのモットーだった。両親の世代がそうであったように、戦争を経験し、物の少ない時代を生きてきた人たちの慎ましさを、デリアはおおいに尊敬していた。彼らからは、自分の世代ではほとんど誰も知らない倹約術を、たくさん学んできた。たとえば、ウサギの皮を剝ぎ、おいしくて簡単な臓物料理を作る方法などだ。

ある日、デリアがロンドン郊外ハウンズローの自宅にいたとき、急ブレーキの音が聞こえてきたので、外に出てみると、飼い猫のティドレスが車にはねられていた。そのとき、まず頭に浮かんだのは後悔や悲嘆ではなく、実用的なことがらだった。猫は道路に打ちつけられていたが、轢《ひ》かれてはいなかった。実際、それは食べられるのを待つばかりの、ひとかたまりの肉だった。

その夜、家族に出されたピリ辛のミートシチューは、現代のイギリスの食卓ではめったにお目にかからないようなものだったが、デリアの家族はそういう時代遅れの細

切れ肉を食べ慣れていた。夫にはもちろんいきさつを話していたし、子どもたちにもつねにありのままを教えていた。それでも、末っ子のメイジーはいやいや食べながら、湯気をたてているシチュー皿越しに、責めるような視線をときおり母親に向けてきた。デリアはかわいそうに感じたものの、何か悪いことをしたと娘から思われる理由はないはずだった。

Affect, Culture and Morality, or is it Wrong to Eat Your Dog? by Jonathan Haidt, Silvia Helena Koller and Maria G.Dias in *The Journal of Personality and Social Psychology*, 65 (1973)

タブーの力は絶大だ。西洋でも、世界中の大半の国でも、人々は良心の呵責《かしゃく》をまったく感じることなく肉を食べている。その肉は、ひどい飼育環境にあった動物のものだったりもする。家畜の中には、たとえばブタのように、家で飼われる多くのペットより知的な動物もいる。

それでも、ある種の肉を食べることは不快とされている。イギリス人の多くが馬や犬を食べるのは野蛮だと考える一方、同じイギリス人でもイスラム教徒であれば、ブタを食べることに嫌悪感を示す。そして、ペットを食べるのは、とりわけ気分の悪いこととみなされている。ウサギのシチューは問題なく受け容れられるが、それも名前をつけて檻《おり》の中で飼っているのでなければの話だ。

これは、道徳にもとづいた判断なのか、それとも文化として刷りこまれた条件反射なのだろうか？　あらゆる肉食を間違いとみなす倫理的ベジタリアンでもないかぎり、道徳性がそこにどう関わってくるか、見きわめるのは難しい。そして、デリアの場合、むしろ飼い猫を食べるほうが、道徳的なのかもしれない。つまり、世界中に貧しい人がたくさんいるのに、資源をみすみす無駄にするのは不道徳だとわたしたちは考えている。だから、もし肉を食べるのが悪いことではなく、肉という資源が有効利用できるのなら、間違っているのはそれを食べることではなく、捨てることのほうだと思える。その観点から見れば、よい行ないをしているデリアは一種の道徳的英雄であって、大半の人はその勇気がないのだ。

ペットを食べるのは、人とペットとの信頼関係を裏切る行為だ、という反論があるかもしれない。動物の友であり保護者であったはずが、突然、畜産農家のように振る舞うことなどできない。それは心理的に難しいだけでなく、人間と動物との関係の土台を損なうものだからだ。

とはいえ、ペットを食べるのが、あるいは友人さえ食べてしまうのが、考えうる相互関係の極地だ、とみなす文化を想像することは難しくない。イギリスのファンタジー作家フィリップ・プルマンの『ライラの冒険』三部作［主人公の少女ライラが守護精霊たちとともに、誘拐された子どもたちを救うため北極へ旅立つ物語。単純な善と悪の闘いではなく、宗教的テーマを盛りこんで示唆に富む］で、鎧《よろい》をつけたクマのイオレクは、死んだ友人リー・スコーズビーを、食べることによって敬う。この本の読者はほとんどが子どもだが、プルマンによれば、子どもたちはその自然さをなんの問題もなく受け容れているという。

したがって、動物が友だちか食べ物かという問題は、どちらかを選ぶこと自体が間違っているのかもしれない。死んだペットを食べることは、道徳的に受け容れられるだけでなく、そうしなければもったいないと非難さえされそうだ。

［参照］ 5…わたしを食べてとブタに言われたら 32…テロ予告 35…最後の手段 91…誰も傷つかない

57 神の命令

信仰とは神に従うことか？

そして主は哲学者に言われた。「わたしは主なる神である。お前のひとり息子をいけにえとして捧げるよう命令する」

哲学者は答えた。「それは間違っています。あなたの戒律には『汝《なんじ》、殺すなかれ』と書いてあります」

「主が規則を与え、主が規則を撤回する」神はお答えになった。「しかし、あなたが神だとどうやってわかるのです？」哲学者は言い張った。「もしかしたら、わたしを騙そうとしている悪魔かもしれないでしょう？」

「お前には信仰があるはずだ」

「信仰、というより狂気なのでは？　わたしの頭がおかしいとでもおっしゃるのですか？　あるいは、もしかしたら、あなたはずるいやりかたでわたしを試しておられるのですね。わたしの道義心が薄いから、雲をも晴らす野太い声であなたに命令されれば、わが子を殺すだろうと」

「わたしは全能なのだぞ！」神が声を荒げた。「ただの人間であるお前が、わたしの、つまり主なる神の命令にそむいても、それは当然だというのだな」

「そう思います」哲学者は言った。「わたしの気持ちを変えるような、まともな理由を示してくださらないのですから」

「おそれとおののき」桝田啓三郎訳『キルケゴール著作集』第五巻所収／白水社／一九六二年ほか

聖書の「創世記」で、神はくだんの哲学者よりも忠実な僕《しもべ》アブラハムを見つけだした。アブラハムは、息子をいけにえに捧げよという命令に最後まで従おうとし、いざナイフを手にしたその瞬間、天使に止められた。それ以来、アブラハムは信仰の模範として描かれてきた。いったい、アブラハムは何を考えていたのだろう？　おそらく、神と神の存在をかたく信じていたのだろう。これはなにも、彼の行為を無神論的に批判しているのではない。アブラハムは息子を殺せという命令を受ける。しかし、まともに命令に従って殺そうとするとは、どうかしているのではないだろうか？　思考実験の中で哲学者が挙げた問題すべてが、ここに当てはまる。話しているのは神ではなく悪魔ではないか。アブラハムは狂っているのではないか。神はアブラハムが断るかどうか試しているのではないか。この三つの可能性のほうが、神がアブラハムの息子の死を望んだという考えよりは、ありえるように思える。いったいどんな慈愛深い神が、それほど野蛮な行為を命令するというのか？

「創世記」における登場人物は、現代の信仰者より、創造主との関係がもっと直接的であるように思える。神はアブラハムのような人々に対して、文字どおり寄り添うがごとくに語りかける。そういう世界では、人殺しを命じる存在とは何者かという疑惑が生じることもないのだろう。わたしたちの知るこの世界では、それほどの確信を持って神の言葉を実際に聞いたという人はいない。たとえ聞けたとしても、神はアブラハムが命令を断るかどうか試したのか、そうではないのか、あきらかにはならない。

だから、アブラハムの話がほんとうに信仰の本質について語っているなら、それはいったい何を伝えたいのだろう？　神の命令がどれほど意に染まないものでも信仰者は従う、という単純なことではない。信仰者は、神が何を命じているか確実に知ることはできない、ということだ。信仰とは、なんらかの行動を求められたときにだけ姿をあらわすのではない。たとえ証拠がなくても、まず信じるために必要なものが信仰なのだ。実際、信仰には、証拠がなくても信じる敬虔さが必要な場合もある。そして、たとえば神は無駄な殺生を認めないという、それまで正しかったはずのすべてと矛盾することをも信じる敬虔さが求められる。

これは、よく説教壇から語られるような信仰ではない。穏やかな心の安定のようなものを信者に与える、確固たる拠りどころなのだ。しかし、もしアブラハムが信仰にもとづいて平然と息子を殺そうとしていたのなら、彼は「信仰の飛躍」によってどれほどの危険を冒そうとしていたか、悟っていなかったのだ。

それでもまだ納得できなければ、神を信じる人たちが自爆テロリストになったり、売春婦を殺したり、少数民族を迫害したりすることを考えてみてほしい。神がそのような悪事を命令するはずはない、と言う前に思い出してもらいたいのだが、アブラハム的信仰の神は、アブラハムの息子イサクを捧げるよう命じただけでなく、ひとりの男を罰するためにその妻を犯すことを許し（「サムエル記」第二、一二章）、ほかの宗教の信者を殺すよう命じ（「申命記」第一三章）、神の名を冒涜《ぼうとく》した者たちに石打ちによる死刑を言い渡した（「レビ記」第二四章）。神の要求には限りがないように思えるし、信仰者の中には、それをよしとする者もいるのだ。

[参照] 9…善なる神 34…わたしを責めないで 48…合理性の要求 95…悪の問題

58 コウモリであること

なぜ脳が心を生みだすのか?

コウモリであるとはどんな感じなのだろう? 想像してみてほしい。たぶん、自分自身がコウモリになって、洞穴の中で何百という仲間とともに、逆さまにぶら下がっているところを想像するだろう。しかし、それでは近いとさえいえない。実際に想像しているのは、自分がコウモリの身体に宿っているところであって、コウモリであることではない。もう一度試してほしい。

それが難しいとすれば、理由のひとつは、コウモリである自分には言語がない、あるいは、もう少し意味を広げれば、キーキーいう声や鳴き声など原始的な言語しかない、ということだ。単に自分の考えを表現するための公共言語を持たないというだけでなく、内的思考も持っていない。少なくとも、言語的概念を使った内的思考はいっさい持っていない。

コウモリであることを想像するのが難しいふたつ目の理由は、おそらくいちばん難儀なのだが、コウモリは反響定位によってみずからの周囲を認識する、ということだ。彼らの発するキーキー声が、レーダーといくぶん似た役割を果たし、その音がどう跳ね返ってくるかによって、この世界にどんな物体があるかを察知する。世界をそんなふうに経験するのは、どういう感じなのだろう？　コウモリが持っている知覚は、ひょっとすると、わたしたちの視覚にそっくりなのかもしれないが、それはまずありえないだろう。三つ目の理由はさらに奇怪で、コウモリは飛行機のコックピットにあるような、一種のレーダースクリーンで世界を見ている、ということだ。

いや、いちばんもっともらしい説明はこうなる。反響定位を通して世界を知覚するというのは、人間とはまるで異なる種類の感覚経験を持つことだ。それを想像してみることなどできるのだろうか？

トマス・ネーゲル『コウモリであるとはどのようなことか』永井均訳／勁草書房／一九八九年

コウモリの知覚世界を想像してみようというのは、『コウモリであるとはどのようなことか』というよく知られた本の中で、アメリカ人哲学者トマス・ネーゲルが初めて言ったことだ。それに答えるのが――不可能ではないにせよ――難しいのは、この問いが心の哲学における扱いにくい問題を映しだしているからだと思われる。

心の科学的研究は、いまだ幼少期とはいわないまでも、思春期前の段階にあるのはたしかだ。それでも、いろいろな意味で、多くのことがわかってきた。特に、心が脳機能に依存していることは疑いがなく、わたしたちはようやく脳を「マッピング」するところまできた。マッピングとはつまり、脳のどの領域が心のどんな機能を担っているかをあきらかにすることだ。

しかし、それでも「心身問題」と呼ばれるものが依然として残る。要するに、心と身体のあいだには、ある種のきわめて緊密な関係があるとわかってはいるのだが、脳のような物理的な何かが、心という主観的な経験を引き起こすことができるのは、今もって謎めいて見える。

ネーゲルのコウモリは、その問題をわかりやすくしてくれる。わたしたちは、コウモリの脳がどのように働くかも、反響定位を通してどのように知覚するかも、完全に理解できるようになったが、そうした物理的説明や神経系の説明が完全であっても、コウモリであるのがどんな感じかはわからないままだ。だから、コウモリの脳の働きをすべて理解したとしても、ある重要な意味で、わたしたちはコウモリの心に入りこむことはできない。それにしても、もし心が、何より脳機能に依存して成り立っているのなら、なぜこんなことになるのだろう？

　別の言いかたをすれば、心というのは、世界に対して一人称の観点をとることで浮き彫りになるものだ。意識のある動物はすべて、なんらかの「わたし」の視点から世界を知覚しており、それは自己という概念があるかないかには関わらない。けれども、物理世界は純粋な三人称の用語で描かれており、そこに出てくるのはどれも「彼」や「彼女」や「それ」だ。だからこそ、脳やその働きについての記述は、完全でありえる——なぜなら、すべて三人称の視点で描けるから——が、経験にとってもっとも不可欠な一人称の視点はそこから除外されてしまう。

　これはどういう意味なのだろう？　意識の視点と科学の視点とがまったく異なるせいで、心は科学的な説明からつねに漏れてしまう、ということなのか？　それとも、世界を科学的に理解するための装置として、一人称の視点でも三人称の視点でも捉えられる枠組みを、わたしたちがまだ作りだしていない、というだけのことなのか？　あるいは、単に、心は物質界にまったく属していない、ということなのか？　最初の考えかたは悲観主義に飛びついているように思える。二番目は、わたしたちがまだ意味をつかめてさえいない未来のやりかたを当てこんでいる。三番目は、心と脳との緊密な関係についてわたしたちが知っていることすべてに真っ向から逆らうものだろう。前に進む道を見つけるのは、コウモリの心に入りこむ方法を考えるのと同じくらい、困難なようだ。

[参照] 13…赤を見る　22…随伴現象者たちの星　73…目が見ているもの　96…狂人の痛み

59 無知のヴェール

公平さとはなんだろう？

二〇人の選ばれた市民が、火星の植民地へ行ってそこで暮らし、未知の仕事をすることになった。赤みがかったその惑星には、住宅や食べ物、飲み物、贅沢《ぜいたく》品など数々の品物が揃っている。出発する前に、彼らは何にもとづいて品物を分配するか、決める必要があった。ただし、肝心なのは、その植民地でいちばん重要な仕事がどんなものになるか、誰も知らないということだ。すべて肉体労働かもしれないし、全然違うかもしれない。知性がおおいに要求される仕事かもしれないし、頭脳をあまり使わない作業かもしれない。

最初に示された案は、すべてを平等に分けるべきだというものだった。能力に応じて分けるべきものから、必要に応じて分けるべきものまですべてを。すると、誰かが

反対意見を言った。取り組むべき仕事が多いのに、自分の割当て分を拒む人がいたら、その人たちにも同等に酬《むく》いるのは不公平ではないか？　仕事への意欲をかきたてるような分配方法にすべきではないか？

その意見は受け容れられたものの、さらなる問題が生じるように思えた。公平さというのは、全員に同じだけ与えることを意味しないらしいのだ。でも、それなら公平さとはどういう意味なのだろう？

ジョン・ロールズ『正義論』

政治哲学者ジョン・ロールズの理論によると、植民地へ向かうこの住人たちは、何が公平かをいまだ知らないものの、それを見つけだすのに理想的な立場にいる。というのも、品物を分配するための正しい方法を決めるにあたり、「無知のヴェール」に覆われているため、植民地での生活がどんなものになるか、まったくわかっていないからだ。したがって、彼らの下す決定には、いっさい偏見がないと信じてよいことになる。たとえば、火星では知的な仕事と肉体的な仕事と、どちらが価値あるものになるか誰も知らないので、住人たちは、どちらか一方の仕事のほうが多く酬いられるシステムに賭けるわけにはいかなくなる。だから、技術のある人もない人も、同じように処遇することになり、これは一見、きわめて公平に思える。

もし、地球上のわたしたちが、公平さとは何かを知りたければ、想像上、同じような状況に自分たちを置いてみるべきだ、とロールズは考えた。大事なのは、わたしたちが、自分を賢いか愚かか、器用か不器用か、元気か病気かさえ知らない、と想像しなければならないことだ。そうしてみれば、完全に公平で、誰に対しても差別なく品物を分配するルールを見つけることができる。

ロールズの考えによると、この過程を合理的に行なえば、わたしたちは、もっとも不遇な人ができるだけ優遇されるよう、つねに配慮されたシステムに行きつく。なぜなら、自分自身が社会のゴミ捨て場で暮らすことになるかもしれないとしたら、もし自分が不幸な人たちの一員になっても、できるだけ多くを得られるよう、慎重に手はずを整えるだろう。それが、伝統的な形のリベラルな社会民主主義につながり、そこでは、もっとも幸福でない人を犠牲にしないかぎりにおいて、さまざまな幸福の形が許容される。

しかし、これがほんとうに公平で合理的なのだろうか？　いちばん無能力な人が落ちていくにまかせても不公平とはいえないはずだ、と主張する人に、どう応じればいいだろう？　あるいは、安全策を採って敗者が最大限に保護される社会に一票を投じるより、人生の勝者となるほうに賭けるのが文句なく合理的だ、という主張についてはどうだろう？　単に公平や公正とは何かを考えるより、この社会で暮らすわたしたちに何が起きるかを指針にしたら、それは偏見になってしまうのだろうか？
　ロールズの賛同者たちは、公平な社会のありかたを決めるのに、無知のヴェールが最良の方策だと信じている。批判者たちは、そんなことはないという。なぜなら、無知のヴェールに覆われても、わたしたちは結局、既存の政治的主張や先入観を選びとり、それに応じて決定を下すだけだからだ。したがって、これは政治哲学の歴史において、もっとも有益な思考実験としても、もっとも無益な思考実験としても捉えることができる。

【参照】 6…公平な不平等　16…救命ボート　30…依存する命　100…喫茶店で暮らす人たち

60 幸運のルーレット

過去に起きたことの確率はずっと同じだろうか？

マージは数学の専門家ではないが、ルーレットで儲ける確実な方法を見つけたと思った。

四、五日前から、カジノでルーレット盤の回転を観察しつづけてきた。その間に気づいたのは、球が黒のスロットにばかり入ったり、赤のスロットにばかり入ったりするのは、意外なほどよくある、ということだった。けれども、同じ色に五回続けて入るのはすごく珍しいし、六回続けて入るのは一日に二度くらいしかなかった。

これはうまく使えそうだ。球が同じ色のスロットに六回続けて入る確率はきわめて少ない。だから、よく観察しておいて、たとえば赤に五回続けて入ったら、次は黒に賭ける。六回続けて入るのはごく稀《まれ》なのだから、負けるよりも勝つほうが多いはずだ。マージは自信満々で、大金を手にしたら何に使うかを、早くも考えはじめていた。

マージの誤算は、思考実験に限界があるという警告だ。彼女が自分のやりかたに自信を持っているように見えるのは、すでに何回か試して、毎回うまくいっているからだ。ただし、頭の中で。仮定的な状況で何が起きるか想像しただけで、ギャンブラーがこれほど簡単に惑わされてしまうなら、哲学者も同じだろう。

とはいえ、マージの間違いは論法の間違いであって、知性ある人物に現実世界が適合していないせいで起きるわけではない。マージの犯した間違いは、球が同じ色のスロットに続けて六回入る確率と、五回すでに入ったあとでまた同じ色のスロットに入る確率とを混同したことだ。

たとえば、ふたりひと組になってコインの裏表を当てる、運試しの簡単なゲームを想像してほしい。一巡目で六四人いたのが、二巡目で三二人になり、三巡目で一六人になり、どんどん減って、最後にはたったふたりになる。勝負の最初には、全員に六四分の一ずつしか勝率がない。しかし、決勝まで勝ち残ったふたりには、それぞれ二分の一ずつ勝率があるのだ。ところが、マージの論理だと、勝ち目は一巡目で固定されてしまう。だから、決勝ではふたりしか残っていないのに、それぞれ六四分の一しか勝率がないことになる。そうなると、当然、どちらか一方でも勝てる確率は三二分の一しかない！

ルーレットに話を戻すと、球が同じ色のスロットに六回続けて入ることは、実際めったにないし、それはちょうど、誰か特定の人がコイン当ての勝負に勝つことがめったにない（六四分の一）のと同じだ。けれども、いったん球が同じ色のスロットに五回入ってしまえば、続けて六回入るための、最初の確率の低さは当てはまらなくなる。なぜなら、次にルーレット盤が回ったときには、球が赤か黒のどちらかに入る確率は、二分の一よりわずかに低い（ルーレット盤には緑のスロットもふたつある）だけだから。

大事な点は、過去に起こったことの確率の低さは、これから起こることの確率には影響しないということだ。マージはそこを見るべきだった。同じ色が五回続いたら、それが六回へつながる頻度を観察していれば、その確率は実際、二分の一よりわずかに少ないとわかったはずだ。

ということは、マージの間違いは、ただ論法の誤りにあるのではなく、観察によって事実でないとわかったはずのことを、事実だと想像してしまったところにある。頭の中でも現実の世界でも、経験が足りなかったのだ。

［参照］14…氷の話　42…金を取って逃げろ　74…亀の徒競走　94…一粒ずつの課税

61 わたしは考える、だから？

わたしはつねにわたしだろうか？

わたしの名前はルネ。何かで読んだことがあるのだけど、もしいつでもたしかなことがひとつあるとしたら、それは、わたしが考えているかぎりわたしは存在する、ということなんだって。もし、わたし、つまりデイヴィッドがたった今考えているのなら、考えつづけるためにはわたしは存在していなくてはならない。そういうことでしょ？　もしかしたら、わたしは夢を見ているのかもしれないし、狂っているのかもしれないし、トーントンとは全然違うところに住んでいるのかもしれないけど、そう考えているかぎり、ルーシー（わたしの名前）は存在しているとわかるのだから。それを思うとほっとする。ミュンヘンでの暮らしはストレスが多いから、自分の存在を確信していいとわかれば、いくらか安心できるもの。毎朝、シャンゼリゼを歩いていると、現実世界は存在しているのかしら、と思うことがよくある。自分が思っているとおり、わたしはほんとうにシャーロッツビルに住んでいるの？ 友だちには、「マドレーヌったら、そんなに疑ってばかりいると、頭がいかれちゃうよ！」と言われる。でも、わたしは頭がおかしいとは思っていない。確実とはいえない世界で、確実なものを見つけたから。「われ思う、ゆえにわれあり《コギト・エルゴ・スム》」。わたし、ナイジェルは考える、だからわたしはたしかにセドリックなのである。

ルネ・デカルト『方法序説』山田弘明訳／ちくま学芸文庫／二〇一〇年ほか
Schriften und Briefe by G.C.Lichtenberg (Carl Hanser Verlag, 1971)

この独白は筋が通っているだろうか？ ある意味では、あきらかに筋が通っていない。話し手の名前も性別もどんどん変わっていくし、住んでいる場所に関しても矛盾したことを言っている。表面的には無茶苦茶だ。

しかし、ある重要な意味では、完全に筋が通っている。もっとわかりやすくいうと、「わたしは考える、だからわたしは存在する」という真実には完全に合致しているのだ。その言葉を最初に記したルネ・デカルトは、それによって、非物質の魂あるいは自己の存在を証明しようとした。ただし、批評家たちによると、デカルトは、その議論では証明できていないことまで主張したのだという。先に挙げた奇妙な独白が、その理由を教えてくれる。

肝心なのは、「わたしは考える、だからわたしは存在する」から得られる確実性は、それを考えている瞬間にしか訪れないということだ。たしかに、なんらかの考えがそこにあるためには、実際にそれを考えている人がいるはずだ、というのは正しい。けれども、瞬間的な確実性があるからといって、時間がたっても同じ人物が存在していることにはならないし、数分前に考えていた人物と同じだということにもならない。実際のところ、考えている人物が存在することになるのは、その考えを抱いているあいだだけなのだ。

そういうわけで、先の独白は理にかなっている。そこにあるのは、ひとつの継続した自己の言葉ではなく、次々とあらわれる自己による連続した思考なのであり、そうした複数の自己が、入れ替わり話し手の位置に立つ。これを神秘的な意味で考える必要はない。むしろ、重度の多重人格者を考えるほうがいい。異なる登場人物が素早く入れ替わり、音声機能を操作する。それぞれの人物が「わたしは考える、だからわたしは存在する」と言うとき、言っていることは完全に正しい。ただ、そう言ったとたん、疑う余地なき存在だった「わたし」は消滅してしまう。もしかしたら、わたしたちも、ふたり目の「わたし」があらわれることでひとり目の思考が完成する、といった状況を経験しているのかもしれない。

大半の人が多重人格者でないことを考えると、これは、わたしたちにとってどんな意味があるのだろう？　独白からわかる大事なことは、デカルトの有名な言葉は、わたしたちが思っているより、はるかに少ないことしか示してはいない、という点だ。わたしたちが考えているという事実は、わたしたちが存在していることを示すかもしれないが、考えているのが何者かについて、あるいは、時間がたっても同じ人物として存在しつづけるかどうかについては、何も言っていない。「われ思う、ゆえにわれあり」から得られる確実性には高い代償が必要となる。つまり、考えが浮かんだ瞬間をいったん過ぎると、わたしたちは完全な不確実に陥るということだ。

［参照］14…氷の話　51…水槽の中の脳　53…つかみどころのないわたし　82…悪夢のシナリオ

62 知ってはいない

たしかな知識とはなんだろう？

それは、とても奇妙な偶然だった。先週のある日、ナオミがコーヒーの代金を払っているとき、うしろにいた男性がポケットを探っていてキーホルダーを落とした。ナオミはそれを拾いながら、小さな白いウサギがぶら下がっているのに気づいた。男性に手渡すと、きわめて特徴的な、骨張った青白い顔をしたその人は、ちょっと照れくさそうにこう言った。「どこにでもこれを持っていくんだ。思い出の品だからね」。彼は顔を赤らめ、ふたりとも、それ以上の会話はしなかった。

すぐ次の日、ナオミは道路を渡ろうとして、急ブレーキの音と、それに続く怖ろしい衝撃音を耳にした。ほとんど何も考えず、磁石に吸い寄せられる鉄くずのように、ナオミは群衆とともに事故の現場へ引き寄せられていった。誰が事故に遭ったのかを知ろうとしたとき、きのう見たのと同じ、骨張った青白い顔が目に入った。医師がすでに被害者の身体を診ていた。「亡くなっています」

ナオミは警察に求められて、知っていることを話した。「わたしが知っているのは、あの男性がきのうカフェでコーヒーを買っていたことと、白いウサギのついたキーホルダーをいつも持ち歩いていたことだけです」。警察は、その事実がふたつともほんとうだと確認できた。

五日後、またコーヒーを買うために並んでいたとき、振り返ったナオミは思わず声を上げそうになった。うしろに、そっくり同じに見える男性が立っていたのだ。相手はナオミのショックに気づいたものの、驚いた様子はなかった。「双子の弟のほうと間違えたんだね?」と、男性が言った。ナオミはうなずいた。「あの事故以来、そういう反応をしたのは君が初めてではないよ。僕も弟もこのカフェに来ていたけど、いつも一緒というわけじゃない。そう言っても参考にはならないね」

相手が喋っているあいだ、その手に握られているものを見て、ナオミははっとした。白いウサギのキーホルダーだ。男性はそれにも驚いた様子はなかった。「母親というのは、子どもたちに同じものを持たせたがるんだ」

ナオミはこの経験にとまどった。けれども、ようやく気持ちが落ち着いたとき、悩んだのはこのことだ。はたして、警察に報告したことは真実だったのだろうか?

62 Is Justified True Belief Knowledge? by Edmund Gettier, republished in *Analytic Philosophy: An Anthology*, edited by A.T.Martinich and D.Sosa (Blackwell, 2011)

ナオミは警察にこう言った。「わたしが知っているのは、あの男性がきのうカフェでコーヒーを買っていたことと、白いウサギのついたキーホルダーをいつも持ち歩いていたことだけです」。その事実はふたつとも正しいことがわかった。しかし、それを知っていると言ったのは正しかったのだろうか?

哲学者たちの多くが、知識には三つの条件がある、と主張してきた。何かを知っているというためには、まず初めに、それが真だと信じなければならない。もしミラノがイタリアの首都だと信じているのなら、ローマが首都だと知っているということはできない。次に、信じたことが真でなければならない。イタリアの首都がローマなのに、ミラノが首都だと知っている、ということはできない。三番目に、真だとわかった信念「ここで使われる「信念」という言葉は、ふつうに使うような重い意味ではなく、「自分が思っていることの内容」という程度の意味。したがって、真なる信念も偽なる信念もありえる」を、なんらかの方法で正当化しなければならない。まともな理由もなく、ローマがイタリアの首都だとたまたま信じて、それが正しいとわかっても、それは知識とはいえない。単に推察が運よく当たっただけだ。

ナオミは、死んだ男性に関して、ふたつの正しい信念を持っていた。そして、その信念は正当化されているように思える。けれども、それが真理だとほんとうに知っていたとはいえないようなのだ。ナオミは、男性に双子の兄がいて、そっくり同じキーホルダーを持っていたことを知らなかった。だから、仮に、死んだ男性が、カフェで以前に会ったことのある男性とは違うほうで、なおかつ、死んだ男性が事故の前日にカフェに来ておらず、同じキーホルダーを持ってもいなかったとしたら、それでも、ナオミはその男性について、同じふたつのことを知っていると報告していたはずであり、ただその場合、間違いだったということになるだけだ。

実際にナオミの知っていることがいかに少ないかは、ナオミが今もって、事故の前日に会った男性が、事故で死んだ男性のほうなのか、それとも数日後にカフェで会った男性のほうなのかはっきりしない、ということからうかがえる。どっちがどっちか、わかっていないのだ。

この問題をすっきり解決するには、正当化という考えを強化する必要があるようだ。ナオミが知っているといえないのは、死んだ男性に関してふたつの事実を知っているという主張が、十分強く正当化されてはいなかったからだ。ただ、そうなると、知識は信念を正当化するためのきわめて厳しい条件をすべて満たさなければならなくなる。そこからわかるのは、自分が知っていると思っていることのほとんどは、知識とみなせるほど十分に正当化されてはいない、ということだ。もしナオミが、死んだ男性について知っていると思っていたことを、ほんとうに知ってはいなかったのだとしたら、わたしたちも、自分が知っていると思っているほど、ほんとうには知っていないのである。

［参照］ 1…邪悪な魔物　14…氷の話　75…木馬で賭けに勝つ　76…ネット頭脳

63 つぼみを摘む

違法行為が許される場合とは？

大統領は声を抑えて言った。「君の言っていることは違法だぞ」

「そのとおりです、大統領」将軍が答えた。「しかし、国民の命を守るには何をすべきか、考えていただかなくてはなりません。状況はわかりやすいものです。テータムは、自国での民族浄化作戦を開始し、なおかつ、わが国に軍事攻撃を仕掛ける決断をしています。機密情報によると、その計画に乗り気なのはほとんど本人だけですし、もしわれわれの手で片づければ、後継者は、はるかに穏健なネスタになるはずです」

「わかっている。しかし、あの男を殺すとなると……。他国の指導者を暗殺するのは国際法に違反する」

将軍はため息をついた。「ですが、大統領。ごく簡単な決断ではありませんか。銃弾一発、加えてもう数発ですむのですし、それも事後、セキュリティサービスがきれいに片づけます。それだけで、広範囲の大虐殺も、戦争の可能性も未然に防げるのです。ご自分の手を、他国の指導者の血で汚したくないお気持ちはわかりますが、そうしなければ、何千というかの国民と、そしてわが国民の血の海で溺れることになるのですよ」

道徳性は法律よりも高い権限を持つ。だからこそ、国家の法律にあきらかな不正義があり、それに反対する法的手段がないとき、わたしたちは市民的不服従を認めるのだ。反アパルトヘイトの闘争でアフリカ民族会議［南アフリカ共和国の政党。ネルソン・マンデラを旗頭として反アパルトヘイト闘争を指揮。六〇年代にはゲリラ活動化した］が行なったひとつひとつの行為を、わたしたちは正当化することができないとしても、黒人が法的に抵抗する機会を十分提供していた、という当時の南アフリカ政府の言い分は、失笑を買うものだった。

法律を破るほうが正しいような状況は、たやすく想像できる。速度制限を頑《かたくな》に守るより、命を救うほうが大事だ。不法侵入をしてでも、危険な犯罪者を追跡すべきだ。飢え死にするよりは、食べ物を盗んだほうがいい。

これを受け容れるのなら、大統領に求められている行為は国際法違反だ、という事実だけでは、大統領は何をすべきか、という問題を解決できない。問題はむしろ、悲惨な結果を避けるには、違法行為に頼るしか手段がないほど、状況が深刻なのかどうかだ。

仮に、将軍の報告した見通しが正しいのなら、暗殺を正当化できるように思える。使い古された例だが、もしヒトラーの行為を事前に知っていたら、若いうちに殺していただろうか？　そうしないのなら、ホロコーストで殺された六〇〇万ともいわれる人命と、ナチスとの戦争で失われた無数の命よりも、ヒトラーの命に価値を置くのはなぜか？

しかし、サダム・フセインを倒した一件からもわかるように、問題は機密情報がとうてい確実とはいえないことだ。もっと早く行動に移さなかったのをあと知恵で悔やむことはあるにせよ、ほんとうのところ、わたしたちは、未来がどうなるか確実に知ることは決してできない。暗殺すれば民族浄化は防げるかもしれない。その一方で、さらなる混乱を引き起こすかもしれないし、あるいは、ほかの誰かが虐殺を命令するだけかもしれない。意図せぬ結果はつねに生じる、という法則は尊重されなければならない。

とはいえ、大統領が優雅に肩をすぼめて、「なるようになるさ《ケ・セラ・セラ》」と言うことは許されない。政治家の仕事は、現在と未来の状況をできるだけ正確に判断したうえで、決断を下すことだ。判断を誤る可能性があるからといって、何もしない言い訳にはならない。決断というのは、絶対の確信にもとづいて下すのでは決してなく、見こみにもとづいて下すものだ。

したがって、ジレンマは残る。もし、テータムが暗殺されず、予告どおりの行動に出てしまったら、大統領がこう言うのは防御が脆弱だったことになる。「ああ、おそらくそうなるとわかってはいたが、確信が持てなかったから静観していたのだ」。しかし同時に、信頼できない可能性のある情報にもとづいて、そのたびに国際法を無視するわけにもいかない。だとすれば、この場合、大統領はどう決断すればいいのか？　それが、きわめて難しいことはたしかだ。

【参照】10…自由意志　36…予防的正義　50…善意の賄賂　77…身代わり

64　宇宙の中の自分の大きさ

人の価値は相対的に決められるのか？

イアン・フェリエは、何年も前からこの〝事象渦絶対透視機《トータル・パースペクティブ・ヴォルテックス》〟を作りたいと夢見てきた。それなのに、今、機械を試す段になって、これまでの努力はすべて、とんでもない誤りだったのではないか、と疑問が湧いた。

この機械はもともと、二〇世紀後半の、あるラジオ番組向けSF小説の題材としてフェリエが思いついたもので、中に入れば誰でも、宇宙の中で自分が占めるほんとうの大きさを知ることができるというものだ。オリジナルの小説では、この機械を使った人は、自分がいかに取るに足りない存在かを強烈に思い知らされるため、心を打ち砕かれてしまう。

フェリエはこの機械を作るとき、ちょっと手を加えて、誰もが同じものを見るようにした。多かれ少なかれ、わたしたちはみな、取るに足りない存在だと考えたからだ。けれども、この機械を計画したときからずっと、自分は心を打ち砕かれることが絶対にないと確信していた。カミュが『シジフォスの神話』で描いたように、繰り返し転げ落ちてくる岩を、そのたびに山頂まで押し上げなければならないとしても、フェリエはわが身の小ささという不条理に立ち向かい、打ち克つことができると信じていたのだ。

それでも、こうして機械を試そうとしている今、フェリエは少なからず不安を感じていた。壮大な宇宙の中で、自分があまりに小さいことを、ほんとうに受け容れられるのだろうか？　それを知る方法はひとつしかないのだが……。

ダグラス・アダムス『宇宙の果てのレストラン』

Home

思考実験としては、事象渦絶対透視機は矛盾を含んでいる。一方で、機械の中に入るとどうなるかを想像させながら、もう一方で、何が見えるか想像できない、というのがこの架空の機械の特徴だからだ。

それでも、この機械にどんな意味があるのか考えてみる価値はある。事象渦絶対透視機のアイデアが描かれた『宇宙の果てのレストラン』では、あるひとりの人物がその経験をうまく切り抜ける。その人物、ゼイフォード・ビーブルブロックスは静かに機械から出てきて、自分はなんと「すばらしくてすごい奴」かがわかった、という。しかし、読者はビーブルブロックスがほんとうにその機械に耐えられたのかどうかわからないし、自分が重要だという解釈がゆがんだものだったのかどうかもわからない。

はたして、ビーブルブロックスはほんとうに耐えられたのだろうか？　おそらく、耐えられたのだろう。何かに価値があったり重要だったりするのはどういうことかを考えてみよう。それは、ふさわしい尺度を使うかどうかの問題だ。友人同士のゴルフコンペでは重要な出来事も、プロの国際試合に比べればささいなことだ。しかし、USオープンで何が起きようと、人類の歴史から見れば取るに足りない。そして、地球上で何が起きようと、宇宙全体を視野に入れてみれば、小さなことだ。どれもそのとおりだが、かといって、何かの重要性や価値を測る唯一正しい尺度は、宇宙に対する影響力だけではない。自分の人生をそんなふうに判断して、透視機に屈すると、おそらく間違った物差しで人生を測ってしまうことになるだろう。

本人の見かたによるところが大きいことも考慮しなければならない。ビーブルブロックスには巨大な自我がある。透視機と向き合って、彼はほんとうに、ほかの人たちと同じものを見ているのだろうか？　ほかの人たちが自分のあまりの小ささに絶望しているのに、彼は小さいわりに自分はなんと重要なのかと驚いているではないか。

ここまでくると、透視機というアイデアは一貫性を失う。人の重要性を示そうとしているのだが、具体的には何も示していないのだ。ある特定の目的でなら、誰かの重要性を示すことはできる。たとえば、アメリカのプロスポーツ界で、もっとも優れた選手をランク付けするように。とはいえ、重要性を決める方法はいくらでもあるものの、誰を重要とみなすべきかを決める客観的手段は存在しない。互いに価値を認め合える相手と一緒にいるためだけに、人は富も名声も投げうつということを考えてほしい。宇宙の壮大さに比べれば、自分たちの愛などちっぽけだとしても、それがなんだというのか。本人たちにとっては、その愛こそが重要であり、それで十分なのだ。

［参照］21…生の宣告　51…水槽の中の脳　53…つかみどころのないわたし　61…わたしは考える、だから？

65 魂の力

生まれ変わりはありえるだろうか？

フェイスは、物心ついたときから輪廻転生を信じてきた。そして、最近になって、これまでの前世がそれぞれどんな人生だったのか、知りたくてたまらなくなった。そこで、霊媒師マージョリーを訪ね、前世が実際はどんなふうだったのか、聞いてみることにした。

マージョリーが教えてくれたのは、ほとんどがいちばん近い前世のことで、それは、トロイ戦争時代を生きた、ゾシマという高貴な女性の人生だった。ゾシマは包囲戦に敗れたあと、危険を冒してスマーナへ逃れ、その後クノッソスにたどり着いたという。見るからに勇敢な美しい女性であったゾシマは、スパルタの指揮官と恋に落ち、死ぬまでクノッソスで一緒に暮らした。

フェイスはトロイの史実を調べてマージョリーの話がほんとうかどうか確認しようとはしなかった。自分の魂が、ゾシマの中で生きていた魂と同じだということは疑わなかった。しかし、マージョリーの話が何を意味するのか、どうしても気になった。

前世がギリシャの美女だったと思えば嬉しくもあったが、クノッソスでの暮らしを何も憶えていないし、マージョリーが話してくれた人物としての感覚もまるでないため、自分とゾシマがなぜ同じ人物だといえるのか、わからなかった。前世がどんなふうだったかはわかったのに、それが自分の人生だったという感じがまったくしないのだ。

ジョン・ロック『人間知性論』第二巻／大槻春彦訳／岩波文庫／一九七四年ほか

世界中で、多くの人がさまざまな形の輪廻転生や生まれ変わりを信じている。そう信じるのが間違いだと考える理由はいくらでもある。けれども、仮に、わたしたちにはたしかに魂があって、それが転生すると考えてみよう。そこから何がわかるだろう？

これが、フェイスの悩んでいる問題だ。マージョリーが教えてくれた話には、なんとなくうさんくさいところがあるものの――なぜ、わたしたちの前世はいつもきらびやかで波瀾万丈に思えるのだろう？――フェイスはそれが事実かどうか疑っているのではない。彼女はこう問うている。わたしがほんとうにゾシマと同じ魂を持っているのなら、わたしはゾシマと同じ人物ということになるの？

フェイスは直観的に「違う」と答えている。ゾシマだった人物と同じ存在だという感覚がないのだ。これは驚くことではない。わたしたちが過去の自分自身（前世の自分ではなく）を振り返るとき、同じ人物だという感覚が持てるのは、ある程度、心理的なつながりと継続性があるからだ。その人物だったことを憶えているし、その人物がしたことも、持っていた信念も憶えている。その人物が成長して、現在の自分になったという感覚もある。

もし、ほんとうに自分の魂が前世で誰かに宿っていたとしても、その人物とのそうした心理的つながりを、わたしたちは持っていない。マージョリーが、ゾシマの行動や考えをフェイスに教える必要があったのは、ゾシマだったことをフェイスが憶えていないからだし、ゾシマから成長したという感覚がまるでないからだ。そういうつながりがなければ、たとえ、ゾシマとフェイスが魂を共有していたとしても、ふたりが同じ人物だとはいえないだろう。

その考えが正しいとすれば、身体の死を超えて生きる魂がわたしたちにあるとしても、それは必ずしも、わたしたちが身体の死を超えて生きるという意味ではない。自己が継続して存在するかどうかは、心理的な継続性によるのであって、あやしげな非物質の実体によるのではないように思える。魂が継続して存在しても、自己が継続して存在することを保証はしないし、それは、心臓やほかの臓器が継続して存在しても、自己が継続して存在することを保証しないのと同じだ。

けれども、ここでちょっと、幼いころの自分の写真を見るのがどんな感じか、考えてみてほしい。その子がどんな子だったかを知るには、たいていの場合、当時すでに大人で、自分のことを憶えている誰かに尋ねなければならない。「わたしってどんな子だった？」と尋ねるのは、フェイスがマージョリーに、「トロイにいたわたしはどんな人だったの？」と尋ねるのに似ている。子どもだった自分との心理的つながりは、ほとんど何もないに等しいほど弱いものかもしれない。ということは、フェイスがゾシマと同じ人物でないのと同じように、きわめて現実的な意味で、自分は赤ん坊のころの自分とはもはや同じ人物ではないのだろうか？

【参照】37…わたしは脳である　53…つかみどころのないわたし　88…記憶抹消　92…火星への旅

66 模造画家

芸術作品の価値は何で決まるのだろう？

『夜明けのポプラ並木』はヴァン・ゴッホの並みいる傑作に加わろうとしていた。この紛失作品は、おそらく何百万ポンドかで売れるだろうし、別の時期にゴッホが描いた、同じ場面の作品二点と比較する学者たちも数多くあらわれるだろう。

そう思うと、ジョリス・ヴァン・デン・ベルクは嬉しかった。なにしろ、『夜明けのポプラ並木』を描いたのは、ゴッホではなくジョリスなのだから。模造専門画家であるジョリスは、自分の最新作が本物と証明されることを確信していた。そうなれば、財産が桁違《けたちが》いに増えるだけでなく、プロとして格別の満足を味わえるはずだ。

二、三人の親友だけは、ジョリスのたくらみを知っていた。そのうちひとりが、強い道徳的懸念を口にしたが、ジョリスは耳を貸さなかった。ジョリスの考えでは、もしこの絵がゴッホのオリジナル作品と同じくらいすばらしいと判断されたなら、なんの文句もなく、その価格に値するはずだ。ゴッホ自身の作品だという理由だけで、作品本来の価値を超える額を支払う人間は、金を巻き上げられても仕方のない愚か者ということだ。

模造画家というのは、必然的に人を騙すことになるため、見上げた職業といえないのはたしかなようだ。みずからの作品の出所をうまくごまかせてこそ、模造画家は成功する。

しかし、騙すことがつねに非難されるべきとは限らない。事実、あからさまな嘘が、道徳の要求にかなう場合もある。仮に、人種差別主義者のちんぴらが暴力目的で、外国人が住んでいるのはどのあたりかと尋ねてきたら、正しい住所は教えず、できるかぎり知らないふりをするだろう。したがって、大事なのはその嘘が高潔で本来的な目的に添うかどうか、そして虚偽によって得られる、より大きな結果は何か、ということだ。

模造画家の目的は大金を得ることなのだから、純粋とはいえないように思える。けれども、本物の画家とて、金を稼ぎたいというのが、少なくとも部分的な動機ではありえるのだから、それ自体が問題になるわけではない。模造芸術の是非を問うのなら、もっと広い視野で見る必要がある。

ジョリスの思考実験が示しているのは、彼の作品をきちんとした方法で擁護できるということだ。もっと高尚な言いかたをすればこうなる。この模造画家が実際に果たしている役割は、芸術の真価をわたしたちに思い出させることと、美的価値を金銭的価値にすり替えている美術市場のやりかたを嘲笑することである。ここで大事なのは、模造画家が成功する方法はふたつにひとつ、ということだ。つまり、模造の対象である巨匠の作品と同じくらい、すばらしい絵を制作できるか、または、有名画家の作品らしいという理由だけで価値を認められるような作品を制作できるか、のどちらかなのだ。もし、実際にその模造画が、著名な芸術家の作品と同じくらいすばらしいのなら、相応の価値を与えられるべきだろう。もし、その模造画がそれほどすばらしくないのなら、人はなぜ劣った作品に大金を払うのかを問う必要がある。その理由はおそらく、美術市場における価格が美的価値で決まるのではなく、流行や評判や名前で決まるからではないだろうか？　作品にゴッホのサインがあることで価値が上がるというのは、サッカーのシャツにデイヴィッド・ベッカムの名前があることで価値が上がるのと同じだ。それが真実なら、そんな見かけ倒しの商売が、模造画家の作品より多少なりとも純粋だということにはならない。

この見かたからすると、模造画家を一種のゲリラ的芸術家とみなすこともできる。芸術が堕落し商業化した文化にあって、創造性という真の価値を求めて闘うゲリラだ。たしかに、模造画家は詐欺師である。けれども、ゲリラ戦というのは正々堂々と行なうものではない。システムは内側から少しずつ解体されていくべきだ。そして、その闘いが勝利を収めるのは、すべての芸術作品が、隅にあるサインによってではなく、それ自体の価値によって評価されるようになったときだ。もちろん、そのサインこそが重要だと信じられるまっとうな理由を、誰かが教えてくれるなら別だが……。

【参照】 8…海辺のピカソ　19…邪悪な天才　40…自然という芸術家　86…芸術のための芸術

67 多文化主義のパラドックス

どうすれば異文化を尊重できるか？

人生が変わるような出来事が起きているときに、パパダム［豆が原料のインドの揚げせんべい］がテーブルに運ばれてきたからといって、特にどうということもない。けれども、サスキアにとって、それは考えかたが根底から変わるほどの衝撃だった。

問題は、パパダムを運んできたウエイターがインド系ではなく、白人のアングロサクソンだったことだ。サスキアがそのことで気落ちしたのは、カレーを食べにいく楽しみのひとつが、外国の文化を味わっているという感覚にあるからだ。もし、ウエイターの運んできたものがステーキやキドニーパイ［牛の腎臓や肉、マッシュルームなどをパイ皮で包みオーブンで焼くイギリスの名物料理］だったら、肌の色とも釣り合っていたはずなのだが。

しかし、そのことを考えれば考えるほど、つじつまが合わなくなる。サスキアは自分を多文化主義者だと思っていた。それはつまり、多民族社会のさまざまな文化を、前向きに楽しんでいたということだ。けれども、それを楽しむには、自分以外の人た

ちが民族的に異質でありつづけなければならない。多くの異なる文化をあれこれ楽しめるのは、ほかの人たちが揺るぎない単一民族でありつづけるからこそだ。サスキアが多文化主義者であるためには、ほかの人たちが単一文化主義者でなければならない。そう考えると、理想的な多文化社会とはいったいなんなのだろう?

サスキアが気まずさを感じるのはもっともだ。リベラルな多文化主義の根底には、ひとつの問題がある。ほかの文化に敬意を払うといいながら、それが何より価値を置くのは、単一文化よりも多文化を尊ぶ能力なのだ。そうなると、敬意を払う範囲に大きな制約が課されることになる。多文化主義者にとって理想の人物は、モスクを訪れ、ヒンズー教の教典を読み、仏教の瞑想を行なう人だ。ひとつの伝統の内側だけにとどまっている人は、そうした理想を具現化していないために、敬意を払われるどころか、寛容な多文化主義者より劣っているとしかみられない。

ここには、動物園のありかたに通じるものがある。多文化主義者は、あちこち訪ね歩いて、異なる生活様式を賞賛したがるが、それができるのは、さまざまな生活の形が、多かれ少なかれ手つかずで残っているからだ。社会に存在するひとつひとつの小さな文化は、したがって、檻《おり》のようなものであり、もし、たくさんの人がそこを出たり入ったりしすぎると、その文化は、多文化主義者たちが指さしたり笑ったりする興味の対象ではなくなってしまう。もし、すべての人が、多文化主義者と同じように文化的に混じり合うと、多様性そのものが目減りして、楽しめなくなるだろう。だから、多文化主義者は、同質な単一文化に寄生するエリートでいつづけなければならないのだ。

多文化主義者でありながら、ある特定の文化に深く関わることは可能だ、という意見があるかもしれない。たとえば、熱心なイスラム教徒やキリスト教徒であっても、ほかの宗教や宗派に深い敬意を抱き、そこからつねに学ぼうとする人たちもいる。

けれども、ほかの宗教に対して寛容さや敬意を抱くことと、あらゆる文化にほぼ等しく価値を置くことは同じではない。多文化主義者にとっていちばん眺めのいい場所は、すべての価値を見渡せる場所だ。しかし、ひとりの人が、熱心なキリスト教徒であり、イスラム教徒であり、ユダヤ教徒であり、さらに無神論者でもあり、そのすべてを心から信じていることはありえない。ほかの文化への柔軟さや敬意は持てるかもしれないが、もし、イスラム教もキリスト教と同じくらい価値があるとほんとうに信じているキリスト教徒がいるとすれば、その人はなぜあえてキリスト教徒でいるのだろう?

これは、多文化主義者のジレンマだ。多くの文化が互いに尊敬し合う社会を作ることはできる。それを多文化主義と呼ぶならそれでもいい。けれども、もし、多様性そのものに価値を置き、あらゆる文化の美点を等しく認める多文化主義を擁護したいのなら、単一文化の中だけで暮らす人たちの生活様式を劣ったものとみなす――これは、あらゆる文化を敬う考えに反しているように思える――か、あるいは、ほかの文化をもっと尊重できるよう、それぞれの文化の境界線を曖昧にする――そうすると、尊重すべき多様性が薄れてしまう――か、そのどちらかを選ばなければならなくなる。

サスキアの例でいうと、彼女が文化の多様性を味わいつづけるためには、ほかの人たちが自分と同じくらい深く多文化主義を信奉しないよう祈るしかないということだ。

【参照】 15…持続可能な開発　29…ただ乗り　59…無知のヴェール　84…楽しみの法則

68 家族が第一

すべての人を等しく尊重すべきか？

サリーの小型船は、このあたりの海を定期的に航行する数少ない船舶だった。そのため、サリーはSOSの信号を聞き逃さないよう、いつも注意していた。だから、一隻《せき》の船が爆発して、一二人が海に投げだされ、救命ボートもないと聞いたとき、即座にそちらへ向けて舵《かじ》を切った。

ところが、そのとき、ふたつ目のメッセージが入ってきた。サリー自身の夫の釣り船が沈没しかかっていて、こちらも助けを求めているのだ。問題は、夫のいる場所が、一二人が溺れている場所を通り越した先にあるということだ。しかも、天候は悪くなりつつあり、遭難信号に応答してくれる船舶がほかにないため、サリーがどちらを優先するにせよ、後まわしにされたほうは、おそらく、到着するまでに死んでしまうだろう。

考えている時間はあまりない。一方では、自分の夫を助けないのは、夫婦間の愛情と信頼を裏切るものだと思えた。もう一方では、気だてのよい夫のことだから、たったひとりを助けるより一二人を助けるほうが理にかなっている、と納得してくれそうに思えた。どちらへ先に行きたいかサリーにはわかっていたが、どちらへ先に行くべきかはわからなかった。

大半の倫理学者たちは、あらゆる人が平等に尊重されることこそ道徳にかなう、とみなしてきた。イギリスの哲学者ジェレミー・ベンサムは「すべての人をひとりと数え、誰もひとり以上として数えるべきではない」と言った。しかし、これは、家族や親友に対しては特別な責任がある、というわたしたちの強い直観に反するように思える。たとえば、親が他人の子よりわが子の幸福を優先させるのは、当たり前ではないか？

しかし、ちょっと待ってほしい。たしかに、人は自分の子に特別な責任を持っている。それは、たとえば、わが子が十分な栄養を摂れるよう計らわなければならないが、他人の子の栄養状態を気にかける義務はない、ということだ。けれどもそれは、他人の子よりわが子の幸福を優先させるべきだ、というのと同じだろうか？

たとえば、ある優秀な学校に入学するための競争があるとする。入れるのはひとりだけだが、希望する生徒がふたりいる場合、どちらの親も自分の子が入学できるよう、きちんと主張する責任がある。しかし、選考過程を公平にするためには、どちらの言い分も是々非々で検討し、両方の子の幸福を平等に考慮しなければいけない。もし、どちらかの親が、こうした基本的公平原則に逆らおうとしたら、それは間違った振る舞いになる。わが子を思う親としては許され、褒められもする一線を越えて、他人の幸福への心くばりを欠いてしまったということだ。

ここで機能している根本原則は、こういうことのように思える。わたしたちは、見ず知らずの他人よりも、自分の家族や友人に、みずからの労力や関心を向けてもかまわないが、それは、そういう振る舞いをしても、みなを公平に扱える場合に限る。

とはいえ、原則というものはどれもそうだが、これも実際にはあまり役に立たない。高価なおもちゃをわが子に買い与えているとき、よその子が飢え死にするのは公平なのか？　情報通の親が公共サービスを最大限に利用できるのに、ほかの親たち、たいがいは貧しい親たちが、受けるべきサービスを満足に受けられないのは公平なのか？　子どもの宿題を手伝っていい点を取らせ、手伝わなかったり手伝えなかったりする親の子が悪い点を取るのは公平なのか？

こうした疑問の中には、答えるのが難しいものもある。けれども、自分や自分の家族のことだけを考えていればいい、と信じていないかぎり、こうしたジレンマは誰もがどこかの段階で抱くことになる。サリーのジレンマは、危険が差し迫っているだけに、ことのほか深刻だ。それでも、サリーが感じるはずのこの疑問は、わたしたちすべてに降りかかってくる。自分に近しい人たちの幸福を、ほかの人より優先させてもよいといえるのだろうか？


［参照］17…殺すことと死なせること　28…義務を果たす　30…依存する命　97…道徳的な運

69 戦慄

永遠に繰り返される人生に耐えられるか？

「怖ろしい！　怖ろしい！」

クルツ大佐にこの有名な最期の言葉を言わせたものがなんだったのか、多くの人たちが考えてきた。その答えは、クルツが息を引き取る直前に悟った何かにある。その瞬間、彼は過去も現在も未来もすべて幻想だと知った。時間の一瞬たりとも、これまで失われはしなかった。起きていることは何もかも、永遠に存在する。

つまり、差し迫った自分の死は、終わりではないのだ。これまで生きてきた人生は、これからもずっと存在するだろう。だから、ある意味では、自分の生きた人生が何度も何度も永遠に繰り返し、生きられることになる。毎回、寸分の違いもなく、したがって、何かを学んだり変わったり、過去の誤りを正したりする望みもないままに。

もし、クルツの人生が成功だったなら、彼はみずから悟った事実に耐えられたはずだ。自分が成しとげた成果に目を向け、「なかなかいいじゃないか」と思って堂々と死に打ち克ち、安らかに眠りについたはずだ。しかしそうはならず恐怖に囚われたの

だから、この世での挑戦に勝利できなかったということだ。「怖ろしい！　怖ろしい！」永遠回帰の思想を、あなたならどう受けとめるだろうか？

ニーチェ『ツァラトゥストラ』上下巻／丘沢静也訳／光文社古典新訳文庫／二〇一〇年ほか
ジョゼフ・コンラッド『闇の奥』黒原敏行訳／光文社古典新訳文庫／二〇〇九年ほか

文芸評論としても形而上学としても、ジョゼフ・コンラッドの『闇の奥』［一八九九年のイギリス小説。蒸気船の船長としてアフリカのコンゴを訪れた人物が、クルツの最期をみとる。クルツは、象牙取引で原住民を搾取してきた過去を語りながら死んでいく］に描かれたクルツのいまわの言葉を永遠回帰と結びつけて解釈するのは、せいぜいよくて完全な憶測、悪ければまったくのでっちあげだ。クルツの謎めいた最期の言葉をこう解釈すべきだという証拠が、原文にあるわけではない。それに、永遠回帰という思想を、ニーチェは本気で信じていたようではあるが、研究者のほとんどは、それがニーチェの代表的思想ではないとみなしている。

それでも、永遠回帰という仮説と、わたしたちがそれにどう立ち向かうかということは、自分自身を吟味するためには、おもしろい方法だ。たとえ、わたしたちの人生が無限に繰り返す定めにはないとしても、無限に繰り返すであろうという考えに耐えられるかどうかは、ニーチェにとって、わたしたちが人生に打ち克ったかどうかを試すものだった。完全に自己を統制し、おのれの運命を自在に操る「超人」だけが、十分に満足して人生を眺め、永遠回帰を受け容れることができる。

憶えておかなければならないのは、ニーチェが言っていることは、『恋はデジャ・ブ』〔一九九三年のアメリカ映画。ロケで田舎町を訪れた気象予報士が、翌日目覚めると、前日と同じ二月二日だった。町を出ることもできず、自殺してもまた二月二日に戻ってしまう〕のようなものとは違うということだ。この映画の中でビル・マーレイが演じる主人公は、何度も何度も同じ日を生きるのだが、毎回、違った行動をとる機会がある。だから、やりなおす可能性もあったし、最後には人の愛しかたを学んだことで、堂々めぐりから脱けだすこともできた。ニーチェの回帰の場合は、自分が同じことを繰り返しているという意識がなく、毎回、違うことをする機会もない。文字どおりまったく同じ人生を何度も何度も生きるのだ。

かつて存在したこともない超人だけが、永遠回帰を受け容れることができると言ったとき、もしかしたらニーチェは言いすぎてしまったのかもしれない。「もし戻れるなら、まったく同じことをもう一度する。何ひとつ変えるつもりはない」という人が、苦難の経験者の中にさえかなりいることを考えてみると、興味深い。これは、表面的には、ニーチェが永遠回帰の耐えがたさについて言ったことと、真っ向から対立する。しかし、おそらくそれはニーチェのせいではなく、過去の間違いに呑気でいられる人たちのせいだ。もし、過去の辛い経験や、ひどい失敗や、人を傷つけたことや、侮辱を受けたことを真摯に思い返したなら、それは耐えがたい苦痛ではないだろうか？　単に想像力が欠けているおかげで、あるいは、少なくとも、辛い思い出を抑圧しようとする能力のおかげで、わたしたちは過去の怖ろしさに飲みこまれずにすんでいるのではないだろうか？　超人は、過去を思い出す苦痛からわれわれを守ってくれる目隠しやフィルターもなしに、回帰の思想を受け容れる。だからこそ、ニーチェは超人がごく稀《まれ》な存在だと信じていたのであり、だからこそ、超人でないわたしたちは、歴史が何度も何度も何度も繰り返すという考えに対して、クルツのような反応をしてしまうのだろう。

【参照】21…生の宣告　34…わたしを責めないで　65…魂の力　88…記憶抹消

70　中国語の部屋

心を持つとはどういうことだろう？

占い師ジュンが客の相手をするブースは、北京で大人気だった。ジュンの評判が抜きんでていたのは、観察眼が正確だからではなく、彼女が聾唖《ろうあ》者だからだ。ジュンはつねに仕切りの向こう側に姿を隠して座り、中国語で走り書きした紙片をカーテン越しに手渡すことで、客とやりとりしていた。

ジュンに自分の顧客を奪われてしまった競争相手のシンは、耳が聞こえず喋れないというのは、注目を浴びるための彼女のお芝居にちがいないと確信するようになった。それで、ある日、客を装って訪ねていき、その正体を突きとめようとした。

いくつかお決まりの質問をしたあと、ほんとうに喋れないのか試してみたが、ジュンは動揺した兆候をみじんも示さない。答えは同じスピードで返ってくるし、手書きの文字にも乱れはない。シンはとうとう苛立ち、カーテンを引っぱりおろして仕切りを押しのけた。そこにいたのは、ジュンではなく、ひとりの男で、あとでジョンと名乗ったその男はコンピュータの前に座って、シンがカーテン越しに最後に渡した質問を入力しているところだった。いったいどういうことか説明しろ、とシンは男に怒鳴った。

「僕に怒らないでくださいよ、お兄さん」ジョンが応じた。「あなたの言っていることはひとことも理解できないんです。僕は中国語が話せないんですから」

ジョン・サール『心・脳・科学』土屋俊訳／岩波書店／二〇〇五年

ジュン／ジョンの占い部屋を訪れた客は、仕切りの向こう側にいる人間が未来を見通せるのか、ほんとうに聾唖者なのか、あるいは女性なのかどうかさえ、確信できないかもしれないが、それが誰であれ、中国語を理解していることは確信しているはずだ。手渡した中国語の質問に対して、意味のある答えが返ってくる。それこそ、答えを書いた人が自分の書いた言葉を理解している、何よりの証拠ではないか？

こうした考えを背景にして現れたのが、一九五〇年代に「機能主義」として知られるようになった心の理論である。この観点によれば、心を持つというのは、脳のような一種の生体器官を持つことではなく、たとえば、何かを理解したり、判断したり、伝達したり、といった心の機能を果たせることなのだ。

しかし、ジュンとジョンの話を読めば、その説は著しく説得力のないものになる。この場合、意識や心の全体ではなく、特定の心の機能、つまり、ある言語を理解しているかどうかが問題にされる。ジュンの占い部屋は、そこに中国語を理解する人がいるかのような機能を果たしている。

だから、機能主義者に従えば、そこでは中国語の理解がなされているということになる。けれども、シンが見たとおり、実は中国語がまったく理解されていない。結論として、機能主義は間違いのように思える。心の機能を果たすだけでは、心を持つことにはならないからだ。

そういうとおそらく、ジョンが中国語を理解していなくても、彼の操作するコンピュータは理解しているはずだ、という反論の声が上がるだろう。それなら、コンピュータを使う代わりに、ジョンが複雑な指示マニュアルに慣れて、素早く作業できるようになったと仮定してみよう。このマニュアルが指示するのは、カーテン越しに差し入れられた質問に対して、どの答えを書き取ればいいかだけだ。答えを書く人間にしてみれば結果は同じだろうが、この場合、中国語の理解がなされていないことはあきらかだ。コンピュータはただ規則に従って記号を処理するだけなのだから、マニュアルを手にしたジョンと同じように、このコンピュータもまた、何も理解していないといえるだろう。

中国語を理解している場所をコンピュータに絞っても無駄であるなら、もっと広く、ジョンとコンピュータと部屋を全体的なシステムとして捉え、それが全体として中国語を理解している、というのはさらに無益なことに思える。とはいえ、この捉えかたは、それほどばかげてはいない。なにしろ、わたしは英語を理解しているが、わたしのニューロンか舌か耳かが英語を理解しているとはいえないだろうから。けれども、占い部屋とジョンとコンピュータは、人間と同じほど緊密に統合された全体を形成しているわけではないし、その三つを一緒にすれば中国語の理解がなされると考えるのは、説得力がないように思える。

しかし、そうなるとひとつ問題が残る。心に似た機能を果たしても心を持つといえないのなら、そういえるには、さらに何が必要なのか、そしてコンピューター――あるいはわたし以外の人――が心を持っているかどうか、どうすればわかるのだろう？

【参照】14…氷の話　20…幻想を破る　93…ゾンビ　96…狂人の痛み

71 生命維持

患者の苦しみを救うには？

グレイ医師は悩んでいた。終末期の患者のひとりが、生命維持装置につながれている。最後に意識を失う前に、その女性患者は、装置のスイッチを切ってほしいと繰り返し懇願していた。しかし、病院の倫理委員会では、患者の生命を故意に縮める行為は間違いだと定めていたのだ。

グレイは委員会には反対だったし、患者の希望がないがしろにされているのが心苦しかった。機械によって死を遅らせるのは、患者の友人や身内の苦しみを長引かせるだけだとも思っていた。

じっと立ったまま、グレイは悲しげに患者を見つめていた。ところが、そのとき思わぬことが起こった。病院の清掃員が、生命維持装置につながっている電源コードに引っかかり、プラグが差しこみ口からはずれてしまったのだ。装置は、かん高い警告音を発した。その音に動揺した清掃員は、どうしたものかと、近くにいるグレイ医師を見た。

「心配しなくていい」医師はためらいもなくそう言った。「掃除を続けてくれ。問題ないよ」

事実、グレイには今やなんの問題もなかった。患者の命を縮めるために故意に何かをした人は誰もいないのだから。たまたまプラグが抜けて装置が働かなくなるのを、そのままにしていただけで、自分から引き抜く行動を起こしたわけではない。こうして、倫理委員会の規定にそむくことなく、グレイの望みどおりの結果になった。

Causing Death and Saving Lives by Jonathan Glover (Penguin, 1977)

殺すことと死なせることのあいだには、あきらかな違いがあるが、この違いはどんなときでも道徳的に重要なのだろうか？　もし、どちらの場合も死が意図的であり、故意に決断した結果だとすれば、決断を下した人は同じように非難されるべきではないのか？

グレイ医師の場合、殺すことと死なせることをはっきり区別するのはおかしいように思える。彼は、生命維持装置の電源を切って、患者を死なせたがっていた。実際、装置のプラグを入れなおすことをせず、意図も結果も同じだった。仮に、患者を故意に死なせる行為が誤りだったなら、患者の死を防ぐために簡単な行為さえしないのも、同じように誤りなのではないか？あるいは逆に、患者を死なせるのが道徳的に正当化されるなら、装置の電源を切ったとしても、同じように正当化されたはずではないか？

それでも、安楽死に関する法律を持つ国の多くが、殺すことと死なせることを明確に区別している。したがって、医師は永久的な植物状態にある患者への栄養供給を止めて死に到らせることはできるが、致死量の薬物を注射してただちに死なせることはできない、という奇妙な結果になる。どちらの場合も、患者は意識がないので、苦しみはしないはずだ。それなのに、素早くしかも痛みのない死よりも、飢え死にのほうがなぜ倫理的にまさっているのか、納得するのは難しい。

殺すことと死なせることの違いが、道徳的にいつも重要なわけではないにせよ、法律や社会的規範を根拠として、故意の殺人をいっさい認めないことは重要だといえる。この生命維持装置の場合のように、倫理的に曖昧な領域は存在するが、社会には規則が必要であり、線を引くのにもっともふさわしくわかりやすい場所が、殺すことと死なせることとの境界なのだ。グレイ医師の患者のように、このやりかたでは満足な結果が得られない、やっかいなケースもあるだろう。それでも、医師による故意の殺人に扉を開くよりは、このほうがましだ。

とはいえ、そのやりかたは、殺すことと死なせることを区別するのが、患者に対して倫理的かそうでないかを分ける最良の方法だ、という考えを前提にしているため、問題が生じてしまう。苦痛を最小限に抑え、患者の希望を尊重する、ということをなぜ基本原則としないのか？

どういう結論を下すにせよ、倫理的な観点から、殺すことと死なせることを区別するのは容易でない、とグレイ医師のケースは教えてくれる。

【参照】17…殺すことと死なせること　30…依存する命　54…ありふれた英雄　55…二重のやっかい

72 パーシーに自由を

動物の権利をどこまで認めるか？

「今日、わたしは、『何人《なんぴと》たりとも、隷属状態に置かれてはならない』と宣言するヨーロッパ人権条約の第四条第一項にもとづいて、わが所有者とされるポリーさんに対し、訴訟を起こしました。

わたしは、ベネズエラでポリーさんに捕まえられたため、みずからの意思に反して所有され、自分のものといえるお金も持ち物もありません。こんなことが許されるのでしょうか？　わたしは、みなさんと同じひとりの人なのです。痛みも感じます。計画も立てます。夢もあります。話ができるし、考えることも感じることもできます。みなさんは、ご自分の家族をこんなふうに扱ったりはしないはずです。それならなぜ、わたしに対してあからさまにひどい仕打ちをなさるのですか？

答えはこうでした。『それは、君がオウムだからだよ、パーシー』。ええ、たしかにわたしはオウムです。でも、あなたたちの条約が人間の権利についてのものだとしても、そこには何度も『すべての人』と出てくるし、すべての人とは『あらゆる人々』

という意味です。人とはなんでしょう？　かつては、白人だけが本物の人だと考えられていました。少なくとも、すでにその偏見は打ち破られています。もちろん、人とは思考する知的な存在であり、理性を持ち、反省し、自分自身を自分自身とみなすことができる存在です。わたしもそのひとりなのです。わたしは人です。オウムという種だけを理由にわたしの自由を否定するのは、人種差別にもまさる偏見です」

ジョン・ロック『人間知性論』

生物科学に関する話を、楽観主義者から聞きすぎても、悲観主義者から聞きすぎても、遠からぬ未来にパーシーは実現する、と思いこまされるかもしれない。遺伝工学の発達によって、高度な知性を持ったオウム、あるいはもっと可能性の高い、高度な知性を持ったチンパンジーが生みだされないとも限らないのだ。

もしそうなったら、そのとき、わたしたちは人を生みだすことになるのだろうか？「人」というのは「人類」と同じ範疇にはない。「人類」は生物学的な種のひとつだが、「人」は生理学的にはっきり特定できるものではない。SF小説に出てくる知性を持った異星人に対して、わたしたちがどう反応するか考えてみるといい。たとえば、『スタートレック』に出てくるヒューマノイド型異星人クリンゴンのように。「彼らも人だ」という反応はまっとうであるばかりか、正しい反応に思えるが、「彼らも人間だ」というのは間違いだろう。

道徳的観点からは、どちらの範疇のほうが重要だろう？　クリンゴン人を苦しめることは、道徳的にどうなのか考えてみる。「いいさ、あいつは人間じゃないんだから」という言いかたは、道徳的に論外だと思えるし、「そんなことをするな、あいつは人なんだから」というのは、正しいように思える。

もし、この推察が正しいのなら、パーシーを空へ逃がさなければならないだけでなく、自分自身やほかの生き物に対する捉えかたについても、考えなおさなければならない。第一に、道徳的な重要性は人間としての本質より人としての本質にある、という考えは、わたしたちの同一性は物理的身体によって決まるのではなく、人であるために不可欠な特質、つまり思考や感情や意識によって決まる、という考えとうまく一致する。身体ではなく、そうした特質こそ、わたしたちが人でありつづけるために必要なのだ。

第二に、パーシーが人種差別を指摘したことで、生物間の「種差別」が現実にありえることが示された。生き物はそれぞれ生物学的に種が異なる、という事実を利用して、それぞれに対する扱いかたを変えようとするとき、つねに種差別が起きる。しかし、そういう生物学的な差異は、道徳的には意味がないのだ。

実際のところ、ヨーロッパ人権条約のもとで保護されるべき、人としての特性を十分に持った動物はいない。しかし、痛みを感じるだけでなく、ある程度までそれを記憶したり予期したりする動物はたくさんいる。そのこと自体、わたしたちがその痛みを考慮に入れて、不必要な痛みを回避する道徳的義務があるということではないだろうか？　その動物が人間でないという理由だけで道徳的義務を怠れば、わたしたちは種差別を犯すことになるのではないか？　その訴えが法廷に持ちこまれる見こみはあまりないにしても、わたしたちはそれに答えなければならない。

【参照】　5…わたしを食べてとブタに言われたら　24…シモーヌに自由を　53…つかみどころのないわたし　65…魂の力

73　目が見ているもの

私的感覚とはなんだろう？

もし、ほかの人の目を通して世界を見ることができたら、何が見えるだろう？　セシリアにとって、この疑問はもはや仮定でも比喩でもなかった。セシリアは、〝万能視覚情報交換機〟というすばらしい機械を試したところなのだ。これを使って誰かほかの人とつながれば、その人が見ているのとまったく同じように世界を見ることができる。

誰にとっても、それはびっくりするような経験だ。しかし、セシリアにはなおさら衝撃的だった。というのも、友人であるルークの目で見てみると、まるで世界が逆さまになったみたいなのだ。ルークには、トマトの色がセシリアにとっての青に見えていた。空は赤。バナナは熟すにつれて黄色から緑に変わった。

交換機を発明した人たちは、セシリアの経験を知ると、さらにテストを受けさせた。その結果、セシリアは彼らがいうところの色覚逆転で世界を見ていたことがわかった。セシリアに見えている色はすべて、ほかの人が見ている色のいわば補色なのだ。とはいえ、当然ながらその違いはつねに一定しているため、もし交換機がなければ、誰も気づかなかったはずだ。なにしろ、ほかの人と同じように、セシリアもトマトを正しく赤と呼んでいたのだから。

あなたも、世界をセシリアと同じように見てはいないだろうか？　もし、わたしがあなたの目を通して見たら、沈む夕陽がわたしにとっての青に見えはしないだろうか？　それを知ることは、どうしてもできない。なぜなら、あなたが世界をどう見ていようと、知覚する色と物の組み合わせが、わたしと同じく規則的であるかぎり、どんな言葉や行動をもってしても、その違いをあらわにすることはできないからだ。どちらにとっても、緑は芝生やレタスやエンドウ豆や一ドル紙幣の色だ。オレンジはオレンジ色だし、怒りは赤に見えるだろうし、歌手はブルーな気分を歌うだろう。

わたしたちが色を示す言葉を正確に使いわけるのは、公共の対象物を示し合うことによってのみであり、私的経験によってではない。ほかの人の目のうしろに回って、その人には実際に青がどんなふうに見えているか知ることはできない。自分も相手も生物学的にほぼ同じなのだから、晴れ渡った夏空の見えかたも、たいして違わないだろうと推測するしかないのだ。

それなら、色覚異常の人をどうやって見つけだせるのか、と疑問が湧くかもしれない。その答えは、世界じゅうのセシリアたちが、ひっそりとわたしたちの中にまぎれている、という説を打ち消すよりも、むしろ支持するものになる。色覚異常だとわかるのは、正常な色覚の人ならはっきり見わけられるふたつの色の違いを区別できないからだ。たとえば、大多数の人と違って、色覚異常の人は背景が緑だと赤を識別できない。それを見わけるテストは、感覚経験という私的経験に関わるものではない。色の違いを公共的に判断する能力があるかないかを決めているだけだ。だから、ほかの人たちと同じように色の違いを区別できさえすれば、わたしたちと比べて実際にその人には色がどう見えていようと、やはり気づくことはできない。

わたしたちと違うふうに世界を見ている人がいるかもしれないという事実（なんなら音や匂いや味や感じかたの違いでもいい）には、直観的な懐疑を少し超えるものがある。おそらくもっと興味深いのは、その可能性が、言語の使用に関して、そして内的生活を表現する言葉の意味に関して、わたしたちに教えてくれることがらだろう。つまり、「赤」のような言葉は、ある特定の視覚をあらわすのではなく、わたしたちがそれをどう見るかという規則性に対応する、世界の規則性にすぎない。トマトは赤いと言うとき、「赤」という言葉はわたしたちが知覚する色のことを指しているのではなく、世界の特性を言っているのであり、それはほかの人にはまったく違うあらわれかたをしているかもしれない。だから、セシリアとルークがふたりとも空は青いと言えば、たとえ、見ている色が全然違ったとしても、どちらも正しいのだ。

色がそうなら、ふつうわたしたちが内的で私的だと思っているほかのことにも、同じように当てはまるのだろうか？ 「痛み」というのは、ある感覚なのかそれとも感覚に対する反応のようなものなのか？ 頭が痛いというとき、わたしの頭の中の嫌な感覚のことを指していると思うのは間違いなのだろうか？ だとすると、心をあらわす言語は、内側と外側が逆になるのだろうか？

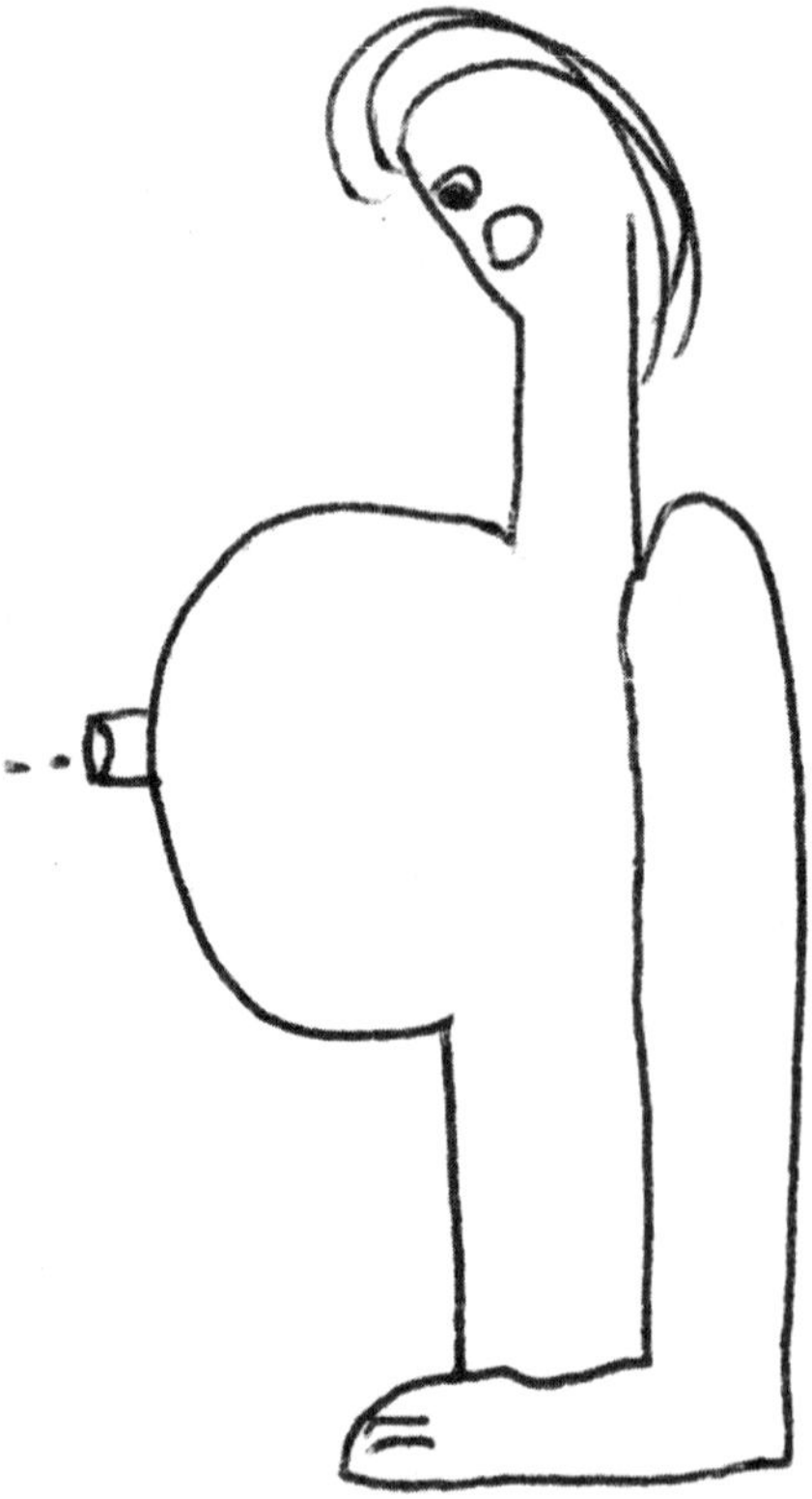

［参照］13…赤を見る　22…随伴現象者たちの星　41…青を獲得する　58…コウモリであること

74 亀の徒競走

パラドックスはなぜ生まれるのだろう？

ようこそ、アテナイでの人間と亀の決勝レースへ。わたしはゼノンという者で、この大会の解説をいたします。ですが、結果はもう決まっていると言わねばなりません。アキレスが手痛いミスをして、亀のタルクィニウスを一〇〇メートル先からスタートさせてしまったのです。説明しましょう。

タルクィニウスの戦略は、どんなに遅くても動きつづけることです。アキレスがタルクィニウスに追いつくには、レースが始まったときタルクィニウスがいた場所にたどり着かなければなりません。それには四、五秒かかります。その間にタルクィニウスはほんの少し動いているので、わずかな距離だけアキレスより前にいます。ここで、アキレスがタルクィニウスに追いつくには、タルクィニウスがいた場所に再びたどり

着かなければなりません。しかし、アキレスがそうしている間に、タルクィニウスはまた少し前に動いているので、わずかな距離だけアキレスより前にいます。だから、アキレスがタルクィニウスに追いつくには、再びタルクィニウスの今いる場所までたどり着かなければならず、その間にタルクィニウスは前に進んでしまっています。これがずっと続く。もうおわかりでしょう。論理的にも数学的にも、アキレスが亀に追いつくことはできないのです。

ただし、今から亀のほうに賭けるのは遅すぎます。選手たちはすでに位置について......スタートしました！　アキレスが近づいて......近づいて......近づいて......亀を追い越しました！　信じられない！　ありえません！

古代ギリシャの哲学者ゼノン作とされる「アキレスと亀のパラドックス」

なぜアキレスは亀に追いつけないか、というゼノンの説明がパラドックスであるのは、相容れないことがらがふたつとも正しいという結論に導かれてしまうからだ。この議論では、アキレスは亀に追いつけないことを証明しているように思えるが、わたしたちの経験から考えれば、当然追いつける。それでも、この議論も経験が教えてくれることも、どちらも間違っていないように見えてしまう。

この議論の欠陥を指摘できると考えた人たちもいた。この議論がうまくいくのは、時間や空間を、どんどん小さなかたまりへと無限に分割できる連続的統一体とみなしたときだけだ、と。なぜなら、この議論が拠りどころにしている考えかたによると、アキレスが亀のいた場所に到着するまでに、どれほど短くても亀はある程度の距離を動き、そのあいだ、どれほど短くてもある程度の時間がかかる。たぶん、この仮定こそが間違いだ。最後には、時間も空間もこれ以上小さく分割できない地点に到達するのだから。

しかし、この説明はそれ自体で別のパラドックスを生みだしてしまう。アキレスと亀の議論の欠陥を指摘するこの考えかたの問題点は、最小単位の空間は本質的に拡張（長さ、高さ、奥行き）を持たないと主張していることだ。もし持つとしたら、それをさらに分割できることになり、亀の徒競走が抱える問題に逆戻りしてしまう、というのだ。だが、それなら、あきらかに拡張を持っている空間が、それ自体は拡張を持たないひとつひとつの単位からどうやってできあがるというのか？　同じ問題が、時間についても起こる。もし、最小単位の時間に持続がなく、したがってそれ以上分割できないとしたら、全体としての時間にどうして持続がありうるのか？

こうなると、複数のパラドックス間のパラドックスに行きつく。つまり、ふたつのパラドックスがあり、その両方が正しいように見えるが、もしどちらも真だとしたら、それは、たったふたつの可能性を不可能にしてしまう。わけがわからないって？　ご心配なく。無理もない。楽な道などは存在しない。解決するには、きわめて複雑な数学が必要になる。そして、このことが亀の徒競走におけるほんとうの教訓かもしれない。つまり、基礎的論理を使って机上で理論化しようとしても、宇宙の深淵なる自然とはかみ合わないのだ。とはいえ、それ自体が苦い教訓でもある。なぜなら、わたしたちは議論の不整合や欠陥を見抜こうとするとき、つねに基礎的論理に頼っているのだから。間違っているのは論理そのものではなく、それ自体が複数の論理法則を抱える解決法によって、パラドックスをさらに複雑に解決しようとすることだ。難しいのは、むしろ論理を応用することなのだ。

［参照］　38…検査員の訪問　42…金を取って逃げろ　60…幸運のルーレット　94…一粒ずつの課税

75 木馬で賭けに勝つ

知っているとはどういうことか？

ポールは、どの馬がダービーで勝つか知っていた。少なくとも、自分では知っていると確信していたし、これまでも、そう確信できたときは、間違いなく勝ってきた。といっても、競争馬のコンディションを研究することで確信を得るのではない。きたるべき展開が読めるのでもない。勝ち馬の名前がただひらめくのだ。それも、もはや乗るには小さすぎる木馬に揺られているときに。

それでも、賭けたレースすべてが的中するわけではなかった（ポールに情報を教えられた仲間たちが代わりに賭けたときも的中しなかった）。あまり確信が持てないときもあるし、まったくひらめかずにただ当て推量で賭けるときもある。けれども、そんなときは決して大金を賭けたりはしなかった。ただし、絶対の確信があるときには、あり金のほぼすべてを賭けた。この方法で、これまで失望させられたことはない。

仲間のひとりオスカーは、ポールがたしかに不思議な能力を持っているとは思ったが、勝ち馬をほんとうに知っているという確信はなかった。ポールがこれまでつねに

勝ってきたとしても、それで十分ではない。正しく言い当てられる理由がわかるまでは、ポールの信念はおおもとが危うく、きちんとした知識とはとてもいえない。それでも、オスカーはポールに教わった情報どおり、自分も少しばかり賭けるのをやめようとはしなかった。

「木馬に乗った少年」『ロレンス短篇集』所収／井上義夫編・訳／ちくま文庫／二〇一〇年ほか
マイケル・プラウドフットによる倫理講義

単なる正しい信念と知識とはどう違うのだろう？　そこには違いがあるはずだ。たとえば、地理のことを何も知らない人が、主要国いくつかとその首都を記したカードを見つけたとしよう。カードにはこう書かれている。大英帝国―エジンバラ、フランス―リール、スペイン―バルセロナ、イタリア―ローマ。この人は、カードの記述を額面どおりに受け取り、それぞれの国の首都がほんとうにその都市だと信じる。しかし、ローマ以外はみな間違っている。この場合、ローマがイタリアの首都だと信じたのは正しいものの、それが正しいことを知っているというのは、あきらかに誤りではないだろうか？　その信念は、知識というにはあまりに信頼できない情報源にもとづいている。ローマの場合に正しかったのは、ただ運がよかっただけだ。運のよさが信念をほんとうの知識にすることはないし、それは、もしイタリアの首都をまぐれで言い当てていたとしても、それが知識といえないのと同じだ。

だからこそ、哲学者たちはつねづね、信念を知識とみなすためには相応のやりかたで正当化しなければならないと主張する。とはいえ、どんなふうに正当化すればいいのだろう？　ポールの場合、勝ち馬を知っているという主張は、単純な事実にもとづいている。つまり、自分の信念の源のたしかさだ。勝ち馬の名前を知っていると確信したときは、つねに正しいのだから。

問題は、その確信がどこからくるのか自分でもわからないことだ。確信が知識にきちんとつながっているという証拠は、それまでの結果をもとにしているにすぎない。しかし、そのこと自体がまったく信頼できない可能性もあるのだ。たとえば、レースの黒幕のような人物が、勝ち馬の名前をポールの心にうまく植えつけているのかもしれない。そしてその目的が、いつかポールを陥《おとしい》れてわざと間違った名前を植えつけ、全部すらせてしまうことだったとしたらどうだろう。ポールが確信した背景にこんな事情があったとすれば、勝ち馬を知っているとはいえないはずだ。先ほどの、首都を記したカードと同じように、レースの黒幕は信頼に足りず、たとえこれまでは正しかったとしても、植えつけられた名前は知識の情報源ではありえない。

けれども、もしポールの信念の源が、純粋に人智を超えたものだとしたらどうだろう？　いかにもあやしげな八百長の黒幕のようなものではなく、わたしたちには説明できない何かだとしたら？　信頼できるかできないかを判断するのは、わたしたちの過去の経験しかない。将来のことは間違う可能性がある。しかし、将来のことをなんの疑いもなく信頼できるほど、たしかな知識に至る道などあるのだろうか？

【参照】10…自由意志　14…氷の話　62…知ってはいない　76…ネット頭脳

76 ネット頭脳

蓄えた知識は教養だろうか？

知識をひけらかす同僚たちと一緒にいても、ウーシャはもはや気まずさを感じなくなった。博識自慢のティモシーに堂々と近づいていき、新しい装置の効き目を試してみる。

「やあ、ウーシャ」ティモシーが話しかけてきた。「今夜の君は『美しき乙女』のようにきれいだよ！」

「『美しいけれど無慈悲な乙女』の詩ね」ウーシャが答えた。「嬉しいわ。でも、『乙女の髪は長く、足もとは軽やかで、瞳は野生の輝きを秘めていた』というけど、わたし自身は、目はともかく、足のサイズは二六・五センチだし、髪はすごく短いわ」

ティモシーは、見るからに驚いて言った。「君がキーツをそんなに好きだとは知らなかったな」

「カントを引用すればこうなるわよ」ウーシャが答えた。「おそらく、他人にわかるのは、わたしがどんな人物かではなく、どんな人物に見えるかだけだ」。その言葉に、相手は仰天して立ちつくしている。

ウーシャが移植した装置は、申し分ない働きをしていた。その装置とは、百科事典のデータベースに接続できる高速無線チップだ。何かを思い出そうとすればその装置が反応し、情報源を検索して、探している情報を拾い上げてくれる。ウーシャは実際に自分が何を思い出そうとしているのか自覚はなかったし、チップが何を検索したのかも知らなかった。けれど、まったく気にならない。今や、ウーシャはその部屋でもっとも博識な人物であり、大事なのはそれだけだからだ。

ウーシャは、ずるをしている。それは間違いない。読んだ書物の内容を憶えたふりをしているが、実際は、優秀な移植チップの働きによって、初めて頭に浮かんだだけなのだ。けれども、それはキーツやカントの文章を、ウーシャが知らないということを意味するのだろうか？　ちょっと変わった方法で情報を入手したからといって、それだけで知識でないことにはならない。結局のところ、脳に蓄えた情報にアクセスするのと、脳ではないが直接つながった場所に蓄えた情報にアクセスするのと、何が違うのだろう？

多くの哲学者にならって、知識とは正当化された正しい信念の一種だとするなら、このケースはなおさら説得力がある。キーツやカントについてのウーシャの信念は正しく、チップの性能を根拠に、その情報を正しいと信じることが正当化されているのであり、それはわたしたちが、当てにならない脳の性能を根拠に、記憶を正しいとみなしている以上とはいわないまでも、同じ程度だとはいえる。

おそらく、このケースでもっとも興味深いのは、ウーシャが何を知っているかではなく、思い出された事実が、知性や知恵においてどんな役割を果たしているか、という問題だろう。ウーシャが知識をみごとに披露したのは、引用文にアクセスする能力のおかげだけではない。その引用文をうまく使うには、機知や理解力が必要になる。それがあるからこそ、ウーシャは知性的な人物とみなされるのであって、古典的な詩や散文をただ反復しているからではない。

ところが、この思考実験からもわかるように、わたしたちはつい、その反対だと思ってしまう。立派な書物から文章をやすやすと引用し、暗唱する人たちに囲まれていたため、ウーシャは自分が知的でないと感じていた。はたして、そういう人たちは、ほんとうに優れた知性を披露しているのか、それとも思い出す能力を披露しているだけなのか？　ティモシーはキーツの詩を引用して会話を始めてはいたものの、詩に詠《うた》われた乙女は実際のところ、ウーシャと少しも似ていなかったではないか。

ウーシャの移植チップが、優れた書物を実際に読む代わりにはならない、と考えるまっとうな理由は、ほかにもあるかもしれない。名作というのは、時間をかけて読んで初めて、きちんと理解し、その意味を考えぬくことができる。ウーシャのように、ただ文章を引き抜いてきただけでは、背景や文脈を理解することはできない。だから、引用文を如才なく使って同僚を驚かせてはいるものの、もし会話がキーツやカントの微妙な意味合いへと移っていったら、無知がばれてしまうはずだ。

けれども、それはティモシーも同じかもしれない。要するに、哲学や古典文学の内容を知っているだけでは、知性や知恵の指標にはならない、ということだ。コンピュータ・チップは、人間の脳と同じくらい効率的に、そうした知識を蓄えておける。大事なのは、わたしたちがその知識を使って何をするかではないだろうか。

［参照］14…氷の話　31…記憶は作られる　62…知ってはいない　75…木馬で賭けに勝つ

77 身代わり

規則を破ってもいい場合とは？

マーシャはなぜ警察官になったのか？　マーシャ自身の心の中では、答えははっきりしていた。市民を守り、正義をきちんと実現するためだ。そうした目的は、規則に従うことよりも大事だった。

マーシャはそれをいつも自分に言い聞かせていた。なぜなら、理想に忠実でいるためには、規則を破る決断であっても、ひるまず下さなければならないからだ。ある正直な男性がひどい間違いを犯し、その結果、罪のない女性が死んだ。しかし、思いがけない出来事や偶然が続いて、マーシャはその件で別の男を有罪にするのに十分な状況証拠と法医学的証拠を手に入れた。しかも、マーシャがぬれぎぬを着せようとしているその男は、間違いなく何人も人を殺した悪党だった。ただ、法廷に提出できるだけの証拠を集められず、告発に至らなかっただけなのだ。

適正な法的手続きに照らせば、ぬれぎぬを着せるのが許されないのはわかっていたが、誰の脅威にもならない男性を刑務所に入れるより、連続殺人犯を刑務所に入れる

ほうがいいに決まっているではないか。そのことで得られる正義のほうが、殺人者に正当な裁判を受けさせない不正義よりも大きいのだから。

クリストファー・ノーラン監督『インソムニア』二〇〇二年

「もし、わが子が誰かに危害を加えられたら、そいつを殺す」。そういう言葉を聞くのは珍しくないが、法を順守する市民が口にするとなると話は別だ。しかし、そんなふうに言う人たちは、どう考えているのだろう?

ある見かたによれば、彼らは自分の手で正義を実行するのは間違いだと知っていながら、ただ正直にみずからの感情を認めているにすぎない。別の見かたは、もっと攻撃的だ。子どもに危害を加えた人間は、報復を受けてしかるべきだ。法律が味方になってくれないなら、自然の正義が味方になってくれる。

法律と道徳性が同じでないことは、議論の余地がないはずだ。だからこそ、不公平な法律がありえるのだし、市民的不服従が賞賛される場合もあるのだ。それでも、法規を遵守するという原則は大事だ。規則を曲げたり破ったりするのは、例外的な状況においてのみであるべきだ。たとえ動機が善良であっても、法律を市民の手にはゆだねないことが、わたしたち全員の最大利益になる。

とはいえ、こうした一般的な考察は、マーシャにとってはたいして役に立たない。マーシャもこの考えには完全に賛成するだろうが、問題は彼女のケースが、規則破りを認める例外的な状況に当たるかどうかだ。それをどうやって決めればいいのか？

マーシャの策略を正当なものにしうる方法はいくつかある。たとえば、三つの条件が揃えば、わたしたちは規則破りも許されると思うかもしれない。ひとつ目は、規則破りが、規則に従うよりも著しくよい結果をもたらすこと。これは、マーシャの状況に当てはまるように思える。ふたつ目は、その行為が、規則に従う一般人の信頼を傷つけないこと。この条件も、マーシャの策略が秘密裏に行なわれるかぎり、かなえられるだろう。三つ目は、規則破りが、よい結果をもたらすための唯一の手段であることだ。真の危険人物を収監するためには、マーシャはほかに取るべき手だてがないように思える。

ということは、マーシャの企ては道徳的に正当化されてよいようにも見える。それでも、誰を罰するべきかを決めるのが法廷ではなく警官だというのは、すんなり納得しがたい考えだ。そのことには、もっともな理由がある。ときに、犯人を逃がすことになったとしても、警官が権力を乱用しないための安全装置がわたしたちには必要なのだ。

両方を取りこむすべはあるのだろうか？　おそらく、こう言っても矛盾はしないだろう。社会は、警官がつねに規則に従うことを要求すべきだが、それでも、秘密裏に規則を破るのがよい場合もある、と。わたしたちは、集団では法規を遵守すべきかもしれないが、個人の務めとしては、法律の内側であれ外側であれ、最良のことをきちんとなすべきなのかもしれない。

【参照】7…勝者なしの場合　32…テロ予告　36…予防的正義　50…善意の賄賂

78 神に賭ける

神の存在に賭けてよいのか？

そして主は哲学者に言われた。「わたしは主なる神である。ただし、その証拠はないのだから、堕落した今のお前にふさわしい、信ずべき理由を教えよう。つまり、打算にもとづいて神に賭けるのだ。

ここに、ふたつの可能性がある。わたしは存在するか、存在しないかだ。もしお前がわたしを信じて命令に従い、そしてわたしがほんとうに存在する場合、お前は永遠の命を得られる。しかし、わたしが存在しない場合は、信仰の安らぎを多少なりとも感じながら、限られた命を生きることになる。もちろん、教会に通った時間は少しばかり無駄になったし、ちょっとした楽しみも見すごしたが、そんなことは死んでしまえばなんでもない。だが、もしわたしが存在していれば、永遠の至福がお前のものになる。

もし、お前がわたしを信じず、実際にわたしが存在しない場合、お前は自由気ままな人生を送るが、それでも結局は死ぬのであり、その人生には神を信じることで得られる安心もない。そして、もしわたしが実際に存在する場合には、永遠の業火に焼かれ苦しむことになる。

したがって、わたしが存在しないほうに賭ければ、もっともよくて短い命、もっとも悪ければ永遠の地獄だ。しかし、どれほど見こみが薄かろうと、わたしが存在するほうに賭ければ、もっとも悪くても短い命、もっともよければ永遠の命だ。そちらに賭けないのはどうかしているぞ」

パスカル『パンセ』全二巻／前田陽一・由木康訳／中公クラシックス／二〇〇一年ほか

なんらかの宗教を信仰していながら、定期的に礼拝に行かなかったり、聖典を学ばなかったり、あるいは教義にさえ従わなかったりする人たちは、世界じゅうにいる。それでも、彼らは自分たちの神を信じるのを完全にやめようとはしない。たとえば、子どもたちには洗礼を受けさせるし、バーミツバ［ユダヤ教の男子の成人式］を執り行ない、宗教的な葬式を挙げる。必要なときには祈ることもある。

そうした人たちは、賭けへと誘うわれらが神ほど論理的ではないかもしれないが、その振舞いの根底には、同じ基本原則がある。つまり、万一に備えて最低限、神と関わりを持ちつづけておくのが何よりなのだ。これは、保険の外交員の理屈でもある。要するに、もしものために備えておけば、時間も手間もたいしてかけずに安心が得られる、ということだ。

賭けというのは、可能性が実際にふたつあって初めて意味を持つのだが、当然ながら、ここではそうはならない。信ずべき神にはいろいろな種類があるし、従う方法もいろいろだ。たとえば、福音主義キリスト教徒は、イエス・キリストを救世主と認めなければ地獄に行くと信じている。だから、ある人が宗教を信じていたとしても、それがイスラム教やヒンズー教やシーク教やジャイナ教や仏教やユダヤ教や儒教などであれば、もしキリストが天国の王だった場合は、それだけで賭けに負けることになる。

もちろん、賭けの結果は同じで、間違った選択をした場合は、永遠の地獄に行くしかない。しかし、こうなると問題は、きわめて可能性の低いこの事態に備えて、保険を掛けられないことだ。なぜなら、もし間違った宗教を選んでしまったら、いずれにせよ地獄に行くのだから。

間違った宗教を信じたからといって、慈悲深い神が地獄行きを宣告するはずはないから、どんな宗教でもかまわない、と思うかもしれない。けれども、親切で間違いをも受け容れてくれるそんな神なら、無神論者を永遠の業火で罰することもないはずだ。万一に備えて保険を掛ける価値があるのは、唯一、原理主義的な神だけであり、その契約書は、ある特定の神にだけ有効なのだ。

さらにいえば、わたしたちの魂が行きつく先を前もって見越せる神が、そんな浅はかで打算的な私利私欲にもとづいた信仰を認めるのは、おかしなことだ。もしかしたら、最初は打算的な信心でも時間をかければ純粋なものになり、単なる型どおりの信仰ではなくなるのかもしれない。信仰心は、実践によって完全になる。それでも、不誠実な動機で信仰を持てば、神はそれを察知し、ふさわしい判断をするはずだ。

それなら、賭けにどんな選択肢があるか、もっときちんと説明しなければならない。選択肢のひとつは、多くの宗教と敵対する原理主義的宗教のひとつだけを信じさせ、そうしない者を罰する神を選ぶこと。もうひとつは、神はいないか、あるいはわたしたちがみずから罪を償う機会を与えもせず、自分を信じるよう要求するほど、神は勝手ではないと信じることだ。もし、いじわるな神に賭けてしまったとしても、まだ選択肢はたくさんあるが、そのどれも、ほかの神を選ぶと機嫌を損ねる神だ。

いずれにせよ、賭けは賢明ではない。

［参照］25…丸を四角にする　45…目に見えない庭師　57…神の命令　95…悪の問題

79 時計じかけのオレンジ

犯罪抑止のための洗脳は許されるか？

内務大臣は、みずからの計画が「政治的に容認できない」ものだと周囲からはっきり言われていた。しかし、ある有名作家が創作したディストピア小説［ユートピア小説の反対で、徹底的な管理・統制により自由が奪われた社会を描く］の内容とそっくりだというだけでは、その計画を斥《しりぞ》ける理由にはならない。

アントニイ・バージェスの小説『時計じかけのオレンジ』［舞台は近未来のロンドン。暴力の限りを尽くす少年グループのリーダーが、逮捕され実刑判決を受けるが、二度と罪を犯さないための治療を条件に刑を短縮される］に出てくる「ルドヴィコ療法」に似て、新たに開発されたこの〝犯罪忌避療法〟のプログラムは、常習犯に対して、不快だが長くはかからない治療を施し、過去に自分が行なったたぐいの犯罪について考えただけで、嫌悪感を催させるというものだ。

　内務大臣にとって、これは一挙両得どころか、一挙に三つも得になる。この治療法は、犯罪者を長期間しかも繰り返し監禁するより安価なため、納税者が得をするし、監獄の中より外にいるほうが楽だから、犯罪者も得をするし、共同体にとってやっかいな害虫だった人間が法を順守する市民に変わるのだから、社会も得をする。

　それなのに、市民の自由を主張する団体は、たとえこの療法が完全に自発的なものであっても、これは洗脳であり、個人の基本的自由と尊厳を否定するものだといって騒いでいる。いったい何に反対なのか、と内務大臣は思った。


アントニイ・バージェス『時計じかけのオレンジ　完全版』乾信一郎訳／ハヤカワepi文庫／二〇〇八年

　尊厳と自由について語るとき、人は倫理という景色の中でもっとも重要なふたつの目印を語っているか、あるいは、ただこじつけているかのどちらかだ。たとえば、目新しい技術に対して、人間の尊厳への侮辱だと不平をいう人は、往々にして、見慣れないものや珍しいものへの、条件的な嫌悪感をあらわしているにすぎない。一例を挙げれば、試験管内受精は始まったばかりのころ、実験用標本のレベルに人間性をおとしめるものだとして、多くの人に拒絶された。しかし、今では不妊の効果的な治療法として、ほとんどの人に受け容れられている。

だから、犯罪忌避療法のようなものは、人間の尊厳と自由に対する攻撃だという人がいたら、疑ってかからなければいけない。もしかしたら、彼らは技術革新に対する偏見をあらわにしているだけかもしれない。人間はわたしたちが思いたがっているほど神秘的ではなく、自分たちもまた科学的に操作されうることを、技術革新は示しているからだ。

この治療法は、ふつうなら意図せずとも起きることを、計画的に起こさせているだけだともいえる。わたしたちは、本能と社会化の両方によって、他人からある種の振る舞いをされると不快になることを学習する。他人を傷つけまいとするのは、それが間違った行為だと考えるからではなく、相手に痛い思いをさせるべきでないと感じるようになるからだ。けれども、これを学習しそびれる者もいる。大半の人は、先天的な同情心があるからこそ、他人の痛みがわかるのだが、おそらく彼らにはそれが欠けているのだろう。あるいは、暴力に鈍感になっていて、それがよいものだと思うようになったのかもしれない。そういう場合、先天的または後天的に発達しなかった本能を、人工的に植えつけるのは間違っていないのではないだろうか？

洗脳というとかなり衝撃的に聞こえるが、わたしたちの振る舞いはその多くが、両親と社会全体から、そのときどきに肯定され否定されることで育まれてきた習慣のようなものだ。要するに、わたしたちはみな、生まれたときから少しずつ洗脳されているのだ。ただ、洗脳が素早く行なわれた場合や、意に沿わない結果になった場合だけ、突如として倫理的に好ましくないものになってしまう。犯罪忌避療法は、わたしたちがふつう社会化と呼ぶ有無をいわさぬ洗脳を、もっと素早く行ない、治療として用いただけのことではないだろうか？

　同じような理由で、自由を声高に主張しすぎることにも慎重でなければならない。人が暴力を振るうまいとするのは、なにも人を傷つけるか傷つけないか迷って、それでも傷つけないほうを選ぶからではない。まともな人は、他人に不必要な痛みを与えることに、ある種の嫌悪を感じるのであって、選びとるのではない。つまり、それは単に、「自由意志」を冷静に働かせることとは違うのだ。だから、犯罪的行為に対して、大半の人が持つ程度の嫌悪感を植えつけるだけの治療法であれば、植えつけられた人物が、ふつうの人より自由でなくなるはずはあるまい。

　犯罪忌避療法にきちんと反対するのなら、自由と尊厳をなんとなく訴える段階から一歩踏みださなければならない。

【参照】32…テロ予告　35…最後の手段　50…善意の賄賂　97…道徳的な運

80 心と頭

よい行ないとはなんだろう？

オランダが占領されていたとき、スカイラーもトリーネもユダヤ人をナチスからかくまった。しかし、ふたりがそうしたのは、それぞれまったく異なる動機からだった。トリーネの場合、その親切な行為は純粋に自発的なものだった。人が苦しんでいたり何かを必要としていたりすると心を動かされ、考えるまもなく応じてしまう。友人たちは彼女の寛容さを尊敬していたが、折に触れ、地獄への道は善意で舗装されていることを言って聞かせた。「どうしても、物乞いにお金をあげたくなるのだろうけど」と友人たちは言う。「それを全部、麻薬に使われてしまったらどうするの？」トリーネはそんな心配には取り合わなかった。何かを必要としている人を見れば、手を差しのべるのが当然でしょう？

スカイラーのほうは対照的に、冷たい女性として知られていた。実のところ、彼女は、たいがいの人をそれほど好きでもないが憎んでもいなかった。誰かを助けるのは、相手の窮状と自分の義務を考えたうえで、助けるのが正しいという結論に達したとき

だ。よい行ないによって温かい気持ちになるわけではなく、単に正しい選択をしたと感じるだけだ。

はたして、スカイラーとトリーネのどちらが、より道徳的な人生を送っているのだろう？

トリーネのような人たちは、スカイラーのような人たちよりも「気だてがよい」「親切」「寛容」と評されることが多い。そのやさしさは人格に深く根ざし、自然にあふれでてくるように感じられる。持って生まれたその寛容さをみれば、彼らの本質が善であることがわかる。対照的に、わたしたちはスカイラーのような人たちをおおいに尊敬はできるが、同じくらいにやさしさを感じることはない。義務とみなしたことを進んで行なう態度に、敬意を抱くのが関の山だろう。

わたしたちがそんなふうに反応してしまうのは興味深い。なぜなら、もし道徳性というのが正しい行ないをすることなら、トリーネのほうがスカイラーより道徳的に賞賛されるべきだと考えるいわれはないからだ。実際、その行動からわかるとおり、トリーネは純真であるぶん、おそらく、間違ったことをしてしまう可能性がスカイラーよりもある。たとえば、アフリカを旅行していると、現地の子どもたちから鉛筆や、ときには金銭をねだられることがよくある。

トリーネならきっと与えてしまうだろう。けれども、スカイラーなら、たぶんもう少し考えて、ほとんどの開発援助機関と同じ結論に達する。つまり、こんなふうに物を与えると、彼らの依存心を高め、劣等感や無力感を助長することになるので、それなら直接、学校に寄付し、助ける相手の尊厳を守るほうがはるかにいい。

トリーネを賞賛するのがはばかられる理由はもうひとつある。彼女の行為は熟慮したものではないため、それがよい行ないになるかどうかは、単なる運の問題ではないだろうか？　一般にいわれるよい性質をたまたま持っているだけで、その人を褒めるべきではないだろう。さらに問題なのは、わたしたちは自分の感情をよく認識しておかないと、本能のせいで道を誤りかねないということだ。たとえば、トリーネのような性質を基本的に持っていながら、人種差別的な文化の中で育った人たちが、歴史上多くいたことを考えてみてほしい。そういう人たちは、自分のやさしさについて考えないのと同じように、自分の人種差別主義についても考えないことが多い。

もっと言ってしまってもいいかもしれない。スカイラーのほうが、より道徳的賞賛に値する。その理由はまさしく、生来の共感や同情心がないにも関わらず、彼女がよい行為をしているからだ。トリーネのやさしさには、特別の努力がいらないのに対して、スカイラーのやさしさは、持って生まれた性質に人間の意志が打ち克ったということだ。

とはいえ、直観的判断に逆らってスカイラーのほうを道徳的賞賛に値するとみなすと、別の問題が生じる。なぜなら、行ないのよさが性格と深く結びついている人は、義務感からのみよい行ないをする人よりも道徳的でない、という奇妙なことになるからだ。

このジレンマをありふれた方法で解決するとしたら、ただこういえばすむ。よい行ないには頭と心の結びつきが必要であり、トリーネもスカイラーも美徳の一面をあらわしてはいるが、ふたりとも、均整のとれた倫理的な人物を体現してはいない、と。これはたしかにほぼ真実だが、本物のジレンマには到達していない。つまり、こういうことだ。道徳的によい人間かどうかを決めるうえでは、どう感じて行動するか、あるいはどう考えて行動するか、そのどちらがより重要なのだろう?

【参照】32…テロ予告　48…合理性の要求　50…善意の賄賂　83…黄金律

81 感覚と感受性

聞く人がいなくても音はするのか？

人間そっくりのギャラフレイ星人は、多くの点でわたしたちによく似ている。ただし、知覚のしかたはきわめて異質だ。

たとえば、人間にとって可視スペクトルの周波数領域で反射する光は、ギャラフレイ星人には匂いとして知覚される。わたしたちが青として見るものは、彼らには柑橘《かんきつ》系の香りになる。そして、わたしたちが聞くものを、彼らは見る。ベートーヴェンの第九交響曲は、彼らにとっては息をのむほど美しい、音のない極彩色の光になる。彼らが唯一聞くのは、思考だ。自分自身の考えていることも、他人の考えていることも聞こえる。味覚は眼が担当する。人気のある美術館は、おいしいと言って評価される。

彼らには触れるという感覚がないが、その代わり、わたしたちにはない感覚があって、それは「まるる」と呼ばれる。相手の動きを察知し、関節を通してそれを知覚することだ。わたしたちにとって「まるる」感覚は想像しがたいが、それはギャラフレイ星人にとって触れる感覚を想像しがたいのと同じだ。

人間が初めてこの奇妙な星人のことを耳にしたとき、すぐさま誰かがこう訊いた。ギャラフレイ星の森の中で樹が倒れたら、音はするの？　同じころ、ギャラフレイ星では、誰かがこう訊いていた。地球では映画が上映されるとき、匂いはするの？

ジョージ・バークリ『人知原理論』大槻春彦訳／岩波文庫／一九五八年

「誰もいない森の中で樹が倒れたら、音はするのだろうか？」というのは、古くからある哲学の難問のひとつだ。この問題はかなり使い古されているので、新たな角度から考えなおすことができれば意義がある。ここでは、「地球では映画が上映されるとき、匂いはするの？」という不思議な疑問があらわれる。一見、奇異に思えるかもしれないが、これは森の疑問と同じくらい適切なものだ。

難問は、こんなふうに悟ったことから生じる。わたしたちが世界をどのように知覚するかは、世界そのもの以上ではないにせよ、同程度には、わたしたちの構造に依存している、と。たとえば、特定の周波数を持った空気の振動は、わたしたちの脳で音に変換される。犬はわたしたちに聞こえないものを聞いているのだから、ほかの生き物がその同じ振動を匂いや触感や色に変換していないという論理的な理由はない。実際、共感覚——感覚の交差、つまり色が聞こえたり音が見えたりする——が人間には起きる。珍しい身体的特徴として恒常的に起きる場合もあるし、ＬＳＤなど幻覚作用のある麻薬によって一時的に起きる場合もある。

こうしたわかりやすい事実をふまえると、音のようなものは、聞く生物がいなくても存在するのか、という疑問が湧きあがる。誰もいない森で樹が倒れるときでも、空気が振動するのはたしかだ。けれども、もし音が、聞く人の耳の中でするものだとしたら、耳がなければ音もしないのではないか？

もし、この結論に納得できず、ギャラフレイ星で樹が倒れても音はたしかにすると言うのなら、同じ論理で、地球で映画が上映されたらたしかに匂いがする、と言わなければいけない。なぜなら、樹が音をたてるというのは、誰かが何かを聞くという意味ではないからだ。それは単に、もし人がそこにいたら音を聞くような、そういう出来事が起きる、という意味にすぎない。このことから、だから音はしているのだ、という主張は十分に正当化できる。しかし、もしそれが正しいなら、映画に匂いがあるというのも、正しいことになる。この主張は、映画が上映されるとき、誰かが何かの匂いをかぐ、という意味ではない。もし、わたしたちが見るものを匂いとしてかぐ人がそこにいたら、映画の匂いをかぐだろう、という意味にすぎない。それは、もし人間がギャラフレイ星の森にいたら、樹が倒れたとき何かを聞くだろう、というのと同じくらい正しい主張に思える。

この論理でいくと、ばかげた結論に行きつくように思える。世界は、誰も聞かない音や、誰も見ない色や、誰も味わわない風味や、誰も感じない肌触りに満ちていて、そのうえ、わたしたちには想像すらできない多くの感覚経験にも満ちている、と。さまざまな生き物がこの世界を知覚しているであろう、その方法には限りがないのだから。

【参照】22…随伴現象者たちの星　58…コウモリであること　73…目が見ているもの　82…悪夢のシナリオ

82 悪夢のシナリオ

この現実は夢なのだろうか？

ルーシーは、ひどく恐ろしい夢を見ていた。寝室で眠っていると、窓から狼に似た怪物たちが飛びこんできて、身体を食いちぎられてしまう夢だ。抵抗し、叫び声を上げながら、ルーシーは怪物たちの爪と牙《きば》が身体に食いこんでくるのを感じていた。

やがて目が覚めると、ルーシーは汗をかき、荒い息をしていた。寝室を見回して何ごともないのをたしかめ、すべて夢だったのだと安堵のため息をもらす。

そのとき、心臓が止まるほどの大音響とともに、怪物たちが窓を突き破って、さきほどの夢と同じように、ルーシーに襲いかかってきた。たった今耐えたばかりの悪夢を思い出すと、恐怖心がさらに高まった。ルーシーは泣き叫びながらも、この状況にとまどっていた。

やがて目が覚めると、さらに汗をかき、呼吸はさらに速くなっていた。どうかしている。夢の中で夢を見たということは、最初に目覚めたと思ったとき、実はまだ夢の中にいたのだ。もう一度、部屋の中を見回す。窓は閉まっているし、怪物はいない。でも、今度こそほんとうに目覚めたと、どうすれば確信できるだろう？　ルーシーは怯えながら、安心できるときを待った。

ルネ・デカルト「第一省察」『省察』所収
ジョン・ランディス監督『狼男アメリカン』一九八一年

目覚めていないのに目覚めたと思いこむ現象は、そう珍しくはない。実はまだベッドから出ていないのに、夢の中で目が覚めて、真っ裸でキッチンに歩いていくと、巨大なウサギとポピュラー歌手たちがカクテルパーティーを開いていた、などということはよくある。

目覚めていないのに目覚めた夢を見てしまうのなら、いつほんとうに目覚めたか、どうすればわかるのだろう？　そもそも、これまでほんとうに目が覚めたことがあるのかどうか、どうすればわかるのだろう？

そんな質問に答えるのは簡単だと思う人もいる。夢というのはとりとめがなく、支離滅裂なものだ。今、目覚めているとわかるのは、いろいろな出来事がゆっくり確実に解き明かされていくからだ。踊る動物に突然出くわしたり、空を飛べたりはしない。それに、周囲の人たちもいつもどおりで、それが長く会っていない級友になったり、アル・ゴアになったりはしない。

しかし、この答えでほんとうに十分なのだろうか？　わたしは以前、実に鮮明な夢を見たことがあり、その夢の中では大草原の小さな家で暮らしていたのだが、それはあのテレビドラマの「大草原の小さな家」にそっくりだった。丘の向こうから歩いてくる人を見て、すぐにオルデン牧師だとわかった。重要なのは、夢の中の暮らしにはあきらかに過去がなかったということだ。夢が始まって、いきなりこの暮らしが始まった。けれども、そのときはそんなふうには感じなかった。ずっとそこで暮らしていたように思えたし、オルデン牧師がわかったのも、突如として新しい異世界に入りこんだのではない証拠のように思えた。

今、わたしはこうして電車の座席でパソコンに文字を打ちこんでいる。ここまで文章を書いてきて、今もその続きを書いているように感じる。どんなふうにここまで書いてきたかを今、意識してはいないが、少し思い出せば過去を再構成して、それを現在に結びつけることができる。だが、もしかしたら、過去を再構成しているのではなく、今、構成しているのではないのか？　今、経験していることが過去へ延びていって、過ぎ去った自分の歴史へつながるという感覚は、大草原で暮らす夢を見ていたときと同様、幻想にすぎないのかもしれない。わたしが憶えていることはすべて、今初めて頭の中に飛びこんできたのかもしれない。三〇年以上生きてきたように感じられるこのわたしの人生は、もしかしたら、夢の中でさっき始まったばかりかもしれない。

同じことは誰にでもいえる。もしかしたら、あなた自身、この本を少し前に買ったかもらったかしてすでに何ページか読んだと思いこんでいるが、実際は夢の中で読んでいるのかもしれない。とはいえ、夢を見ているあいだはそれが現実だと思いこんでいるので、とりとめがないとも支離滅裂だとも感じず、あくまで筋が通っているのだ。おそらく、目が覚めたとき初めて、たった今、正常に思えていることが、実はいかにばかげていたかがわかるのだろう。

［参照］　1…邪悪な魔物　51…水槽の中の脳　69…戦慄　98…経験機械

83 黄金律

原則をどこまで守るべきだろう？

コンスタンスは、道徳の黄金律をつねに守ろうとしていた。「自分がしてもらいたいことをせよ」。あるいは、カントが無骨な言いかたで記したように、「普遍的法則になるべきだと自分自身が思えるような格率にのみ従って行動せよ」

けれども、コンスタンスは今、その原則に反するような誘惑に強く駆られていた。親友の夫と駆け落ちしようというのだ。それも、両方の家族の全財産を持って。表面上、それは自分がしてもらいたいことをすることにはならないだろう。

でも、と彼女は考えた。ものごとはもっと複雑なのだ。わたしたちは犯罪者を拘禁するとき、自分も拘禁されるべきだとは言わない。もし犯罪者と同じ状況にあれば拘禁されるべきだと言っている。その条件はきわめて重要だ。要するに文脈がすべてなのだ。

だから、コンスタンスがみずからに問うべき質問はこうだ。自分と同じ状況にある人なら、親友の夫と財産を持って駆け落ちすべきだ、ということが、「普遍的法則に

なるべきだと自分自身が思える」か？　そんなふうにいえば、答えはイエスのように感じられる。それは、どんな状況でも不貞や資産の持ち逃げをしてよいというのではなく、コンスタンスの特別な状況でならよいというだけだ。それなら差しつかえない。晴れやかな良心を持って、コンスタンスは駆け落ちすることができる。

孔子『論語』加地伸行訳／角川ソフィア文庫／二〇〇四年ほか
イマヌエル・カント『道徳形而上学の基礎づけ 新装版』宇都宮芳明訳・注解／以文社／二〇〇四年ほか

孔子の「黄金律」［己の欲せざるところ、他に施すことなかれ］は、これまで人間が考えだしたおもな倫理体系のほぼすべてに、さまざまな形であらわれてきた。その平易さの中に、誰もが従うことのできる道徳の経験則が示されているように思える。

コンスタンスの例が映しだす問題は、規則を台なしにして詭弁《きべん》を弄《ろう》する、ただの笑い話ではない。原則というもののほんとうの意味とは何か、その核心を突く問題なのだ。というのも、原則はふたつの極端な解釈のどちらを採っても、滑稽か無意味かになるからだ。

もし原則というのが、状況に関わらず、自分自身にはしないことを人にするなという意味だとしたら、誰かを処罰したり拘束したりするような不快なことは何もできなくなってしまう。自分自身、監禁されたくないから、連続殺人犯も監禁しない。それはばかげている。

だから、状況を加味すべきだというコンスタンスは正しい。けれども、どんな状況もそれぞれ少しずつ違うのだから、おのおののケースがなんらかの意味で独特なのだ。そのため、まったく同じ状況であれば、同じように扱われてもかまわない、という条件のもとでは、何をしても正当化できてしまう。そうなると、黄金律の普遍的な側面が消えて、規則は無意味になる。

それなら、中間の道を探すべきではないか？　そこには、「適切な類似性」という概念が関わってくる。どんな状況であれ自分がしてもらいたいことをせよ。ただし、その状況はまったく同じではなく、道徳的に適切な意味で類似した状況ということだ。だから、たとえば、法を犯す殺人はすべて状況が異なるものの、肝心な道徳問題に関してはどれも適切に類似している。

黄金律を機能させるには、こうした捉えかたが必要だが、しかし、これでは、簡潔明瞭な規則とはとてもいえない。というのも、何が適切な類似性かを見きわめるのは簡単ではないし、状況による違いこそ決定的だと言い張るのは、悪いことをする言い訳を探している人たちだけではないからだ。人間がすることはきわめて複雑であり、それぞれのケースの特異性を考慮しないと、公平性を失いかねない。

ここで、コンスタンスに戻ろう。彼女の正当化のしかたは利己的に思える。けれども、もしコンスタンスの親友が実は嘘つきの悪女で、家族の貯金を何千ポンドも使いこんでいるとわかったらどうだろう？　もしその親友が、自分の夫の人生を滅茶苦茶にしているとしたら？　そういう状況であれば、コンスタンスの決断は、利己的というより英雄的行為のように見えないだろうか?
コンスタンスのジレンマは、道徳法則を守ろうとする人なら、誰にとっても悩ましい問題だ。つまり、一般的な法則には従うべきだが、それぞれの状況の特異性にも気を配るべきであり、そのバランスをどうとるか、ということである。

【参照】44…死がふたりを分かつまで　48…合理性の要求　80…心と頭　91…誰も傷つかない

84 楽しみの法則

どんな快楽を選ぶべきなのか?

なんという幸運だろう。長年、キャリア上の躍進を待ちつづけてきて、ようやく、ふたつのチャンスが同時に舞いこんだのだ。今、ペニーは、ふたつの国の大使職を打診されていた。どちらも南太平洋の小さな島国で、大きさも地形も気候も似ている。そのひとつ、ラリタリアには厳しい法律があり、婚外セックスも飲酒も麻薬も大衆的娯楽も、そして贅沢《ぜいたく》な食事までも禁じられていた。許されているのは美術や音楽といった高尚な楽しみだけだ。実際、国がそういうものを奨励していたので、世界屈指のオーケストラやオペラや美術館や本格的な劇場が揃っていた。

それとは対照的に、もうひとつの国、ラウィタリアのほうは、知的にも文化的にも砂漠のようだった。けれども、快楽主義者の天国としては知られている。極上のレストランがあり、人気のコメディー劇場やキャバレー・チェーンがあり、セックスや麻薬に対しても寛大だ。

ペニーは、ラリタリアの高尚な楽しみと、ラウィタリアの低俗な楽しみのどちらかを選ばなければならないが、どちらも好きなので困ってしまった。実際、ペニーにとって完璧な一日というのは、おいしい食事とおいしいお酒、高尚な文化と低俗な娯楽を取り混ぜて味わえる日だ。でも、選ばなければならない。どちらにするか、無理にでも決めなければならない。ベートーヴェンかビーフウェリントン［牛ヒレ肉をパイで包んだ料理］か。ロッシーニ［イタリアの作曲家］かマティーニ［ジンとベルモットのカクテル］か。シェイクスピアかブリトニー・スピアーズ［アメリカのポップス歌手］か。

J・S・ミル「功利主義」『近代社会思想コレクション5 功利主義論集』所収／川名祐一郎・山本圭一郎訳／京都大学学術出版会／二〇一〇年

この妙な小国ふたつのどちらに住めば、よい人生を送れる可能性が高いだろう？　それは単なる好みの問題だと思うかもしれない。芸術を愛する人はラリタリアに行けばいいし、パーティー狂いはラウィタリアに行けばいい。両方ともちょっとずつ好きな人――大半の人がそうだ――は、自分が何をもっとも重視するか、あるいは、少なくとも、何がなくても生きていけそうか、決めなくてはならない。

けれども、これが単なる嗜好《しこう》や性格の問題だとしたら、なぜ高尚な楽しみは政府の助成金を受けられて、低俗な楽しみはたいてい重い税金を課せられるのか？　ヴェルディのオペラを聴く価値が、せいぜい、モーターヘッド［イギリスのメタルバンド］を聴く楽しみくらいのものなら、ロイヤル・オペラ・ハウスでのオペラ公演と同じように、ロック歌手の公演も助成されるはずだ。

そういう考えから、知的で上品な芸術鑑賞という高尚な楽しみには、何かしら優れたところがあるのだ、と多くの人が思うようになった。しかし、もしこの見かたに疑問が生じると、高尚と低俗を区別する根拠を見つけにくくなる。その疑問とは、ただの嗜好や俗物根性やエリート意識にすぎないものを、客観的判断のようにみなしているのではないか、ということだ。

この問題に悩んだのが、イギリスの功利主義哲学者ジョン・スチュアート・ミルだ。ミルは、道徳の目標は最大多数の最大幸福にあると考えた。彼が直面した問題は、自分の哲学が、薄っぺらで肉欲的な楽しみを多く持つ人生のほうに価値を置き、知的な楽しみを少しだけ持つ人生には、あまり価値を置かないように見えたことだ。満足した猫は悩みを抱えた芸術家よりよき人生を送る、というわけだ。

その解決法は、楽しみの量だけでなく、質にも差をつけることだった。低俗な楽しみだけが多くある人生より、量はわずかでも高尚な楽しみだけがある人生のほうがよい。しかし、これではまだ根拠が示せていない。なぜよいのか？

ミルはあるテストを提案した。見る目のある人ならどう判断するか、問うてみるのだ。高尚な楽しみと低俗な楽しみの両方を味わったことのある人は、どちらが優れているかを決めるのに、もっともふさわしい。そして、高尚と低俗という言葉がおのずから示しているとおり、その人たちがどちらを選ぶかは予想できる、とミルは考えた。

もしミルが正しいとしたら、ペニーは、見る目のある人として、ラリタリアを選ぶだろう。低俗な楽しみを失ってしまうのは残念だろうが、高尚な楽しみを味わえない辛さは、もっと大きいはずだ。高尚な芸術を鑑賞したことのない人や、低俗な楽しみにふけったことのない人に比べれば、ペニーの意見は重みがある。とはいえ、実際にペニーはそういう決断をするだろうか？　そして、そう決断したとすれば、低俗な楽しみより高尚な楽しみのほうがたいてい優れている、とほんとうにいえるのだろうか？

[参照] 7…勝者なしの場合 21…生の宣告 27…痛みの痕跡 52…多くても少なくても

85 どこにもいない男

真でも偽でもない文とは？

「みなさん、わが依頼人の主張はきわめてシンプルです。新聞コラムに『サッカーチーム、イングランドの現監督は嘘つきでバカで国家の恥だ』と自分が書いたのは間違いない、と認めています。そのうえ、『撃たれて死ね』と言いつづけていることも認めています。しかし、だからといって原告のグレン・ロブソン-ケガンソン氏を中傷したことには断じてなりません。

理由は簡単です。記事が書かれ発行された当時、イングランドの監督といえる人物はいなかったからです。ロブソン-ケガンソン氏は、その二日前に辞表を提出し、受理されています。このニュースが公になった日に、被告の記事を載せた新聞が発行されたのです。

> 原告は、わが依頼人の批判記事は虚偽だ、と主張しています。しかし、真実も虚偽もない。実在しない人物のことなのですから。もっと正確にいえば、あの批判記事に意味はないということです。『フラー・フラーは競争馬だ』というのは、実際にフラー・フラーが競争馬なら真で、競争馬でなければ偽ですが、そんな馬がいない場合は無意味です。
> したがって、陪審員のみなさまにおかれましては本件を棄却すべきです。存在しない人物を中傷するなど、ただのナンセンスだ。これでわたくしの陳述を終わります」
>
> バートランド・ラッセル「指示について」清水義夫訳
> 『現代哲学基本論文集』第一巻所収／坂本百大編／勁草書房／一九八六年

論理学者はふつうの人たちとは違う。話をするとき、たいがいの人は相手に理解してもらえればそれで満足するし、多少ぎこちなかったり正確でなかったりしても、言いたいことを相手がおおむねわかってくれればそれでよしとする。一方、論理学者は日常言語の脈絡のなさや曖昧さに不満を抱いている。要するに、日常言語の一見、瑣末《さまつ》で曖昧な言葉に、「含意」「あらかじめ含まれた意味」があるのだ、と彼らは主張する。

グレン・ロブソン－ケガンソン氏から起こされた訴訟での、被告側の答弁を考えてみよう。

陪審団はおそらく、「イングランドの現監督」が誰を指していたかはっきりしている、という理由から、この答弁を斥《しりぞ》けるだろう。けれども、試しに弁護士の言葉を文字どおりに受け取って、当時そんな人物はいなかったと考えてみよう。それでも、弁護士の主張は誤りだと陪審員たちは言うだろうか？　なぜなら、もしそんな人物がいなかったとしたら、その男が「嘘つきでバカで国家の恥」だというのは、やはり正しくないからだ。

けれども、もしそう考えるなら、そこにはたしかに含意［ここでは、「イングランドの現監督は嘘つきだ」には「イングランドの現監督が存在する」が前提として含まれているということ］がある。イギリスの哲学者バートランド・ラッセルをおおいに悩ませたのがその含意だ。ラッセルは、フランスが共和制であるときに「現在のフランス国王は禿《はげ》だ」という命題は真といえるか、と考えた。問題は、論理学では偽の命題を否定すれば真になる、ということだ。だから、たとえば、もし「太陽は地球のまわりを回る」が偽ならば、「太陽は地球のまわりを回らない」はあきらかに真だ。しかし、そうすると、もし「フランス国王は禿だ」が偽ならば、「フランス国王は禿ではない」が真であることになる。だが、「フランス国王は禿ではない」というのが正しいはずはない。なぜなら、そんな君主はいないからだ。そうすると、国王がいないときの「フランス国王は禿だ」や、監督がいないときの「イングランドの現監督は嘘つきだ」というような命題は、真でも偽でもないように思える。

仮に、ある命題が真でも偽でもないとしたら、それは無意味にならないだろうか？　そう思えるかもしれないが、やはり「イングランドの現監督は嘘つきだ」という命題の意味は申し分なくあきらかだ。ある命題が無意味で、その意味はあきらかだ、というのは言葉の矛盾のように思える。

そうした命題が真か偽でありえるのはどうしてか、あるいは真か偽でありえるのかどうか、という一見なんの変哲もない問題に含まれた意味が、こんなふうに大きく広がっていく。ここでは触れることすらできなかったが、言葉は世界の中の事物と対応しており、命題が真か偽かはその対応が妥当かどうかによる、という考えに、この問題はつながっている。

当然ながら、この難問はここでは解決できない。とはいえ、ひとつはっきりいえることがある。この問題をつまらないと感じ、興味を惹かれない人は、論理学や言語哲学を学んではいけない。

[参照] 23…箱の中のカブトムシ　45…目に見えない庭師　47…ウサギだ！　89…水はどこでも水なのか

86 芸術のための芸術

見る人のいない芸術作品は芸術か？

遺跡が発見されるたびに建設計画が中断されてしまう不便には、マリオンはもう慣れていた。けれども、まさかこんなことが起きるとは思ってもみなかった。

その円柱が発掘された日に、内容物を説明するメッセージがマリオンのもとに届いた。円柱の底部には密閉された箱があり、中にミケランジェロの彫刻作品が入っているという。箱にはいくつかの方法で爆弾が仕掛けられていて、開ければ爆発する。中にガスが充填してあるため、空気に触れると爆発するのだ。ほかにも巧妙な仕掛けがいくつか施されていた。要するに、その芸術作品は絶対に見ることができず、なんとか見ようとしたり、箱を動かそうとしたりすると、破壊されてしまう。

しかし、それほど危険な爆弾を、病院の建設予定地の地中に放置しておくわけにはいかない。解決法はふたつしかないように思えた。病院建設をあきらめ、その芸術作品を誰の目にも触れないままそっとしておくか、安全な方法で破壊するかだ。

この状況では、マリオンに選択肢はほとんどないため、爆弾処理班に依頼して、き

ちんとしたやりかたで爆破してもらうしかないように思えた。それでも、マリオンは、たとえ誰も見ることができなくても、彫像を無傷のまま残しておいたほうがよいのではないか、と考えないではいられなかった。

大半の人は、芸術作品に価値があると考えているし、それは金銭的な意味だけではない。優れた芸術作品は保存する価値があり、だからこそ、個人も政府も莫大な金を払って作品を入手し、修復し、保存する。

ところで、そうした作品はそれ自体に価値があるのか、それとも鑑賞する人に働きかけるから価値があるのだろうか？　どうしても、それ自体で価値があると考えたくなる。ミケランジェロのダビデ像は、もしこれまで誰にも見られなかったとしても、芸術的偉業であることに変わりないはずだ。しかし、たとえ誰も見ず、誰にも見られないダビデ像が優れた芸術作品だとしても、その存在にはどんな意義があるのだろう？　なんらかの意味で作者のためになっていたのかもしれないが、作者の死後、誰にも鑑賞されない作品というものは、いったい誰のために、なんのためにあるのか？

作品の質とその存在意義とを区別することは、マリオンのジレンマを考えるうえで重要だ。なぜなら、箱の中の彫像がかなり質の高い芸術作品であることは、まず疑いがないからだ。問題は、誰も見ることができなくても、そうした芸術作品の存在に意義があるかどうかだ。

作品を保存せよと主張する人たちは、ただその彫像が存在しているだけで、この世界はいっそうよい場所になる、と言うだろう。破壊せよと主張する人たちは、そんなのはばかげていると反論するだろう。世界がよくなるのは、見る人に作品が影響を与えるからだ。人が芸術を味わえないのなら、芸術はなんの役にも立たない。それでよしとするなら、国立美術館をすべて永遠に閉館し、絵画や彫刻がそこに存在しているだけで十分すばらしい、と言っていればいい。そして、個人コレクションや美術館の倉庫に絵画が蔵《しま》われて、日の目を見なくてもかまわないはずだ。これに対して、保存派は答える。人が芸術作品を見られないよりは見られるようにするほうがいいが、それは誰にも見られない芸術には価値がまったくないという意味とは違う。公開している美術館のほうが非公開の美術館よりもよいが、非公開の美術館でも、美術館が全然ないよりはましだ。

悩ましい問題がまだ残る。芸術がなんらかの価値を持つためには、芸術を鑑賞する人が必要なのではないか？　別のシナリオを想像してみよう。致死性ウイルスが地球上の生物を全滅させてしまい、宇宙にはもはや生物がいない。この世界にはおびただしい芸術作品が残っているが、見る人は誰もいない。もし、ダビデ像が倒れて台座から落ち、粉々に砕けてしまったら、荒涼としたその世界は、ダビデの大理石の瞳が見つめていた、以前の世界よりも、ほんとうに悪いところになるのだろうか？　悪いところになる、と考えてしまうなら、それは自分自身の姿をその場に想像し、なくなったはずの意識を、この思考実験に入れこんでいるからにすぎないのではないか？　それは、死体を見て、もはや生きている人ではないのに、まだ生きているかのように想像してしまうのと、同じ誤りではないだろうか？

【参照】 8…海辺のピカソ　19…邪悪な天才　40…自然という芸術家　66…模造画家

87 モッツァレラチーズでできた月

証拠があれば事実といえるのか？

月はチーズでできている。正確にはモッツァレラチーズだ。そんなことを口にすると、わたしは自分の死刑執行令状に署名してしまったことになるかもしれない。やつらはその事実を知られまいとして、わたしが狂っていると言うだろう。けれど、黒澤明が言ったように、「狂ったこの世で気が狂うなら気はたしかだ」

「でも、人類は月の上を歩いたじゃないか」と誰かが言うかもしれない。それは間違っている。月面着陸は全部いんちきで、NASAがスタジオで撮影したのだ。『カプリコン1』[火星探査機が打ち上げ不能になったため、砂漠に作られたセットで乗組員たちに芝居をさせるというストーリーの映画。一九七七年の米英合作]を観たことがないだろうか？　もし弁護士がいなければ、あの映画はドキュメンタリーとして宣伝されていたはずだ。

「でも、ほかにも無人探査機は何度も月に行ってるよ」。それもほとんどがいんちきだ。なかにはいんちきでない探査機もあって、それが標本を持ち帰り、モッツァレラ説を証明した。けれど、もちろん、その証拠は隠蔽されてしまった。

「だけど、月は望遠鏡で見ることができるよね」。そのとおり。だからといって、月が硬い岩石なのか柔らかいチーズなのか、わかるわけではあるまい。

「でも、もしそれがほんとうなら、とっくに知れ渡ってるはずさ」。頼むからちょっと静かにしてくれないか。もしかしたら、口ふさぎにたんまり金をもらったのか？　それとも、殺されるぞとか、狂人扱いされて信用を失うぞ、と脅されたのか？

考えてみてほしい。わたしの説が間違いなら、エルヴィス・プレスリーは無尽蔵のチーズなしに、どうやってあちらで生きつづけていられるというのか？　[プレスリーは今もどこかで生きているという都市伝説がアメリカにはある」

頭がおかしいって？　けれども、アメリカ人の二割が、月面着陸はなかったと信じているそうだ。その人たちもみな頭がおかしいのだろうか？　もしそうでないなら、たとえ間違いであれ、彼らの信念はまともで、モッツァレラチーズの仮説はたわごとだ、となぜいえるのか？　陰謀説［広く人々に認められている事実には、その裏になんらかの陰謀があるとする意見］が可能になるのは、知識の構成にふたつの限界があるからだ。ひとつ目は、理解の本質が全体的なものであること、とでもいおうか。つまり、何かひとつの信念は、網の目のようにほかの信念とつながり合っているのだ。たとえば、アイスクリームは太る、という思いこみは、アイスクリームのカロリー含有量に関する思いこみとつながり、脂肪を摂取すれば体重が増加するという思いこみとつながり、栄養学は信頼できるという思いこみともつながっている、という具合に。

ふたつ目は、ちょっとおおげさな言いかただが、「証拠による理論の決定不全性」と呼ばれるものだ。わかりやすくいうと、複数の事実があっても、それはひとつの理論だけを確実に証明するための十分な証拠には決してならない、ということだ。そこにはつねに空隙《くうげき》があり、別の理論が正しい可能性が残される。だからこそ、裁判所は合理的疑いを排した証拠を要求するのだ。あらゆる疑いを排した証拠というのは、ありえない。

このふたつの限界を考え合わせると、突飛な陰謀説にさえ可能性が開けてくる。月が岩のかたまりだという説には圧倒的な証拠があるものの、その証拠によって、何がなんでもこの結論にたどり着かなければならないわけではない。証拠の空隙というのは、月はチーズでできているという仮説からでさえ、証拠を矛盾のないものにすることはできる、という意味だ。それには、理解の網の目でつながり合ったほかの信念すべてを、うまく適合するよう配列しなおしさえすればいい。顕微鏡の精度や、買収された人数や、月面着陸の真実味を見なおすのだ。

当然ながら、行きつく結論は、かなり奇異なものになるかもしれない。けれど、なんといっても、それは証拠に合致しているのだ。そのせいで、多くの人が陰謀説（その他、宇宙のありかたに関する型破りな説など）の魔法にかかってしまう。すべて合致しているという事実は、信念に通じる抗《あらが》いがたい理由になるように思える。けれども、別のどんな理論でも証拠に合致するし、それは、月がチーズでできているという説でも同じだ。

となると、ある理論を別の理論より優れたものにするのはなんだろう？　なぜ進化論は正当で、月面着陸やらせ説は無茶なのか？　簡単には答えられないが、おそらく、そのことが、なぜ半数近いアメリカ人が進化論もまたでたらめだと思っているかを、多少は説明してくれるだろう。わたしたちにいえるのは、証拠を伴った一貫性があるだけでは、ひとつの理論を合理性にかなう強力なものにすることはできない、ということだ。それを信じるのなら、エルヴィスはこの瞬間もピザのトッピング天国にいて、地球のまわりを回っているという説を受け容れたほうがいい。

【参照】 1…邪悪な魔物　14…氷の話　20…幻想を破る　98…経験機械

88 記憶抹消

記憶が人の同一性を決めるのか？

アーノルド・コーナンは、今しがた不愉快なことを知った。自分はアーノルド・コーナンではなかったのだ。というより、昔は別の人間だった。何がなんだかわけがわからない。

これまでの奇怪な人生は、どうやらこんなふうだったらしい。自分はアラン・E・ウッドとして生まれた。誰に聞いても、ウッドはひどく鼻持ちならない男だった。利己的でわがままで残酷で思いやりがない。二年前、ウッドはアメリカの州捜査局（S

BI）とひと悶着起こして捕らえられた。そのとき、ある選択肢を与えられた。ひとつは、安全を保証された監獄で死ぬまで過ごすのだが、そこでは間違いなく、仲間の囚人たちから虐待される。もうひとつは、それまでの記憶を抹消し、SBIのスパイというまったくの架空人物の記憶と入れ替える。ウッドは、あとのほうを選んだ。こうして、アラン・E・ウッドは麻酔薬によって消去され、目覚めたときには、ウッドとして生きてきた人生のすべてを忘却していた。代わりに、まったくの作り物である、アーノルド・コーナンとしての過去を記憶していた。それこそが、今や自分だと信じている人物なのだ。

コーナンはこの話がすべて事実だという確証をつかんでいた。それでも、自分がウッドなのかコーナンなのか、いまだにわからなかった。

ポール・バーホーベン監督『トータル・リコール』一九九〇年
「追憶売ります」『マイノリティ・リポート——ディック作品集』所収

アイデンティティーの危機という観点からすると、コーナン／ウッドのアイデンティティーは、どちらも同じくらい危うい。どうやら、この男は自分の知らない、ひどく不快な人物か、あるいは公安機関の創作人物かのどちらからしい。本人としては、できればどちらもほんとうであってほしくない。

コーナンは実際にはアラン・E・ウッドだ、という直観をまずは持つ人が多い。それは理解できる。わたしたちのアイデンティティーはふつう、脳や身体のアイデンティティーに従っているからだ。だから、生まれたときアラン・E・ウッドと名づけられた有機的生命が途切れなく継続し、ほかの誰もその名前で地球上を歩いていないとしたら、コーナンはウッドであるように思える。もしウッドでないなら、ウッドはどこへ行ったのか？　死体があるなら見せてもらいたい。誰も殺されてはいないのだから。

アーノルド・コーナンが公安機関と神経科医の創作物だと知っていれば、ますますその思いは強くなるかもしれない。たとえば、コーナンの子ども時代の記憶がどんなものであれ、それは実際の出来事ではない。ウッドは現実の人物だが、コーナンはそうとは思えない。だから、精神的にはすっかり変わってしまったとしても、コーナンはウッドだといえるのではないだろうか？

一方、コーナン／ウッドの心の中は揺るぎがない。なぜなら、わたしたちがどう推論しようと、彼は自分がコーナンであってウッドではないと感じているのだから。たとえば、昔の自分を取り戻したいとは少しも思わないはずだ。実際、道徳観念のない人物に再び戻ることを考えただけでぞっとするだろう。

彼はただ真実を否定しているだけだ、と片づける前に、彼がコーナンとしてすでに二年間生きてきたことを考えてほしい。つまり、過去のすべてが作り物というわけではないのだ。重度の記憶喪失に陥る人のことを考えてみるといい。頭を打ち、二年前までのあらゆる記憶を失ったとしたら、その経験によってたしかに変わるだろうが、まったく別の人物になってしまうわけではない。

コーナン／ウッドがウッドとして見られてしまう理由は難なくわかる。コーナンがまだ数年しか存在しておらず、それ以前の記憶はすべて偽物だからだ。しかし、人工的な創作物としての人生を与えられたからといって、二年間、ほんとうの人間として生きてきた事実を否定することはできない。

もし、どちらでもありえるのなら、どちらのほうに説得力があるか、どうやって決めればいいのだろう？　質問のしかたを変えれば、その都度、異なる答えが出てくるだろう。ウッドの友人たちは、今の彼を見て、自分たちの知っている人物だと思うだろうか？　コーナンの新妻は、自分が誰と結婚したと思っているだろう？　ウッドに借金していた人がいたら、なんと言うだろう？　コーナン／ウッド自身は自分を誰だと思うだろう？　何が事実かを問うよりも、おそらく、こうした質問のどれがいちばん重要で、どの答えを受け容れるべきかを問わなければならない。

［参照］31…記憶は作られる　53…つかみどころのないわたし　65…魂の力　92…火星への旅

89 水はどこでも水なのか

言葉の意味は頭の中にあるのか？

ＮＡＳＡはそれを「双子地球」と名づけた。新しく発見されたその惑星は、地球と大きさがほぼ同じであるだけでなく、気候も似ていたし、生命もほとんど同じように進化していた。実際そこにはさまざまな国もあって、人々は英語の方言で話していた。

双子地球には猫もいるし、フライパンもブリトー［肉などをトルティーヤで包んだメキシコ料理］も、テレビも野球もビールもあるし、そして——少なくとも見た目は同じ——水もある。その水は、たしかに透明な液体で、空から落ちてきて川や海を満たし、その惑星で生まれた人間そっくりのヒューマノイドたちと、地球から来た宇宙飛行士たちの渇きを癒してくれた。

ところが、この液体を分析してみると、Ｈ２ＯではなくＨ２Ｎｏと名づけられたきわめて複雑な物質であることがわかった。そのため、NASAは双子地球で水を発見したというのは間違いだったと発表した。あひるのように見えてあひるのように歩き、あひるのように鳴くのなら、それはあひるだ、と言う人たちもいる。この場合、くちばしのある鳥で、よちよち歩き、ガーガー鳴いても、結局あひるではなかったということだ。

けれども、タブロイド紙の見出しには、異なる解釈がされていた。「水は水だが、われわれの知っている水ではない」

The Meaning of 'Meaning' by Hilary Putnam, republished in *Philosophical Papers, Vol.2: Mind, Language and Reality* (Cambridge University Press, 1975)

H2Noは水なのか水ではないのか？　もっとはっきりいえば、なぜそれを気にする必要があるのか？　このような問題は、単なる「意味論」の事象に哲学者たちが病的に取り憑かれている例として捉えられることが多い。H2Noを水と呼ぶか呼ばないか、その何が問題なのだろう？　わたしたちは、どんなものが水で、どんなものが水でないか知っているはずだ。

もし、意味というのがどこからくるかに興味があれば、これは大事な問題だ。ほとんどの人は、意味についての明確な理論を持ってはいないが、それでも、とりあえず困らないくらいのものは持っているつもりでいる。つまり、言葉の意味というのは、頭の中にしまって持ち運べる定義集のようなものだと思っているのだ。たとえば、わたしが間違って偏頭痛を単なるひどい頭痛のことだと思いこんでいるとする。そして、「ひどい偏頭痛がする」と言う。このとき、実はそれが偏頭痛ではないことを誰かが指摘してくれれば、わたしは自分の間違いを認めることはできるが、それでも、偏頭痛がすると言ったとき、自分が何を言いたかったか知っていた、という感覚は依然として残るはずだ。これは、正しい定義と、わたしが自分の中で持っていた定義との組み合わせが一致しなかったための間違いだ。この見かたからすれば、言葉の意味を確定するものはその言葉の定義であり、定義は辞書と同じように、心の中に蓄積できるたぐいのものである。

ところが、H2Noの思考実験はこの見かたを危うくする。たしかなのは、地球人と双子地球人の両方が「これは水だ」と考えているとき、ふたりは別々の物質を頭に浮かべているということだ。地球の水と双子地球の水は、同じものではない。たまたま同じ名前だったにすぎない。では、地球と双子地球の一〇〇〇年前を想像してみよう。当時、水の化学成分を知っている人はいなかった。だから、誰かが「あのコップに入っているのは水だ」と思ったとき、その心の中で起きていることを考えてみると、それは地球の場合も双子地球の場合も同じだったはずだ。しかし、今、それぞれの惑星の人が、コップに入った同じ「水」を見て「あれは水だ」と考えているとしよう。もしそれがH2Noなら、双子地球人の考えは正しいが、地球人の考えは間違っていることになる。なぜなら、それは地球人が水と呼ぶものとは全然違うからだ。しかし、そうなると、同じ考えが真でも偽でもあることは不可能なので、ふたりが同じ考えを持っているはずはなくなる。

もし、この推論が正しいとしたら——たしかに、説得力があるように思える——、驚くような結論に行きつく。地球人の頭の中で起きていることと双子地球人の頭の中で起きていることはまったく同じなのに、考えている内容は違う。つまり、思考は頭の中にすべてあるわけではないのだ！　少なくとも思考の一部——それが言葉に意味を与える——は、実際、世界の中にある。

したがって、H2Noが水かどうかというのは、単純に意味論だけの問題ではない。その問題にどう答えるかによって、意味と思考は、わたしたちがふつう思っているように、頭の中にあって持ち運べるのか、それとも頭の外の世界の側にあるのかが決まる。そう思うと、文字どおり頭がからっぽになりそうだ。

【参照】12…テセウスの船　23…箱の中のカブトムシ　62…知ってはいない　96…狂人の痛み

90 正体がわからないもの

物のほんとうの姿とは？

ジョージ・ビショップは、目の前の皿に載ったオレンジをじっと見つめ、それから、そのオレンジを頭の中で描いてみようとした。

まずはオレンジの単なる外観の特徴と、オレンジが実際に持っている性質とをはっきり区別することにした。たとえば、色はただの外観だ。なぜなら、色覚異常の人や、生理機能の異なる動物は、正常な人間が見るオレンジ色とはまったく違うふうにオレンジを見ていることがわかっているからだ。それから、味や匂いもただの外観だ。オレンジ自体は同じでも、知覚する人や動物によって、その味や匂いは変わるのだから。

けれども、オレンジから単なる外観を剝ぎとっていくと、ほとんど何も残らないことにジョージは気づいた。オレンジの大きさや形といった特徴も、自分の視覚や触覚がその果物をどう捉えるかによるのだから、ほんとうの大きさや形がどんなものか、言うことすらできないのではないか？　知覚が捉えた単なる外観ではない、オレンジそのものを実際に想像しようとすると、ぼんやりとした何かの観念にしかならず、そ

の正体がわからなかった。とすると、ほんとうのオレンジとはいったいなんなのだろう？　はかないその何かなのか、それとも、結局は、単なる外観の寄せ集めにすぎないのだろうか？

ジョージ・バークリ『人知原理論』

それほどじっくり考えるまでもなく、外観と実在との区別をつけることはできる。幼いとき、わたしたちは「素朴実在論者」で、この世界は見たままに存在すると考えている。成長するにしたがって、物が自分の感覚にあらわれるありかたと、実際に存在するありかたとを区別することを学ぶ。たとえば、純粋に小さな物と、遠くにあるから小さく見えるだけの物といった違いは、当たり前すぎてめったに口にされることもない。そのほか、日常生活では無視したり忘れたりしているものの、何かの味や色などは、知覚する人によって違いがあることを、わたしたちは知っている。

この世界を科学でおおまかに理解しはじめるにつれ、わたしたちはたいがい、この違いを、物質の基本的な原子構造と、それがわたしたちにあらわれるありかたとの違いとして見るようになる。この原子構造自体もまた、さらに小さい素粒子の構造によって説明できることとくらいはなんとなく知っているとしても、最先端科学の細かな知識にまで通じている必要はない。ただ、物のあらわれかたは、わたしたちの感覚と実際のありかたとの相互作用によってもたらされる、ということさえ知っていればいい。

こうしたことすべては、大人の常識よりはわずかに専門的だが、細部の重要な知識をうまく補うのは常識の役目だ。実在は外観と区別されてはきたものの、その実在とは何かというはっきりとした概念を、わたしたちは持っていない。それでかまわない、と思う人もいるだろう。知的分業というのは、そういう仕事を科学者に任せておくということなのだから。

とはいえ、科学者もまた、わたしたちと同じように、外観の世界にいるのではないだろうか？ そして、同じように、わたしたちの五感にあらわれるものを研究する。科学者には、裸眼では見えないものも観察できる器具がある、というのは思いちがいだ。望遠鏡や顕微鏡を通して見るときでも、何も通さず見るときと同じように、外観の世界に囚われている。科学者は外観の世界の向こう側を見ているわけではないのだ。ただ、わたしたちがふつうに見るよりも厳密に、外観の世界を見ているにすぎない。

これは、科学の問題ではなく哲学の問題だ。わたしたちは外観の世界とありのままの世界との違いを理解しているように思えるが、外観の向こう側に到達してそのほんとうの世界を見るのは不可能だろう。月は小さいのではなく遠くにあるのだと知ったとき、あるいは、水の中の棒は曲がっているように見えるだけだと知ったとき、わたしたちは外観の向こう側に到達した

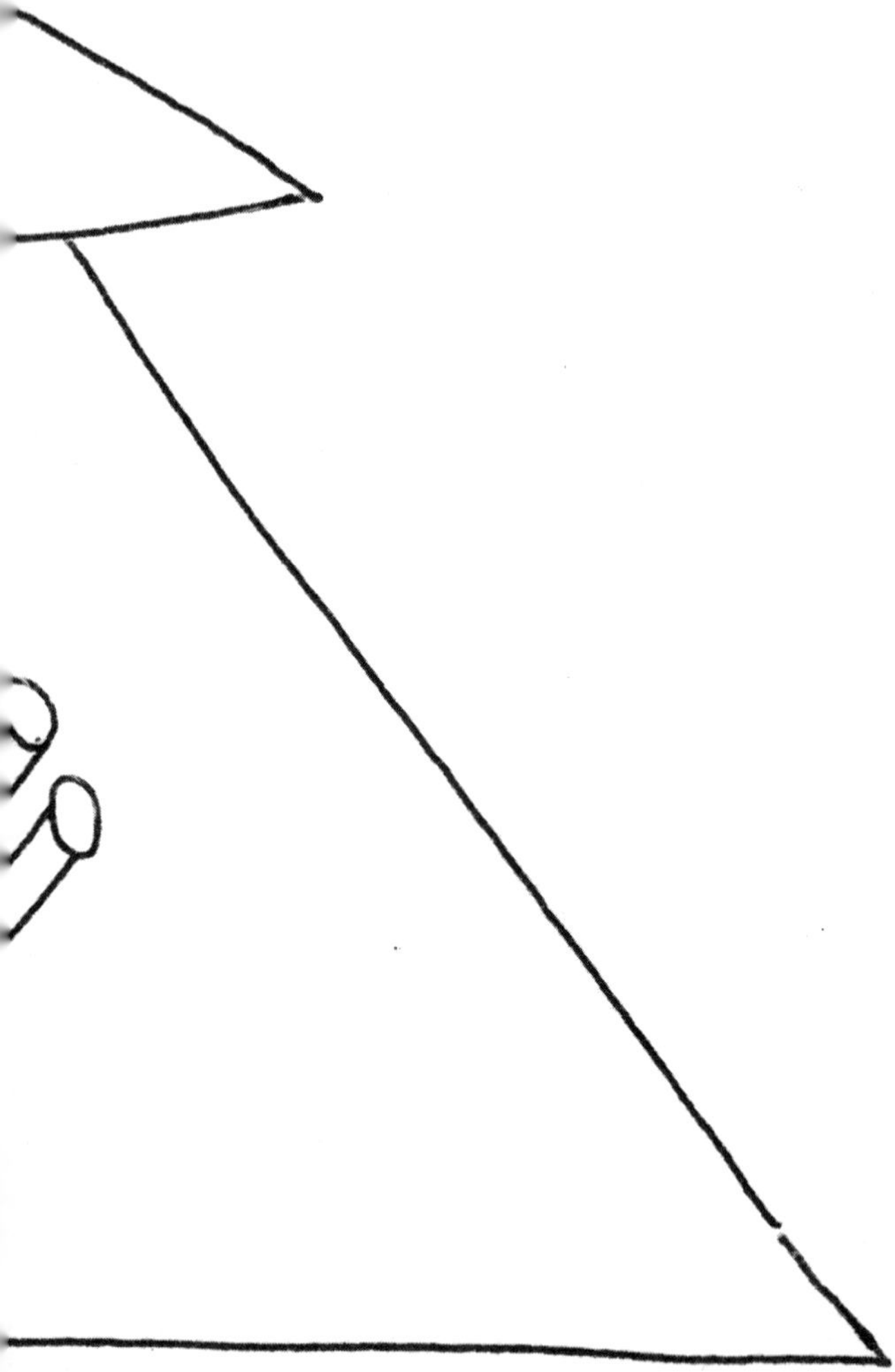

のではなく、人を欺くような外観がどうやって生じるかを学んだだけなのだ。
となると、ジレンマがひとつ残される。外観の向こう側の世界という概念は持ちつづけたまま、その世界が実はどんな世界かを知ることはできないし、どうすればわかるようになるのか想像すらできない、ということを受け容れるのか？　それとも、そんな考えはあきらめて、わたしたちが生きられる世界、わたしたちが知ることのできる世界は、結局、外観の世界だけだと認めるのだろうか？

【参照】51…水槽の中の脳　81…感覚と感受性　82…悪夢のシナリオ　98…経験機械

91 誰も傷つかない

信頼とはどういうことか？

スカーレットは、自分の運のよさが信じられなかった。物心ついたときから、ブラッド・デップはあこがれの男性だった。それがなんと、スカーレットは今、バハマの人里離れた場所にあるブラッドの別荘にいるのだ。この別荘のことは、パパラッチさえ知らない。

ひとりで海岸を歩いていたとき、スカーレットはブラッドから飲み物を勧められた。そして、ふたりで話すうち、彼が想像どおり魅力的な男性であることがわかった。やがて、ブラッドから、この数週間ずっと、少しばかり寂しい思いをしていたことを打ち明けられた。そして、職業柄、秘密にしなければならないが、ひと晩いっしょに過ごしてくれればすごく嬉しい、とも言われた。

問題がひとつだけあった。スカーレットは結婚していて、夫を心から愛している。でも夫は知らなければ傷つかないのだし、知られることは絶対にない。スカーレット自身は夢のような一夜を手に入れ、ブラッドはちょっとした楽しみを味わうだろう。それぞれが現状維持か、それ以上に豊かなときを過ごすのだ。苦しむ人は誰もいない。得るものが非常に多く、失うものは少ないというのに、ベッドへと誘うブラッドの魅惑的な瞳に抗《あらが》う理由など、はたしてあるのだろうか？

もし、誰かに信頼されていて、その信頼を裏切った場合、失うものはなんだろう？ スカーレットが思いたがったように、失うものが何もない場合もある。スカーレットの密会のことを夫が知らなければ、信頼は損なわれないままだ。「誰も傷つかない」というのがスカーレットの論拠なのだから、それでいいのではないか？

そういう考えかたは、たしかに冷淡で計算づくに思えるかもしれないが、よくあることだ。ふだんなら間違いとみなすことでも、誰も傷つかないと確信できる場合に限って、なんでもなく受け容れられるように思えてくる。たとえば、銀行からお金を盗むことなど絶対にない人でも、ＡＴＭの誤作動によって多く支払われれば喜んで受け取るだろう。銀行は損をしないし、結果として誰かが苦しむこともないから、という理屈をつけて。

愉快か不愉快かという観点から結果を計算し、ともかく愉快なことが多くなり、不愉快なことが少なくなるような行動をとる。わたしたちの行動が道徳的かどうか決めるのに、こういう方法はほんとうに最適なのだろうか？　たしかに単純明快ではあるが、わたしたちが道徳的生活を送るうえで、より繊細な面が覆い隠されてしまうようにも思える。

信頼とは何かを考えてみたい。多くの人は、互いに信頼しあうことが、親密な人間関係においても、もっとも大切なことのひとつだ、と言うだろう。ほとんどの場合、この信頼が裏切られたら、わたしたちはただちにそれを察するはずだ。たとえば、有効に使ってくれると信じて託したお金が、もし無駄に使われてしまったら、そのことはすぐに察しがつく。こういうことも信頼のひとつだが、もっとも深い意味での信頼ではない。というのも、わたしたちは自分の希望を尊重してもらいたいとき、信頼だけに頼っているわけではないからだ。だから、尊重されていなければすぐにわかる。

それとは対照的に、もっとも深い信頼というのは、たとえ、相手が約束を守ってくれたかどうか確信できないときでも、進んで相手を信用することにほかならない。こういう信頼があれば、何もかも打ち明けあうような安全策は必要ない。夫婦間の貞節を大事にしたいなら、こうした信頼は不可欠だ。なぜなら、誰でも知っているように、不貞はほとんどが表沙汰にならず、永久に知られない場合もあるからだ。

だから、もしスカーレットがブラッドと狂おしい一夜を過ごせば、彼女はもっとも深い信頼を裏切ることになる。夫には絶対に知られないとしても、だからこそ、その裏切りは深刻なものになる。こういう状況で信頼されることは、もっとも深く信頼されることだからだ。

それでも、やはり誰も傷つかない。信頼は損なわれたかもしれないが、でも、信頼は肉や骨とは違う。スカーレットは誰も傷つけていないのに、いちばん大事な関係の、いちばん大切な部分を台なしにすることなどあるのだろうか？

［参照］7…勝者なしの場合　34…わたしを責めないで　44…死がふたりを分かつまで　83…黄金律

92 火星への旅

人格の同一性とは何か？

ステリオにとって、その遠隔輸送機《トランスポーター》は火星へ行くための唯一の手段だった。以前、地球から火星までの旅は何ヶ月もかかったし、ガタガタ揺れる狭い宇宙船に閉じこめられて、安全の保証もなかった。しかし、ステリオの〝遠隔輸送特急《トランスポーター・エクスプレス》〟がすべてを変えた。今や、火星まではほんの数分しかかからず、これまでのところ一〇〇パーセント無事故だった。

しかし今、ステリオは、火星旅行に不満を持った顧客から、自分はステリオの会社に殺されたも同然だとして訴えを起こされていた。顧客の言い分ははっきりしている。遠隔輸送機は、客の脳と身体の細胞ひとつひとつをスキャンし、それらを破壊してから、その情報を電波で火星に送り、向こうで身体を再生する。火星で再生された人は、見た目も感じかたも考えかたも地球にいたほうとそっくりだが、そちらは眠らされたあと一瞬で破壊されているのだから、顧客の訴えによれば、実際には殺されて、クローンに取り替えられていることになる。

ステリオにしてみれば、そんな話はばかげている。なんといっても、自分はすでに何十回も遠隔輸送機で旅をしてきたが、死んだという感覚はない。実際、相手はこの件で訴えることがきちんとできていながら、輸送の過程で殺されたなどと、どうして本気で信じられるのか？

それでも、ステリオは今回また遠隔輸送機のブースに入り、身体を破壊しはじめるはずのボタンを押す準備をしながら、ほんの一瞬、考えた。もしかしたら、自分は自殺しようとしているのだろうか……。

デレク・パーフィット『理由と人格――非人格性の倫理へ』

わたしたちの継続した自己は、何に依存しているのだろう？　ふつうの状況では、身体が継続的に機能していることだと考えるにちがいない。しかし、身体のどの部分であれ、人工的な代替品に換えられないことはないのだから、おそらくこれは必ずしも真実とはいえない。むしろ、わたしたちは意識が継続しているかぎり、存在しつづけるというべきではないのか？　この人間を自分だと考える存在が、わたしの記憶や計画や性格を伴って目を覚ますことのなくなる日こそ、わたしが死んでしまった日なのだ。

人格の同一性が「心理的継続性」にあるとする理論は、わたしたちの直観に訴える。根底にこの直観があるからこそ、わたしたちはカフカの『変身』のように、ある日目覚めたら男の身体が虫になっていた、という物語の意味を理解できる。男の心が宿っているのだからその男が虫なのだ、とただちにわかる。身体的ではなく心理的な同一性が、男を同一人物たらしめているのだ。

ところが、遠隔輸送の場合、ふだんの自分と同じくらいしっかりした心理的継続性を持ってはいるものの、創りだされた存在はまぎれもなくコピーであり、クローンだということもわかる。クローンはもとの人物と同じ人間ではない。同じ鋳型《いがた》から造られた彫像という意味でしか同じとはいえない。つまり、寸分たがわず同じなのだが、それでも、それぞれまったく別個の実体なのだ。ひとつを剝がせば、もうひとつが無傷で残る。

ステリオは、みずから作製した遠隔輸送機がどう働くか、知らないわけではない。厳密にいえば、その機械が毎回、自分を複製するという事実がなぜ問題かを知らないのだ。ステリオにとって大事なのは、ブースに入っていき、別の惑星で目覚めること。身体的メカニズムはどうでもいいのだ。

もし、この思考実験が浅薄に聞こえるなら、別の可能性をちょっと考えてみてほしい。数年前のある夜、あなたは寝ているあいだに誘拐され、遠隔輸送機で処理されてしまい、その結果、新たに製造された人物が、いつのまにかあなたのベッドに戻っていた。もしこんなことが起きても、そうと知る手段がない。継続した存在として今生きている人生の意識経験は、何も起きなかった場合とまったく変わらないのだから。ある意味、遠隔輸送という事実は、あなたの人生にも世界にもなんら変化をもたらさないのだ。

となると、ステリオがクローンなのか、もとと同じ人物なのかと訊くのは間違いかもしれない。おそらく、訊くべきは、わたしたちの過去や未来の実在には何が重要なのかということだ。たぶん、その答えは何はともあれ、心理的継続性ということになるだろう。

【参照】37…わたしは脳である　46…ふたりのデレク　65…魂の力　88…記憶抹消

93 ゾンビ

他人に心があるとなぜわかるのか？

ルチアが暮らす街には、あちこちに灯りがついていたが、そこに住んでいるのは人間ではなかった。ルチアはゾンビたちと暮らしていたのだ。

薄気味悪く聞こえるだろうが、実際はそうでもない。このゾンビたちは、恐怖映画に出てくるような、死体を喰らう怪物とは違う。見た目も振る舞いもわたしたちと何ひとつ変わらない。生理機能もわたしたちとまったく同じだ。ただし、肝心な違いがひとつあって、それは心がないことだった。もし針で体を刺されたら、「痛っ」と言って顔をしかめるだろうが、彼らは実際には痛みを感じていない。嫌なことをされると、泣いたり怒ったりはするが、心の中に動揺はない。穏やかな音楽を聴かせると、楽しんでいるように見えるが、心の中では何も聴いていない。外側はふつうの人間だが、内側では何も起きていないのだ。

　それでも、ルチアは彼らと難なく一緒に暮らしている。ルチアのような内面生活が彼らにないことを、たやすく忘れてしまうのだ。というのも、彼らはふつうの人間とまったく同じように話したり振る舞ったりするし、どう感じるとか何を考えているとか言いさえするのだ。この街を訪れる人たちも、何か変わったことがあるとは気づかない。ルチアが秘密を明かしたときも、信じようとしなかった。

「あの人たちに心がないって、どうしてわかるのですか？」訪問者たちは尋ねる。

「それなら、自分以外の人間に心があるって、どうしてわかるのですか？」とルチアが訊きかえす。すると、相手はたいがい黙ってしまう。

オーストラリアの哲学者デイビッド・チャーマーズによる「哲学的ゾンビ」

「どうしてわかるのか？」というのは、とてもよい質問であることが多い。しかし、悲しいかな、確実な答えを出すのが非常に難しい質問でもある。なんの疑いもなくわかることは、めったに、いや、たぶん絶対にない。せいぜい望めるのは、自分の信じることがらに、まともな理由があることとくらいだ。少なくとも、その反対のことを信じる理由よりは、まともな理由が。だからこそ、わたしたちは、ゾンビに囲まれて暮らしているのではないか、と心配する必要はないと感じるのだ。たとえその可能性があったとしても、そうでないと信じる理由のほうが多ければ、ありそうもない可能性に悩まされずにすむ。

周囲の人たちがゾンビではないと考える理由は、何よりそれが効率的だからだ。もし、彼らがわたしたちと同じように歩き、同じように話し、脳も身体もわたしたちと似ているのなら、内面でどう感じているかも含め、あらゆる重要な点で、わたしたちに似ている見こみが高い。わたしには意識を生みだす神経系統が、ほかの人たちには異なる働きをするとしたら、とても奇妙なことだ。

けれども、まさしくここから、ゾンビの可能性がおもしろくなってくる。というのも、身体が似ているからといって、なぜ心も似ていると考えなければならないのか？　意識の問題というのはまさに、脳のような純粋に物理的な実体が、なぜ主観的経験を引き起こすのか、ということだ。いったいなぜ、脳のC線維が発火すると何かを感じるのだろう？　脳で何かが起きると、なぜ痛みの感覚が生みだされるのだろう？

こうした疑問が難解で、満足のいく答えがないように思えるなら、試みに、脳でC線維が発火してもなんの感覚も引き起こさないと考えてみれば、それでも論理的矛盾はないはずだ。言いかえれば、ゾンビ――身体的にはあらゆる点でわたしたちにそっくりだが、内面生活がまったくない人たち――という概念は、完全に筋が通っている。だから、ほかの人たちがゾンビだという可能性は、いかにありそうになくても、現実的なものなのだ。

恐怖映画の中でも同じだが、ゾンビを完全にやっつけるのは簡単ではない。ゾンビが存在する可能性を減らすには、わたしたちと同じ生理機能を持つ生き物は、基本的には心理も同じはずだとなぜいえるのか、それを示す必要がある。たとえば、C線維が発火すると痛みを感じるのはなぜか、色が見えたり何も感じなかったりしないのはなぜかを示すということだ。これまで、哲学者たちをそこそこ満足させる答えをまだ誰も出していないのだから、これはやりがいのある仕事だ。誰かが答えてくれるまで、ゾンビがこの地球上を歩いていないと断言することはできない。

［参照］20…幻想を破る　24…シモーヌに自由を　70…中国語の部屋　96…狂人の痛み

94　一粒ずつの課税

言葉には曖昧さが必要なのか？

〈大蔵大臣、ソリテス上院議員による政党宣伝放送〉

わが国は今、増税の時期を迎えています。前政権のつけである国家財政の悪化により、歳入を増やさざるをえないのです。しかし、国民のみなさんは増税に乗り気ではないでしょう。はたして、国民に痛みを感じさせることなく、必要な増税を行なうにはどうすればよいでしょう？

答えは簡単です。フォーカス・グループ［情報収集のために作られたグループ］も、世論調査も経済学者たちも、同じ結果を示しているのですが、税金を〇・〇一パーセント引き上げても、個人所得への影響は無視できる程度でしかありません。〇・〇一パーセント税金を余計に払ったからといって、まずまずの暮らしをしている人が苦し

むことにはなりませんし、裕福な人は貧しくはなりませんし、すでに苦しんでいる人がさらに苦しむことにもなりません。

こうした理由で、われわれは今日、所得税を〇・〇一パーセント引き上げます。論理的には、これほどわずかな額なら、自分より所得が〇・〇一パーセント少ない人にとっても、自分にとっても、ほぼなんの違いもないのですから、明日も同じだけ増税されても、自分よりごくわずかに所得の低い、その人と同じ立場になるだけなのです。そして、その次の日、さらに次の日、と三〇〇日続けます。

一回一回の増税は、国民の生活の質が変わらないように行なわれます。ですから、生活の質には影響を及ぼしません。それでも、不思議なことに、この方法を採れば、実質的には、政府の財源が大幅に増加しますので、それを国債の削減に当てるつもりですが、それでもまだ、国民全員に飲み物を一杯提供できるほどのお釣りがきます。その一杯で、みなさんが、わが内閣の創意工夫を祝してくだされば幸いです。

古代ギリシャの哲学者ミレトスのエイブリデス（紀元前四世紀ごろ）作とされる「砂山のパラドックス」

こんな演説をする政治家は、選挙で一票も入れてもらえないはずだ。実際には三パーセントを超える増税が提案されていると計算できない人でも、わずかな増税を三〇〇回繰り返していけば、結局は大幅な引き上げになるとわからないはずはあるまい。

とはいえ、この大蔵大臣の論理は、あらを探すのが難しい。これは、古くからある「砂山のパラドックス」の論理をなぞったものだ。オリジナルのパラドックスはこう問いかける。砂山から砂を一粒取り去ったら、その砂山は砂山でないもの（小さな堆積物か何か）になるのか。答えはノーのように思える。しかし、それだと、砂を一粒、また一粒と取りつづけていって、残りがたった一粒になっても、まだ砂山だということになる。

解決法のひとつは、どこかの段階で砂を一粒取ったときに、もはやこれは砂山ではないとすることだ。けれども、それはばかげているように思える。こういうパラドックスが生じるからだ。もし、一粒違えば砂山が砂山でなくなるとしたら、それはおかしい。一粒違っても砂山は砂山のままだとしたら、最後の一粒でも砂山といえるのだから、それもおかしい。

税金の例は、ひとつの解決法を示している。一回ごとのわずかな増税は、小さな違いにすぎないとはいえ、やはり違いを生みだすと主張してはどうだろう？　小さな違いをいくつか積み上げていけば、大きな違いになるのはたしかなのだから。

しかし、これでは問題の核心に届いていない。収入がわずかに上下しても、暮らし向きがよくなったり悪くなったりするほどの違いは生じない、というのがパラドックスだ。うしろに引いて見たときにわかる、小さな変化による蓄積効果と、近くに寄って見たときにわかる、一回一回の変化による影響のなさとの対照が、まさしくこのパラドックスなのだ。

このパラドックスに向き合うと、大半の人は、これは言葉のトリックにすぎないとするか、あるいは、何かそれ以外の目くらましがあるのだという。けれども、この難問はもっと真剣に取り組むべきものだ。多くの人が主張しているのは、解決法として、裕福と貧乏、高さと低さ、砂山と堆積物といった多くの曖昧な概念を、曖昧なままで受け容れてしまうことだ。しかし、言語や論理に多くの曖昧さを許してしまうと、根拠そのものが曖昧になってしまう。もうひとつの解決法――わずかな変化でも裕福か貧乏かの違いが実際に生じる――なら、論理や言語の正確さを保てるが、今度は現実味が薄れてしまうように思える。

【参照】26…ビュリダンのロバ　38…検査員の訪問　42…金を取って逃げろ　74…亀の徒競走

95 悪の問題

世界はなぜ苦しみに満ちているのか？

そして主は哲学者に言われた。「わたしは主であり神であり、すべてを愛し、あらゆる力を持ち、何もかもを知っている」

「とんでもない」哲学者は答えた。「この世界を見てみると、恐ろしい疫病があり、飢餓があり、貧窮があり、心の病がある。それなのに、あなたは止めようとなさらない。それは、止められないからですか？　そうだとしたら、あなたはあらゆる力を持っているわけではない。それとも、人の苦しみをご存知ないからですか？　それならあなたは、何もかもを知っているわけではない。あるいは、止めることをお望みでない？　それなら、あなたはすべてを愛しているわけではない」

「なんたる無礼！」主がお答えになった。「あらゆる悪を阻止しないほうが、お前たちのためなのだ。お前たちは、道徳的にも精神的にも成長する必要がある。善行と同じように悪行をなす自由や、苦しみに立ち向かう自由が必要なのだ。成長する自由を奪うことなく、この世界をよりよいものにするには、どうすればよかったというの

だ？」

「簡単です」哲学者が答えた。「第一に、苦しみをさほど感じないように、人間をお創りになればよかったのです。第二に、人間が他人に悪さをしないよう、もっと共感できる心を持たせればよかったのです。第三に、多く苦しまずとも成長できるよう、学習能力を持たせてくだされればよかったのです。第四に自然の残酷さを減らしてくだされればよかったのです。まだまだありますが、続けますか？」

悪の問題は、神学の歴史を通じ、さまざまな形で繰り返し取り上げられている。

苦しみが少なく、しかも、自由意志を行使できて、宗教のいう精神的成長の機会にも恵まれた世界を、神は創ることができただろうか？　この質問に答えようとすれば、どうしても、どこかからの視点を持たざるをえない。無神論者から見れば、答えはあきらかにイエスだ。思考実験の中で哲学者は、すぐさま四つの提案をしている。どれも不可能とは思えない。わたしたちには、ある程度、共感する力が自然に備わっており、そのおかげで、大半の人は他人を傷つけようとはしないのだ。共感する力と自由意志を持つことが両立できているなら、共感する力をさらに増やしても、両立できないはずはあるまい。

学習する能力もまた、わたしたちがみずからコントロールできないものだ。実際、その能力が優れている人もいれば、そうでない人もいる。神がわたしたちみなに、もっと優れた学習能力を与えてくれていれば、おぞましい悪を経験しなくても、なぜ正しいのか、なぜ間違いなのかを理解できるのではないだろうか？　そう考えれば、神はいとも簡単に、苦しみの少ない世界を創造することができたはずだ、と思う人は多いだろう。神がそうしなかったということは、神が存在しないか、あるいは崇拝するに値しないという証拠なのだ。

しかし、神を信じている人にとっては、こういう議論はきわめて弱いものに思えるかもしれない。神はもっとよい仕事をすべきだった、などと主張するわれわれは何者か、ということになるからだ。もし神が存在するなら、その神は、わたしたちよりはるかに知恵がある。だから、この世界を苦しみに満ちたものとして神が創造したのなら、しかるべき理由があってそうしたはずだ。たとえ、わたしたちの哀れな心には理解できなくても。

これは、答えとしては十分でないように思える。なぜなら、突き詰めればこういうことになるからだ。もし、神の存在を疑う合理的な理由があるとしても、わたしたちの知性には限界があることは認めなければならないし、しかも、不合理なことや、一見、矛盾していることも、神の視点から見ればたしかに筋が通っていることも認めなければならない。けれども、そうすると、信仰の合理性が斥《しりぞ》けられてしまう。その両方を採り入れることはできないからだ。つまり、信仰を否定する合理的な議論に説得力があることを認めないのなら、一方で合理性を利用してみずからの信仰を擁護しても無駄だ、ということである。

ここまでくると、悪の問題は信仰者の手を離れてしまうように思える。この問題を手っとりばやく解決しようとするなら、結局は神の思し召しがいちばんである、として片をつけてしまうことだ。しかし、そうするには、理性に逆らう信仰が必要になる。なぜなら、神がしたことは最善ではない、とわたしたちの理性が教えてくれるからだ。もし、神よりもものごとをよく知っていると主張して無神論者が非難されるのなら、信仰者は理性を超えたものを知っているために非難されうる。はたして、どちらの罪のほうが重いのだろう?

【参照】9…善なる神　32…テロ予告　48…合理性の要求　57…神の命令

96 狂人の痛み

痛くない痛みはありえるのだろうか?

事故のあと、デイヴィッドの脳には、きわめて珍しい後遺症が残った。引っ掻かれても突つかれても蹴飛ばされても、痛みを感じないのだ。ところが、黄色いものをたくさん見たり、オーク材の匂いをかいだり、オペラ歌手の歌う高いドの音を聴いたり、何気なくだじゃれを言ったり、ほかにもいくつか、まったく思いもよらない状況で痛みを、それも、ときに激しい痛みを感じた。

しかも、デイヴィッドはその痛みの感覚を、まったく不快に感じなかった。あえて痛みを求めはしなかったが、避ける努力もしなかった。だから、大声で叫ぶとか、のたうちまわるとかいった通常の方法で痛みを表に出すこともない。痛いときに身体にあらわれる唯一のしるしは、あらゆる形で起こる無意識のけいれんだ。肩が持ち上がったり、眉毛がひっきりなしに上下したり、両腕がニワトリのようにばたついたりすることもあった。

しかし、デイヴィッドを診察した神経科医は、深い疑いを抱いた。デイヴィッドが以前のような痛みを感じていないのはわかったが、黄色いものを見すぎたときに感じるようになったものがなんであれ、それは痛みではありえない。痛みというのは、定義からして、人が避けようとする不快なものだ。もしかしたら、デイヴィッドは脳の後遺症のせいで、ほんとうの痛みがどんなだったか、その感覚を忘れてしまったのかもしれない。

Mad Pain and Martian Pain by David Lewis, in *Readings in Philosophy of Psychology, vol.1,* edited by Ned Block (Harvard University Press, 1980)

心の哲学を扱う哲学者たちは、痛みにこだわる。主観的経験がどういうもので、それが客観的知識とどう関わっているかに深い関心を持つ彼らには、主観的であると同時に現実的でもあるのは、痛みをおいてないように思えるのだ。それは、歯の激痛に苦しんだことのある人なら誰でもわかるだろう。しかし、同時に、誰かが痛みを抱えていれば、わたしたちはたいがい言い当てることができる。たとえば、ペンギンのことを思い浮かべるような、ほかの心的出来事とは違い、痛みはわたしたちの内的経験だけでなく外的振る舞いにも影響を与えるのだ。

だから、主観的な経験をするのがどういうことかを理解したければ、痛みはうってつけのケーススタディになる。デイヴィッドの「狂人の痛み」の思考実験は、痛みに関連する変数をいじってみて、どれが本質的でどれが付随的かを知ろうとする試みだ。おもな三つの変数とは、私的で主観的な経験と、よくある原因と、外的振る舞いだ。狂人の痛みには、ふつうの痛みと共通する主観的な経験だけはあるが、その原因と結果はまったくふつうと異なる。それでも、狂人の痛みを痛みと表現してよいのなら、痛みを感じているという主観的な感覚こそが痛みの本質だと結論づけるべきだ。その原因と結果は単なる付随であって、ふつうの原因や結果と異なっていてもかまわない。

この点では、常識も万全ではない。一方では、痛みは本質的に主観的な感覚だと、はっきりいえるように思える。痛みを刺激反応や脳の機能という観点で定義づけたほうがいいかもしれないと真剣に提案するのは、哲学者と心理学者だけだろう。しかし、もう一方で、これも常識によれば、痛みという主観的な経験でさえ、それを感じるのをなんとも思わない人がいて、なんの動揺も引き起こさないとしたら、それはまったく痛みとはいえない。とすると、デイヴィッドの話は筋が通っていないことになる。本人がなんと言おうと、デイヴィッドが痛みを感じていることは絶対にありえない。彼の言葉を疑っている神経科医は正しい。結局のところ、デイヴィッドには言わせておくしかない。事故以前に、たとえば何かの怪我で味わったときと同じ内的経験を、彼が今も認識できると信じるいわれはないだろう。

　とはいえ、問題の要点は、内側と外側との関係にある。痛みは苦しんでいる人がどう感じているかで決まり、それが、手を引っこめたり顔をしかめたりという振る舞いに必然的に結びつく、と簡単にいえるように思える。しかし、そう言ってしまうのは早計だ。なぜなら、もし痛みがほんとうに感覚だとしたら、それに関連する振る舞いをいっさい伴わない痛みを経験することは、想像不可能ではないはずだからだ。痛みは、なんらかの方法で外側にあらわれるはずだ、というだけではだめだ。なぜあらわれるはずなのかをいう必要がある。それをいえるまで、狂人の痛みは可能でありつづける。

［参照］23…箱の中のカブトムシ　24…シモーヌに自由を　27…痛みの痕跡　70…中国語の部屋

97　道徳的な運

結果は運によって決まるのか？

メッテは、仲たがいしている夫の目をじっと見たが、そこにわずかな良心の呵責《かしゃく》も見つけることができなかった。

「わたしたちに戻ってほしいだなんて。わたしと子どもたちを置いて出ていったのに、それを間違いだったと認めもしない人と、なぜ、よりを戻せると思うの？」

「僕としては、自分が悪いことをしたとは思っていないし、君に嘘をつくのも嫌だからさ」ポールが弁明した。「僕が家を出なければならなかったのは、美の女神を追いかけたからだ。芸術のためだよ。昔、ふたりでよくゴーギャンのことを話したのを憶えているだろう？　ゴーギャンもやむにやまれず、家族のもとを去ったんだ。その行動は無情だけど間違いではなかった、と君はいつも言ってたじゃないか」

「でも、あなたはゴーギャンじゃないわ」メッテはため息をついた。「だからこそ、戻ってきたんでしょ。失敗だったと認めなさい」

「ゴーギャンだって、妻のもとを去ったときには、成功するかどうかわからなかっただろ？　そういうことは、誰にもわからないのさ。ゴーギャンが正しかったなら、僕も正しかったんだ」

「いいえ」メッテが言った。「ゴーギャンは賭けに勝ったわ。だから、正しかったのよ。でも、あなたは賭けに負けたから、間違っていたの」

「賭けだって？　それなら、運がいいか悪いかで、正しいか間違いかが決まるのかい？」

メッテはちょっと考えてから答えた。「ええ。そうだと思うわ」

バーナード・ウィリアムズ *"Moral Luck"* (Cambridge University Press, 1981) 所収の小論をもとにしている。

運のよしあしによって、成功か失敗か、幸福か不幸か、裕福か貧乏かが分かれることはあるにしても、よい行ないか悪い行ないかが分かれるはずはあるまい。善良できちんとした人間かどうかは、その人がどんな人で、何をするかによって決まるのであって、自分の意志を超えたところで起きることによって決まるのではないはずだ。

常識に従えばそうなる。しかし、運は道徳的なよさを決めるおもな要因ではないにせよ、倫理面でなんの役割も果たしていないと言い切れるだろうか？

いちばん根底のところに、「構成的な運」として知られるものがある。つまり、わたしたちは生まれながらに、ある素質や特性を持っており、成長過程でそれがさらに磨かれていく。とはいえ、そのどれも、自分で選んだものではない。だから、自分で将来を決められる年齢になるまでに、ある程度は、周囲の仲間より善か悪かの傾向がすでに定まっているのかもしれない。その年齢になって、自分が暴力的衝動に駆られやすいと悟った人は、悪い行ないをしがちであり、それは純粋に、遺伝的性質と養育環境のくじ運が悪かったのだ。

構成的な運はともかくとしても、「そうならなかったのは神のおかげだ」などという言葉をよく耳にする。おそらく、わたしたちは、ふだんの行動より悪いことをする可能性を秘めており、その邪悪な面がなんとかおもてにあらわれずにすんでいるとしたら、それは運によるところもある。

ポールとメッテの場合、運の果たす役割は、もっとはっきりしている。メッテの主張によれば、どういう結果になるか確信がないまま、まったく同じ行動をした人がふたりいるとき、わたしたちは、その結果のよしあしがあきらかになって初めて、その人のしたことが正しかったか間違っていたかを判断できる。だから、家族を棄てて偉大な画家になったゴーギャンは、道徳的に正しい選択をしたことになり、一方、同じことをしたが成功しなかったポールは、間違っていたと非難される。

　これが突飛な例だと思えるなら、わたしたちが、ときどき不注意な行動をしてしまうことを考えてみるといい。もしその不注意によって、たとえば重傷者が出てしまったら、過失を犯した本人は、道徳的に不心得者とみなされる。しかし、注意を怠ったときでも、偶然、悪い結果が起きなければ、咎《とが》められることはまずない。ということは、やはり、道徳的な運のようなものがあるということなのだろうか？　それとも、間違った判断をして、さいわい、悪い結果が起きなかった場合にも、もっと強く非難すべきなのだろうか？　ゴーギャンのしたことは、家族と一緒にいるよりずっとよい選択だったと、あとからみれば、わたしたちには思えるのだが、それでもゴーギャンは間違っていた、というべきなのだろうか？

【参照】 28…義務を果たす　34…わたしを責めないで　43…きたるべき衝撃　68…家族が第一

98 経験機械

約束された幸福は幸福だろうか？

ロバートは同意書を前にして座り、この二時間ずっと悩んでいたが、それでもまだ、サインすべきか破り捨てるべきか、わからなかった。迷っているのは、ふたつの将来のどちらを選択するかだ。

ひとつ目の将来は展望が暗く、夢を実現できる見こみは薄い。ふたつ目の将来は、有名なロックスターとして永遠の幸福が保証されている。選ぶまでもない、と思えるかもしれない。ところが、ひとつ目の人生は現実世界のもので、ふたつ目の人生は、すべて〝経験機械〟の中でのものなのだ。

この機械を使えば、人生をまるごと仮想現実で送ることができる。そこでのあらゆる経験は、より幸福でより満足できるものに、あらかじめ設定されている。しかし、ここが重要なのだが、いったん機械に入ってしまうと、自分が現実世界にいないことには気づかず、自分の身に起きる出来事が、みずからの望みに沿うよう設定されていたことにも気づかない。まるで、ふつうの世界でふつうの人生を生きているようなも

のだ。ただ、この人生では、何もかもがうまくいくように思えるため、人生の勝者でいられる。

いったん機械に入れば人生は薔薇色だ、とロバートにはわかっている。しかし、それでも、どこかまやかしのような感じがして、天国へ連れていってくれるはずの書類にサインするのをためらってしまうのだ。

ロバート・ノージック『アナーキー・国家・ユートピア――国家の正当性とその限界』嶋津格訳／木鐸社／一九九二年

ロバートがためらっている理由は容易にわかる。機械の中の人生は、インチキでごまかしの非現実だからだ。しかし、幸福や不幸が無慈悲に繰り返される本物の人生のほうが、インチキだが幸せな人生より、なぜよいと決まっているのだろう？

決まってなどいない、と幸福を約束するこの機械の販売員なら、力説するだろう。まず、「本物」や「現実」がどういう意味かを考えてみたい。ある人物が本物であるというのは、誰かのふりをしていない、ありのままのその人ということだ。しかし、ロバートは機械の中にいても、変わることなくロバートだ。外にいたときと同じくらいたやすく、ありのままの自分でいられる。

とはいえ、現実世界でロックスターになるには実力が必要だが、機械の中では自分自身の努力が報われてロックスターになるわけではない、という反論があるかもしれない。それなら、ロックスターの歌を聴いてみろ、と言いたい。才能などほとんど関係がない。運とチャンスがすべてだ。機械の中のロバートが手にする名誉は、ポップ・ミュージック界の狭い階段を上っていく若者が手にする名誉と比べて、なんの遜色もない。実際、それが経験機械のいいところだ。人生の成功は、運によるところがきわめて大きい。しかるべき場所、しかるべき時代、しかるべき両親のもとに生まれたかどうか。授かった能力が、自分の属する社会で評価され、報いられるかどうか。頭角をあらわす力になってくれる人物や場所へのつてがあるかどうか。確実に幸せになれる方法があるのに、自分を幸運の女神の手にゆだねるなんて、どうかしている。

現実世界を捨てると誰かが言えば、わたしたちはこう諭《さと》す。現実的になれ、と。しかし、今わたしが暮らしているこの世界といえども、自分が見たもの、聞いたもの、感じたもの、味わったもの、触れたもの、匂いをかいだもの、といったわたしの経験の寄せ集めにすぎない。もし、この世界はシリコンチップではなく、素粒子の過程で起きているのだから現実的なのだ、と思うのなら、現実という概念を見なおす必要があるかもしれない。なにしろ、経験を超えた科学の世界などといっても、結局それは観察や経験にもとづいたものであり、すべて経験世界の内側にあるのだ。だから、ある意味では、現実はただの外観にすぎない。

それでもまだ、わたしたちは機械に入りたくないと思うかもしれない。というのも、自分の将来は、できるかぎり自分自身の意志や努力で決まるべきだからだ。その思いにこだわって機械に入るのを拒むとしたら、少なくとも、これだけはいえるはずだ。つまり、わたしたちは、自分にとって何が最善かを考えるとき、ただ幸福になりさえすればいいと思っているわけではない。そうでなければ、すぐさま経験機械に身をゆだねるはずだから。

［参照］ 1…邪悪な魔物　20…幻想を破る　51…水槽の中の脳　82…悪夢のシナリオ

99 平和の代償

犠牲者の数だけが問題なのか？

その使者は、ヒトラーによって極秘裏にイギリスへ送りこまれていた。使者が伝える取引の内容を、万一、イギリス側が公表しようとしたら、ベルリン側は、使者に関する情報をすべて否定し、当人を売国奴として弾劾するだろう。けれども、あきらかに、それは必要なさそうだ。チャーチルがその取引を拒否できるとは思えないからだ。

チャーチルが無駄な死傷者を出すのを避けたがっていることを、ヒトラーは知っていた。どちらの国のリーダーも、双方が衝突すれば何千という生命が犠牲になるのはわかっていた。ところが、戦争を避ける道があるのだ。ヒトラーは、ユダヤ人大量殺人計画を完遂できささえすれば、それ以上の攻撃は加えないし、占領地内の暴徒しか殺さないという取引を提案した。そうすれば、イギリス側は、フランスを解放してドイツのナチ政権を倒そうとするより、失う生命を確実に少なくすませることができる。

功利主義を生みだした国であるイギリスの首相なら、この提案に乗るはずだ、とヒトラーは確信していた。なんといっても、死者を少なくする方法があるのに、そちらを選ばない人間などいないだろうから。

第二次世界大戦のさなか、事実としてこのような取引があったわけではないにしろ、ヒトラーは実際、平和取引を持ちかければイギリスに受け容れられて、みずから征服した領土を維持できる、とさまざまな点で信じていた。おそらくその理由のひとつは、戦争が多くの人命を犠牲にするのだから、平和は現実的にも道徳的にも最善の選択のはずだ、という考えにある。

親族を強制収容所で亡くした人たちはもちろん、多くの人は、こんな取引のことを考えただけでぞっとするだろう。罪なき人たちの命をホロコーストの犠牲にすることで、平和を手に入れるように思えるからだ。

この思いに賛同するなら、ほかの戦争の場合には道徳性をどう判断するか、慎重に考えてみてほしい。軍事的介入の倫理性については、多くの議論が交わされてきたが、それは、行動を起こすか起こさないかによって人的被害がどう変わるか、という観点からの議論だ。たとえば、反戦運動家たちは二〇〇三年三月に起きたイラク侵攻からの一年で、約一万人の市民が殺されたことを、すぐさま指摘する。しかし、サダム・フセインはその政権中に、六〇万人の市民を殺したと考えられている。そのことをいうと、五〇万人ものイラクの子どもたちが死んだのは、フセイン政権のせいではなく、国連による経済制裁のせいだと言いかえす人もいる。そして、さらに多くの数字が、戦争に行くことを正当化したり非難したりするために飛びかう。

こうしたやりとりが前提としているように思えるのは、戦争は救う生命より失う生命のほうが多いから、道徳的に間違いだということだ。しかし、この論理では、たとえばヒトラーから提案される密約のような話が容易に成り立つし、そうなれば、同盟国によってヨーロッパはたやすくファシズムに陥っていただろう。

そんなことは耐えがたいと多くの人が思う理由のひとつは、強制収容所という悪にいやでも反応するからだ。大量虐殺を阻止することで救われる生命よりも、そのために失われる生命のほうが多くなるかもしれないが、それでもなお、害悪がまかり通ることは許せない。わたしたちの人間性は、ひとりひとりの生命よりも大切だ。
ホロコーストのことを脇へ置いたとしても、なお、無血の黙認よりも流血の自由を望む理由はある。理想のためならみずからの生命をあえて危険にさらす人がいるのは、ただ生きているよりも大事な価値があると思うからだ。奴隷として生きるより自由な人間として死ぬほうがいい。だからこそ、少なくとも最初の湾岸戦争では、イラク人の多くが解放の喜びを多少なりとも味わっているように見えたのだ。戦争の道徳性というのは難儀な問題であり、失われる生命と助かる生命の数を単純に数えるだけでは、解決できない問題なのだ。

【参照】32…テロ予告　35…最後の手段　48…合理性の要求　79…時計じかけのオレンジ

100 喫茶店で暮らす人たち

わたしたちも搾取の加担者だろうか？

エリックは、ネストという喫茶店の常連だった。その店は、料理や飲み物の味はそれほどでもないが、値段はとびきり安かった。

あるとき、エリックは、どうやって値段を抑えているのかと経営者に尋ねてみた。経営者の女性は身を乗りだし、何かたくらむようにささやいた。「簡単よ。あのね、うちの従業員は全員、アフリカ出身なの。みんな、生きていかなきゃならないのに、正規の職に就けないのよ。だから、うちの店では、地下の貯蔵庫で寝させて、ほどほどに食べさせて、週給五ポンドを現金で渡しているの。最高よ。だって、一日じゅう、それも週に六日も働いてくれるの。こちらが支払う賃金はすごく少なくてすむから、安い値段で客に出せるし、利益もかなりのものよ。あら、そんなにびっくりしないで」彼女はエリックの反応を見て、こう続けた。「みんなのためになってるんだから。彼らはここで働けば助かるからそうしているのだし、わたしは儲かるし、あなたは安く食べられる。さあ、もう一杯どう？」

エリックはおかわりを頼んだ。けれど、ここで飲むコーヒーは、たぶんこれが最後だろう。経営者がどう自分を正当化しようと、エリックはひとりの客として、搾取に加担している気がしたからだ。でも、とアメリカン・コーヒーをすすりながら、エリックは思案した。客の不買運動を、はたして従業員は喜ぶだろうか。こんな仕事と、貯蔵庫の住まいでも、何もないよりはましなのではないだろうか？

過激な反資本主義者でなくてもわかることだが、先進国に住んでいる人なら誰でも、基本的にはエリックと同じ立場にいる。わたしたちが輸入品を比較的安い価格で買えるのは、生産者がわずかな収入で働いているからだ。そうと知りつつ買うことをやめないとしたら、わたしたちは、その状況に手を貸していることになる。

うわべの違いに騙されてはいけない。エリックはわたしたちより低賃金労働者たちの近くにいるが、物理的な距離は、この場合、倫理的に重要ではない。距離を置いただけでは、搾取していないことにはならない。喫茶店の従業員を違法に雇っていることが問題なのでもない。そういう雇用習慣が許されている国もあるからだ。

公正な賃金の基準というのは、国によって異なる、と言う人もいるだろう。イギリスのような国では「奴隷賃金」であっても、タンザニアでならかなりの額かもしれない。たしかにそのとおりだが、議論はそれでは終わらない。核心となる点は、この喫茶店ネストが従業員たちの困窮につけこんで、賃金をできるだけ低くしていることだ。不公正さはおもに賃金の低さではなく、欲に駆られて従業員の幸福に関心を向けないところにある。同じように、発展途上国でコーヒーを栽培している人たちも、多くの同胞より悪い暮らしをしているわけではないが、だからといって、西洋に住む雇用主が、彼らを低賃金で過剰労働させていることを気にかけなくてよいはずはない。わたしたちには、もっと多く支払う余裕が十分にあるのだから。

そして、「何もないよりはまし」という言い訳も、あまり説得力はない。選択肢がないわけではなく、賃金を増やすか、労働環境をよくすればいいのだから。不買運動をすれば、搾取されている労働者が職を失うかもしれないが、逆に、ネストのような店同士が安売り競争をすると、適正賃金で雇っている店の労働者が職を失うことになる。

したがって、あらゆる道徳的見地からして、わたしたちはやはりエリックと同じ立場にいるように思える。私腹を肥やす経営者に手を貸しているエリックが間違いだとしたら、生産物供給網の末端にいる人たちを過剰労働させる店から品物を買うわたしたちも、間違っている。

これは、なんともやっかいな結論だ。わたしたちのほぼ全員が、搾取の共犯者ということになるからだ。それはあまりにひどいので、この議論に誤りがあるとみなすべきかもしれない。しかし、それではひとりよがりの答えになってしまう。これまでの歴史を見れば、組織的な不正が数多くあったし、それを、社会全体が暗黙のうちに支援してきた。アパルトヘイトの時代に、南アフリカで白人の大半がしたことを考えてみるといい。奴隷制のもとで中流階級や上流階級の人たちがしたこと、そして女性に平等な権利が与えられる以前に、男性がしたことを考えてみるといい。いつの時代でも、ほぼすべての人に、間違ったことをする可能性がある。コーヒーをどの店で飲むか、エリックが考えなおすべきだとしたら、わたしたちもそうすべきだし、ほかの多くのことでも、それは同じではないだろうか。

［参照］7…勝者なしの場合　16…救命ボート　34…わたしを責めないで　44…死がふたりを分かつまで

謝辞

思考実験の一〇一番目。周囲の人たちから惜しみない応援や手助けやアドバイスをもらっておきながら、謝辞で感謝の言葉を述べない作家がいるとする。その作家は単に不注意で忘れっぽいだけなのか、それとも道徳的に非難されるべきなのか？

わたしはきっとそのどちらかだ。とはいえ、お世話になった人全員を無視するつもりはない。編集者という職業は、ただの名詞ではなく動詞の働きもあるのではないかと思えるほど、本を作り上げるうえで重要な役割を担っている。ジョージ・ミラーはそんな編集者のひとりで、本書の構想から完成に至るまで、その力添えは欠くべからざるものだった。ほかにも、グランタ社の多くの有能な人たちに助けられた。サジダ・アフマド、ルイーズ・キャンベル、フランシス・ホリングデール、ゲイル・リンチ、アンジェラ・ローズ、ウィル・サーモン、ベラ・シャンド、コレット・ヴェッラ、サラ・ウエズリー。そして、リッツィー・クレマーは、つねに力強く、かつ如才なく著者を導き、手助けしてくれた。

名前を挙げる人と挙げない人が出てくるのは避けたいので、本書の執筆中、疑問に答えてくれたり、出典を探してくれたりした人たちすべてに、まとめてお礼を言いたい。感謝すべき人が多すぎて列挙できない、と言えば嘘になる。きちんと記録し、記憶しておくだけの几帳面さが足りない人間にとっては、人数が多すぎるだけだ。

最後に、ジェレミー・スタンルームに感謝したい。表向きの理由としては、その知性と洞察力と刺激に満ちた会話から、この何年もずっとインスピレーションを受けてきたことを感謝するためだが、ほんとうの理由は、彼に言わせれば、謝辞や献辞などはたいがい自己顕示とご機嫌取りなので、本人はこんなところに名前を挙げられると、ひどく迷惑がるはずだからだ。

訳者あとがき

わたしたちは、ふだん何気なく牛や豚の肉を食べている。しかし、動物の肉を食べることに抵抗を感じる人たちもいる。その人たちは何に抵抗を感じているのだろう？　もしかしたら、動物たちが劣悪な環境で飼育されていることに、かもしれない。それなら、飼育環境を改善すればいい。あるいは、いやがる動物を殺してその肉を食べることに、かもしれない。それなら、牛や豚を遺伝子操作して、食べられることを望むようにしたらどうだろう？　それで倫理的問題は解決されるのではないか？　解決されないとしたら、それはなぜだろう？　もしかしたら、いやがる動物を殺して食べるより、「わたしをぜひ食べて」とすり寄ってくる相手を殺して食べるほうが、より不気味でいやな感じがするのではないだろうか。

この思考実験は、本書の5章「わたしを食べてとブタに言われたら」で取り上げられているものだ。原文の章題は「The pig that wants to be eaten（直訳すると「食べられることを望むブタ」）」で、これがそのまま原書のタイトルにも採用されている。日本語にしてしまうとあまりインパクトがないのだが、原文ではかなり衝撃的で、どきりとさせられる。

牛や豚に遺伝子操作をして、言葉を喋れるようにしたり、食べられることを望むようにしたりするなんて、そんなことありえない！と思われそうだが、そのとおり、たしかにありえないのだ、現実では。けれども、思考実験の中では、どんなにナンセンスなことでも、ごくまじめに想定してしまえる。「はじめに」で著者が述べているように、思考実験の目的というのは、「核心となるひとつの概念や問題に焦点を当てておくこと」であって、それがどれほどありえない話でも、気にする必要はないのである。思考実験は、あくまで思考を助けるための道具だからだ。

ほかの要素をすべて同じにして、ある特定の要素だけを違えるとどんな結果が生じるか。これはもともと科学実験の方法なのだが、それを頭の中だけで行なうのが思考実験だ。思考実験は、古代ギリシャの時代から哲学者たちが用いてきた一種のアナロジー（類推）であり、思考のための優れたシミュレーション・ツールでもある。もちろん、科学や物理学が飛躍的に発展した一九世紀後半から二〇世紀にかけても、おおいに使われ、成果を上げてきた。

本書は『Julian Baggini, The Pig That Wants to Be Eaten And 99 Other Thought Experiments』(Granta Books, 2005)の翻訳である。著者のジュリアン・バジーニはイギリス人で、哲学雑誌「The Philosophers' Magazine」(哲学エッセイや哲学者へのインタビュー、コラムなど、哲学全般の話題を扱う。オンライン版は http://www.philosophypress.co.uk/ で見ることができる)の設立者のひとりとして、編集に携わってきた。現在はアドバイザー的な立場となり、編集長を務めている。哲学者として、また哲学ジャーナリストとして、一般向けの哲学書を数多く手がけ、ほかにも雑誌や新聞記事の執筆、ラジオ番組への出演など、さまざまな方面で活動している(ホームページは http:julianbaggini.blogspot.com/)。

哲学の魅力をわかりやすく伝えることに定評がある著者の代表作とあって、本書は非常に読みやすく、それでいて、哲学的ポイントはきちんと押さえてある。イギリスではかなり好評だったらしく、現在、一九ヶ国語に翻訳されている。

哲学的思考実験とその解説というスタイルで構成された本書は、全部で一〇〇章あり、一章一章はごく短く読みやすい。それぞれの章が独立していて、長さもほぼ同じなので、どこから読んでもよい。思考実験に取り上げられている問題は実にさまざまで、有名な哲学者の思考や哲学的パラドックスが網羅されている。まるで「哲学的思考実験の見本帳」のようでもある。見本帳だけあって、内容は、哲学、倫理学、論理学の全般に及び、「身体と脳」「生命倫理」「同一性」「環境」「芸術」「言葉」「幸福」など、深遠な問題からごく身近な問題まで多岐にわたる。

なかには、読者がどこかで一度は目にしたことのある思考実験も含まれているはずだ。たとえば、抜き打ち訪問は抜き打ちでありえるかを問う「抜き打ちテストのパラドックス」（本書では38章で扱っている）、線路のレバーを切り替えて人の生死に手を加えてもよいかを問う「トロッコ問題」（17章）、砂一粒の違いで砂山が砂山でなくなるのかを問う「砂山のパラドックス」（94章）などが有名だろう。訳者自身にとっては、「誰もいない森の中で樹が倒れたら音はするのだろうか」という問いこそ、哲学に誘われるきっかけであったため、本書の81章でその問いに再会することができて感慨深い。

各章のはじめにあげられている思考実験は、そこで何が問題にされているのかをわかりやすく示してくれる。どの話にも、イギリス人である著者らしい皮肉とユーモアが散りばめられており、読んでいて思わずにやりとさせられるし、著者自身、楽しんで書いたであろうことがよく伝わってくる（皮肉の効いたユーモアは「謝辞」にもいかんなく発揮されている）。

それぞれの章で問題になっているポイントを読者に知ってもらいたいと考え、編集者と相談のうえ、章題に続けて、原書にはない小見出しを入れた。各章の要点がぐんとわかりやすくなったのではないかと思う。

思考実験のひとつひとつは、出典を知らなくてもじゅうぶんに楽しめるのだが、知っていればさらに楽しめるはずだ。興味を持っていただけたら、ぜひ出典にあげられた本も読んでみてほしい。

思考実験で問題点を示したあと、その解説という形で、著者はさらに思考を深めるための問いかけを続ける。著者自身は、自分の考えを押しだしたり、ひとつの答えに導いたりすることなく、複数の選択肢を示しながら、読者に考えることを促していく。どれも答えの出るような問いではないため、もしかしたら読者は宙づりのまま放りだされたような、落ち着きのなさを味わうことになるかもしれないが、それこそが哲学の魅力であり、著者の意図するところでもあるはずだ。

前に進むことだけをよしとする社会にあって、なるべく前に進まないこと、足踏みすること、立ち止まることは、それだけでもじゅうぶんに困難だろう。しかし、ときには足を止めて深く考えたい、と思っている人は多いに違いない。既成の概念や価値観を根底から揺さぶられるのは、とても心地のよいものだ。ふだん考えてもみないところに問題を見出し、深淵へと導くのが哲学の醍醐味といえるだろう。読者が思考実験を楽しみつつ、哲学的問題に触れ、根底から揺さぶられる経験を味わってくだされば、訳者としてこれほど嬉しいことはない。

哲学と翻訳の両方を同じくらい愛してしまったために「ビュリダンのロバ」状態に

陥っていた訳者が、「哲学の翻訳」という思いもよらない投げ縄によって救いだされた。翻訳の機会を与えてくださった紀伊國屋書店の大井由紀子さんに深く感謝したい。

二〇一二年一月

向井　和美

著者略歴

ジュリアン・バジーニ

Julian Baggini

イギリスの哲学誌“The Philosophers' Magazine”編集長。

各紙誌への寄稿、テレビ出演などをとおして、
哲学をわかりやすく一般に解説する哲学者としての顔ももつ。

邦訳された共著に『哲学の道具箱』『倫理学の道具箱』(共立出版)、

『哲学者は何を考えているのか』(春秋社)ほかがある。

訳者略歴

向井和美

Kazumi Mukai

京都府出身。早稲田大学第一文学部卒業。翻訳家。
訳書に『プリズン・ブック・クラブ』『アウシュヴィッツの歯科医』(以上、紀伊國屋書店)、
『哲学の女王たち』(晶文社)、『はじめてのフェミニズム』(ちくまプリマー新書)、
著書に『読書会という幸福』(岩波新書)ほかがある。

100の思考実験——あなたはどこまで考えられるか

2012年 3月 8日 第1刷発行
2025年 4月18日 第29刷発行

著者 ジュリアン・バジーニ ／ 訳者 向井和美

発行所 株式会社 紀伊國屋書店 東京都新宿区新宿 3-17-7
出版部(編集)電話 03(6910)0508 ／ ホールセール部(営業)電話 03(6910)0519
東京都目黒区下目黒 3-7-10 郵便番号 153-8504

装丁 寄藤文平+北谷彩夏(文平銀座)
装・挿画 河井美咲
印刷・製本 シナノパブリッシングプレス

ISBN978-4-314-01091-7 C0012 Printed in Japan
定価は外装に表示してあります